Michaela Vieser
Tee mit Buddha

Zu diesem Buch

Als Michaela Vieser in einem japanischen Kloster landet, hat sie nur eine vage Vorstellung davon, was sie dort erwartet. Ein Jahr lang bleibt sie an dem fremden Ort, zu dem sie als erste Frau aus dem Westen Zutritt erhält. Die Realität sieht anders aus als in ihrer romantischen Vorstellung. Sei es der Asket in den Bergen oder der Karaoke singende Zen-Mönch – die Begegnung mit faszinierenden Menschen offenbart ihr ein anderes Land hinter dem Lächeln.

Michaela Vieser, geboren 1972, hat in Tokio und London Japanologie und orientalistische Kunstgeschichte studiert. In einer Tokioter Medienagentur entwickelte sie neue Formate für junge Japaner und schrieb das Drehbuch zu einem preisgekrönten Dokumentarfilm. Zurück in Deutschland arbeitete sie an der Kampagne »Deutschland – Land der Ideen« mit, gründete eine authentische Ramen-Nudelsuppenküche und das Projekt *driftingfriends*. Sie ist Dozentin für japanische Ästhetik und lebt mit ihrer Familie in Berlin.

Michaela Vieser
Tee mit Buddha

Mein Jahr in einem japanischen Kloster

Piper München Zürich

Mehr über unsere Autoren und Bücher:
www.piper.de

Mix
Produktgruppe aus vorbildlich bewirtschafteten
Wäldern und anderen kontrollierten Herkünften
www.fsc.org Zert.-Nr. GFA-COC-001223
© 1996 Forest Stewardship Council

Ungekürzte Taschenbuchausgabe
Juni 2010
© 2008 Piper Verlag GmbH, München
erschienen im Verlagsprogramm Pendo
Umschlagkonzeption: semper smile, München
Umschlaggestaltung: semper smile, München,
nach einem Entwurf von Hauptmann & Kompanie Werbeagentur, Zürich
Umschlagabbildung: Hintau Aliaksei / shutterstock,
Caroline Otteni (Autorenfoto)
Satz: BuchHaus Robert Gigler, München
Papier: Munken Print von Arctic Paper Munkedals AB, Schweden
Druck und Bindung: CPI – Clausen & Bosse, Leck
Printed in Germany   ISBN 978-3-492-25858-6

*Für die Bewohner des »Klosters des rechten Weges«,
und für Baldur und Elisabeth,
die auf ihrem Weg so munter drauflos tapsen.*

Inhalt

Einleitung *9*

1 Runterkommen, Reinkommen – und die Realität *15*
2 Der Meister, das Dharma und Zickenalarm *25*
   Goingesama, der Oberabt
3 Göttliche Worte, menschliche Taten
   und die Familie eines Kriegsverbrechers *59*
   Herr Sato, Rentner
4 Tusche, Papier und die Leere *77*
   Frau Uchida, die Kalligrafie-Lehrerin
5 Teezeremonie, Blumenstecken
   und Mozart im Kaffeehaus *93*
   Emyo, der Teemeister
6 Nazi-Lieder, Pflaumenbäume und ein Vögelchen *109*
   Kokan, der strenge Mönch, und Megumi, seine Frau
7 Schwerter, Schweigen und ein Schrei *133*
   Hirano, mein Schwertkampf-Lehrer
8 Ein Berg, eine dumme Idee und die Tengus *161*
   Mari und Kawa, die zwei Alten vom Berg
9 Mondgeflüster, Schattendasein und ein Orakel *221*
   Joshin und Roshin, die Brüder
10 Eine Witwe, ein Garten und viel Moos *247*
   Kyoko, die Witwe
11 Zen, Whisky und ein langer Weg *265*
   Oshō-san, der Zen-Meister
12 Abschied, Neustart und ein Beatnik *297*

Glossar *301*
Literatur *303*
Dank *304*

deai = »Begegnung«

Einleitung

»Im Westen die Sonne, im Osten der Mond«, so lautet der Titel eines norwegischen Märchens und eine Zeile in einem Gedicht von J. R. R. Tolkien. In beiden Zeugnissen geht es um die Suche nach einem Land jenseits der vertrauten Welt, wo alles, was das Glück ausmacht, zusammenkommen soll. Dieses Land liegt in der Ferne, dort, wo im Westen die Sonne und im Osten der Mond am Himmel stehen.

Vielleicht war es das, was ich suchte, als ich nach Japan aufbrach, um dort ein Jahr lang in einem buddhistischen Kloster zu leben. Ich hoffte, auf der anderen Seite der Erdkugel, in einem Land, dessen Kultur sich so radikal von meiner unterschied, einen Platz zu finden, an dem von einer Sonne im Westen und einem Mond im Osten mein Dasein erleuchtet wurde.

Und das kam so: Während meiner vier Jahre in London, in denen ich Japanologie und Asiatische Kunstgeschichte studierte, wurde uns geraten, ein Jahr an einer Universität in Japan zu absolvieren. Normalerweise schrieb man sich dort in einem für Ausländer konzipierten Sprachkurs ein, lebte in einem Wohnheim für ausländische Studenten und lernte dadurch Land und Leute kennen. Mir sagte das wenig zu, auch aus dem Grund, weil ich als Deutsche in England diese Erfahrung schon bis zu einem gewissen Grad durchgemacht hatte und ich mir davon nichts Neues versprach. In mir wuchs der Wunsch, Japan anders kennenzulernen. Ich wollte tiefer eintauchen in diese fremde Kultur, wollte die alten Traditionen an einem Ort erfahren, an dem sie noch lebendig waren. Besonders sehnte ich mich nach dieser tiefen Stille, die für mich von japanischen Kunstwerken ausging; ich wollte sie am eigenen Leib spüren. Je mehr ich darüber nachdachte, umso mehr kam ich zu der Überzeugung, dass ich das nur in einem buddhistischen Kloster finden würde. Sicherlich ein etwas ungewöhnliches Anliegen.

Aber es war nicht nur schwer, ein solches zu finden, es schien schlichtweg unmöglich zu sein. Zuerst versuchte ich einen Kontakt zu einem solchen herzustellen, indem ich verschiedene Zen-Zentren in London aufsuchte. Was ich dort an Informationen bekam, setzte ich sofort in Briefe und Telefonate um. Doch wochenlange Rechercharbeiten brachten keinen Erfolg: In ganz Japan schien es nicht ein einziges Kloster zu geben, das sich zutraute, eine junge Frau aus dem Westen bei sich aufzunehmen. Bis ein japanischer Mönch, der an meiner Universität Buddhismus lehrte, mich ansprach. Er hatte schon von mir gehört und unterbreitete mir folgendes Angebot: ein ganzes Jahr in seinem Mutterkloster zu wohnen. Einfach so.

Ich sagte sofort zu und reiste wenige Monate später dorthin. Ich wusste, dass es kein Zen-Kloster sein würde, sondern ein Jōdo-Shinshū – ein Wahre-Schule-des-Reinen-Landes-Kloster, das Mitte des 16. Jahrhunderts gegründet worden war. Mir wäre ein Zen-Kloster zwar lieber gewesen, da der eher reduziert-konzentrierte Ansatz dieser Religion meiner Suche nach etwas anderem gedanklich vertrauter erschien, doch dachte ich mir, dass auch der Jōdo-Shinshū-Weg mir den Buddhismus näherbringen würde. Noch wusste ich wenig über diese Strömung, die seit dem japanischen Mittelalter eine der beliebtesten Glaubensrichtungen in Japan ist. Mit dieser Entscheidung ging ich etwas ein, eine kleine Herausforderung: Wie würde ich als Frau in diesem für Männer bestimmten religiösen Ort leben? Doch da es neben dem Abt eine Bomorisan geben sollte, eine Ehefrau, war ich etwas beruhigt. Mein Abenteuer konnte beginnen, und ich hoffte auf neue Einsichten und tief greifende Erlebnisse.

Derer gab es viele. Rund hundert Bewohner hatte das Kloster. Aber dort lebten nicht nur Mönche, sondern auch Mütter und Väter mit ihren Kindern, Großeltern, *salariman*, also die typischen japanischen Angestellten, wie auch Studenten – mithin ein Spiegelbild der japanischen Gesellschaft. Erstaunt war ich über meine anfänglichen Schwierigkeiten, mit ihnen zu kommunizieren. Ich hatte drei Jahre lang Sprache und Schrift des Landes gelernt – aus diesem Grund erwartete ich, mich mit allen gut zu verstehen. Als ich aber radebrechend vor den ersten Klostermitgliedern stand, merkte ich, dass ich mich selbst überschätzt hatte, was meine Verständigungsfähigkeiten betraf. Deutsch sprach in diesem Umfeld keiner, und Englisch nur die wenigsten. Es blieb mir nichts anderes übrig, als viel zu fragen und schnell zu lernen. Weiterhin hatte ich, zugegebenermaßen, eine etwas verklärt-romantische Vorstellung von meinem zukünftigen Zuhause gehabt, an dem ich ein Jahr leben wollte: Ich war davon ausgegangen, dass sich ein Kloster auf einem Berg befand, weit weg vom profanen Leben. Stattdessen musste ich feststellen, dass es mitten in einer kleinen Stadt auf der südlichsten Hauptinsel Japans lag, umringt von einer belebten Marktstraße. Das urbane Leben ging weiter, während ich auf wenigen Quadratmetern zu einer Gemeinschaft gehörte, die sich als Ziel gesetzt hatte, die buddhistischen Werte von Harmonie, Dankbarkeit und Mitgefühl im spirituellen wie weltlichen Alltag umzusetzen.

Je länger ich im Kloster lebte, desto mehr ehemalige Kommunisten lernte ich kennen, die hier ihr neues Zuhause gefunden hatten. Anscheinend waren ihre höheren Ziele den buddhistischen nicht unähnlich: die Schaffung einer Gesellschaft auf Basis von Gleichheit, Demokratie und Frieden. Das Thema tauchte in vielen Erzählungen auf – eine Facette der Nachkriegsgeschichte dieses Landes, in dem eine Aufarbeitung der traumatischen Erlebnisse des Zweiten Weltkriegs nicht stattgefunden hat. Es gab Klosterbewohner, die den Abwurf der Atombombe über Nagasaki gesehen hatten.

Überraschend waren die exzellenten Lehrer in diesem Kloster, die mir viele der alten traditionellen Künste Japans näherbrachten. Einige waren in ihren jeweiligen Fertigkeiten anerkannte Meister und gingen sogar im Kaiserhaus ein und aus. Dass sie sich meiner annahmen, bedeutete wirklich eine Reise in eine andere Welt. Aber nicht nur sie berührten mein Innerstes, auch die »normalen« Klosterbewohner und ihre Geschichten beschäftigten mich bei meiner Entdeckungstour. *Tee mit Buddha* handelt von all diesen Menschen.

Im Japanischen gibt es das Wort *deai*. Es setzt sich zusammen aus den Schriftzeichen für »aus sich herausgehen« und »treffen«. Ein *deai* ist daher eine Begegnung, die mehr ist als das physikalische Aufeinandertreffen zweier Personen. Bei einem *deai* passiert etwas. Vielleicht macht es »bäng« oder »kawumm«. Vielleicht auch nicht. Ein Knistern liegt in der Luft, plötzlich scheint die Welt für kurze Zeit aus den Fugen zu geraten, nur um sich danach wieder neu zusammenzusetzen. Ein *deai* bringt positive Veränderungen mit sich, ein *deai* kann schicksalsbestimmend sein. Durch das *deai* versteht man möglicherweise etwas, das man lange nicht verstanden hat. Im Zweifelsfall ist ein *deai* einfach nur schön und nah.

Fast jedes Kapitel in diesem Buch ist einer anderen Person gewidmet. Die meisten von ihnen traf ich nicht in einer zeitlichen Abfolge, wie man vielleicht durch die Struktur des Buches annehmen könnte, sondern parallel. Sie alle begleiteten mich damals durch die Jahreszeiten und noch heute im täglichen Leben.

Gern sagt man nach einer solchen Erfahrung, wie ich sie im Kloster gemacht habe: Ich bin dort ein anderer Mensch geworden. Das stimmt auch. Ich sah zwar noch genauso aus wie vorher, mir war weder Bart noch Heiligenschein gewachsen, ich interessierte mich weiterhin für dieselben Dinge, habe nach wie vor Spaß an Musik und Partys. Aber etwas hat in diesem Jahr meine Weltanschauung verändert. Das Leben ist mir nähergekommen.

Namanda.

落ち着く

ochitsuku = »runterkommen«

1 Runterkommen, Reinkommen – und die Realität

»… er wollte an das andere Ufer und sehen, dass er weiterkam. Weiterkommen wollte er im Dharma.«
Jack Kerouac, *Gammler, Zen und hohe Berge*

»See you later, Mrs. Snyder« – das rief mir noch ein Freund zu, als ich in den Bus sprang, um London zu verlassen, mit einem Visum in der Tasche für kulturelle Erfahrungen bei japanischen buddhistischen Mönchen.

Mrs. Snyder? So heiße ich doch gar nicht. Komisch.

Erst später kam mir in den Sinn, was er damit meinte. Es war eine Anspielung auf Gary Snyder, den Beatnik-Poeten, den ich so verehrte und der ein wenig schuld daran war, dass meine Reise gen Osten ging, bis nach Japan. Japan, das war das Land der Morgenröte, das Land des Lächelns, das Land der Kirschblüten, das Land von Madame Butterfly, das Land der … – ach, wahrscheinlich alles unerfüllte Sehnsüchte. Es gibt so viele Bezeichnungen für diese Inseln, die sich hinter dem asiatischen Festland im Pazifik ausbreiten und für viele eine Projektionsfläche sind für etwas, was sie in der eigenen Kultur oder im eigenen Leben nicht finden, dort aber zu entdecken hoffen.

Ich war also die weibliche Snyder, weil ich, wie Gary vor Jahrzehnten, nach Japan aufbrach, um das Land hinter dem

Lächeln kennenzulernen. Der Dichter war Ende der Fünfzigerjahre von San Francisco nach Kyōto gereist, um dort in einem Zen-Kloster zu leben. Er war auf der Suche nach nichts Banalerem als »der Wahrheit« – und hoffte, diese durch die strenge Disziplin des Zen-Buddhismus zu finden. Ob er sie tatsächlich fand oder nicht, das will ich nicht beurteilen, jedenfalls bildete ich mir ein, dass er seither mit Kraft und Demut, mit Klarheit und Begeisterung schrieb und lebte. Und das wollte ich auch. Wie er hatte ich die Möglichkeit, ein Jahr lang in einem buddhistischen Kloster zu wohnen und einzutauchen in diese fremde Kultur. Wenigstens ein Fünkchen Erleuchtung wollte ich in mein – westliches – Leben zurückbringen können.

Als ich mich in Deutschland von meiner Familie und von den Freunden verabschiedete, musste ich mir mehr als einmal den Witz anhören: »Du kannst dir dein Rückflugticket sparen, denn wenn dein Jahr im Kloster vorbei ist, kannst du auf einer Wolke zurückschweben.«

Vorerst aber war das Transportmittel meiner Wahl das Flugzeug. Endlich saß ich in einer Maschine und war mittendrin auf einer Reise, die mein Leben verändern sollte.

An der Universität hatte ich den japanischen Begriff *ochitsuki* aufgeschnappt, was so viel bedeutet wie »Geistesgegenwart«, »innere Ruhe«, »Frieden«. Sagt jemand *»ochitsuita«*, so benutzt er eine Verbform und will damit zum Ausdruck bringen, dass er endlich angekommen sei, er sich ruhig fühle, relaxed. Wörtlich übersetzt meint es auch: »Ich bin runtergekommen.«

Als der Landeanflug auf die kleine Stadt im Süden Japans begann, war es auch ein Runterkommen. Und ein ziemlich ernüchterndes dazu. Was da unten an mir vorbeizog, war einer jener Orte, von denen man sich sofort wieder wegwünscht. Fetzen einer grauen, hässlichen Betonstadt breiteten sich unter mir aus. Konzeptlos standen da Zementblöcke als Häuser kaschiert herum, mit quadratischen Löchern, die wohl Fenster sein sollten, vor denen Air-Conditioning-Boxen angebracht waren. Ein Kabelsalat an elektrischen Drähten verband die Quader miteinander, alle paar Meter waren sie an zum Teil schief stehenden Masten zusammengebunden.

Da war kein Berg Fuji, der mir durch Wolken entgegenglitzerte. Auch kein Bambuswäldchen, das sich im Wind bewegte. Oder ein Tempel mit geschwungenem Dach, das Drachen einlud, sich darauf niederzusetzen. Bambus und Tempel tauchten noch nicht einmal auf einer der Riesenwerbeflächen auf, an denen ich im Flughafengebäude vorbeilief, um zur Immigrationsbehörde zu gelangen. Der Berg Fuji schon, für eine Bankanzeige. Ansonsten waren auf den Reklametafeln niedliche Japanerinnen, noch niedlichere Kätzchen oder Cyber-Roboter zu sehen. Ein einziger Bildersalat!

Ich musste mich zusammenreißen. Es konnte nur besser werden, oder?

Der Flughafen lag auf einer der südlichsten Inseln Japans, und nachdem ich in Osaka in eine kleinere Maschine umgestiegen war, befand sich außer mir kein anderer Mensch aus dem Westen mit an Bord. Aus diesem Grund hatte der Japaner, der hinter der Absperrung auf und ab hüpfte und mir immer wieder zuwinkte, auch die Gewissheit, dass ich diejenige sein musste, auf die er wartete. Aber woher hatte ich wiederum den Beweis, dass er der war, der mich in Empfang nehmen sollte? Den kryptischen Faxen des Klosters hatte ich entnommen, dass mich der Mönch Wado vom Flughafen abholen wollte. Ich sah aber keinen Mönch. Ich sah nur diesen für einen Japaner viel zu groß geratenen Mann, etwas untersetzt, mit dichtem schwarzen Haar, der zwar ein freundliches Gesicht hatte, aber so gar nichts Mönchisches ausstrahlte. Er war normal gekleidet, mit einer Stoffhose, darüber eine Windjacke. Vielleicht hatten sie auch einfach nur den Hausmeister zum Abholen geschickt?

»*Konnichi wa, yōkoso* – Willkommen!«, rief mir der »Hausmeister« entgegen, dabei war ich noch nicht einmal in seiner Nähe. Und als ich vor ihm stand, fügte er hinzu: »Jetzt musst du mir erklären, wie man deinen Namen ausspricht.«

»Michaela«, sagte ich langsam.

»Huh? Mischa-e-ra?«, wiederholte jener Mann, dessen Namen ich ja noch nicht kannte.

»Ja, äh, Mi-cha-e-l-a.«

»Wie Michael Schumacher?« Seine Worte kamen wie aus der Pistole geschossen, und das große Fragezeichen, das ihm vorher auf der Stirn gestanden hatte, wich und wurde zu einem Ausrufezeichen.

»Na ja, fast, aber ich habe da noch dieses a.«

»Michael Schumacher. Haha!« Der Mann zog dabei seine Schultern ein und tat so, als ob er hinter einem Lenkrad sitzen würde. »Brumm Brummmmmmm.«

»Ja, brumm brummm. Sie kennen ihn?«

»Ich bin ein großer Fan von ihm!«

»Ah«, sagte ich nur; damit wollte ich das Thema beenden. »Der Mönch Wado konnte wohl nicht kommen, oder? Wer sind dann Sie?« Während der »Hausmeister« mich geduzt hatte, zog ich doch die Sie-Anrede vor.

»Hmm ...? Ach so, ja doch. Ich bin Wado.« Und er nickte dabei heftig mit dem Kopf, seine Augen strahlten. »Herzlich willkommen in Japan!«

»Danke fürs Abholen«, sagte ich schnell, um meinem Fauxpas möglichst wenig Raum zu geben. Ich war noch verwirrter, als man es nach einem langen Flug sowieso gewöhnlich ist. *Ochitsuki*, das Ankommen, musste wohl ein wenig warten.

Wado, der Mönch, der in keinster Weise aussah wie ein Mönch, schulterte mein Gepäck und führte mich zu einem schicken schwarzen Auto, das vor dem Flughafengebäude parkte. Wir stiegen ein, und sofort fing er zu reden an, eigentlich ratterte er in einem fort irgendwelche Sätze, die ich kaum verstand, nur einige Wortbrocken. Zuerst hatte ich angenommen, dass er einen Monolog hielt, aber irgendwann schien er etwas zu wiederholen. In diesem Augenblick begriff ich, dass er eine Frage an mich gerichtet hatte. Ich war zu müde, um genau hinzuhören. Ich hatte sein wasserfallartiges

Sprechen zum Anlass genommen, zum Fenster hinauszuschauen. Wobei ich innerlich ein kleines Stoßgebet ausstieß: Möge die Landschaft da draußen doch allmählich schöner werden. Schließlich befand ich mich jetzt auf der Zielgeraden zu einem Kloster, in dem ich das nächste Jahr über wohnen würde. Ich erinnerte mich in diesem Augenblick daran, mit meinen Eltern einmal eine Ostseereise gebucht zu haben, bei der im Prospekt versprochen worden war, dass wir von der Ferienwohnung aus einen Blick aufs Meer und den Strand hätten. Das stimmte auch, nur war das Gelände, auf dem sich unsere Ferienwohnung befand, ein Klein-Marzahn an der Ostsee gewesen. Den Blick aufs Meer hatten wir, den Blick auf den Supermarkt aber auch.

Ich hoffte inbrünstig, dass es hier nicht so sein würde.

Aber was wollte Wado jetzt schon wieder?

»Michael Schumacher. Haha!« Wado lachte erneut.

»Ja«, sagte ich, »der Rennfahrer.«

»Deutschland – das Land der schnellen Autos. Und der Autobahnen!« Der Mönch ließ mich an seinem Halbwissen Anteil nehmen.

»Ja, so ist das.« Ich war plötzlich müde, schrecklich müde.

»Gleich sind wir da«, versprach Wado. Ich schaute erschreckt auf. Das, was ich da draußen sah, wirkte nicht vielversprechender als das, was ich vom Flugzeug aus registriert hatte. Auch das Wetter half nicht, dem Ganzen etwas Schönes abzugewinnen. Obwohl es Sommer war, bedeckten graue Wolken den Himmel. Die Gegend war etwas ländlicher geworden, aber auch nur etwas. Wir hatten eine Stadt verlassen, vor uns tauchte aber schon die nächste auf. Lange Reihen von Häusern flossen einfach ineinander über.

Im nächsten Moment bogen wir ab von der Schnellstraße, auf der wir uns bislang fortbewegt hatten, kamen in kleinere Gässchen und Sträßchen. Von Stadtplanung keine Spur. Es war ein wilder Mix aus mehrstöckigen Betonklötzen, alten Holzhäusern und Lücken, in denen ich die typischen roten Holzbalken von kleinen Nachbarschaftsschreinen ausmachen konnte. Zwischen den Hochhäusern war eine Pagode zu erkennen. Das sah ganz hübsch aus, und als ich die Augen zusammenkniff und mir das Hochhaus wegdachte, gefiel es mir noch besser. Das musste wohl das Kloster sein.

»Der Goingesama wird leider nicht da sein, Bomorisan auch nicht. Aber all die anderen, die erwarten dich.«

Goingesama, das wusste ich, war der Oberabt des Klosters. »Bomorisan« heißt übersetzt: »die Hüterin des Tempels«, sie war Goingesamas Frau.

Und wie viele mich erwarteten! An die fünfzig Personen waren auf dem Parkplatz vor dem Kloster zusammengelaufen und winkten mir zu. Alle sahen fröhlich aus. Meist waren es ältere Männer und Frauen, darunter auch ein paar Kinder. Ein Mann saß im Rollstuhl und trug ein Sauerstoffgerät bei sich, das über zwei Plastikröhren an seine Nase angeschlossen war. Doch auch er schaute mich mit erwartungsvollen Augen an.

Als ich aus dem Auto ausgestiegen war, kümmerten sich sofort ein paar Männer um mein Gepäck. Eine alte Frau mit grauen Haaren nahm meine Hand und drückte sie. Sie flüsterte mir ins Ohr: »Wir haben auf dich gewartet. Schon vor fünfzehn Jahren sagte die Ekaisama dein Kommen voraus.«

Ekaisama? Keine Ahnung. Ich würde jemanden danach fragen. Später. Wenn sich dieser Wahnsinn hier gelegt hatte.

Die alte Frau hing jetzt regelrecht an meinem Arm und führte mich weg vom Parkplatz zum Klostergelände, das von einer Mauer umgeben war. Bevor wir durch das Tor traten, zog sie an meinem Ellenbogen und bedeutete mir, auf ein Schild zu schauen, das neben dem Tor aufgebaut war. Darauf waren japanische Schriftzeichen gemalt. Ich konnte sie nicht lesen, nur den Namen des Klosters, der übersetzt so viel hieß wie »Kloster des rechten Weges«. Ich nickte nur.

Die Frau zog mich weiter durchs Tempeltor. Doch kaum wollte ich weitergehen, da ruckte sie erneut an meinem Arm und machte eine Verbeugung. Mit einem freundlichen Blick wies sie mich an, dasselbe zu tun. Natürlich wollte ich ihr folgen, und so verbeugte ich mich ebenfalls. Die Frau schien meine Geste glücklich zu machen.

Kurz blieb ich stehen, um den Anblick zu genießen. Ah, hier sah alles schon ganz anders aus. Vor mir breitete sich die Klosteranlage aus. Vom Tempeltor führte ein breiter, mit grauen Steinen ausgelegter Pfad direkt zu einem großen Gebäude mit geschwungenem Dach. Das musste das Tempelgebäude sein, unsere Verbeugung hatte ihm gegolten. Links und rechts des Weges waren fein säuberlich geharkte Kieselsteine und kleine, mit Moos bewachsene, angelegte Hügel. Unmittelbar neben mir plätscherte sogar Wasser aus einem Bambusrohr in einen ausgehöhlten Fels, ganz leise, aber es war ein angenehmes, beruhigendes Geräusch. Vor dem Tempelgebäude zweigte der Pfad nach links ab, vorbei an einem stattlichen Ginkgobaum, geradewegs auf die Pagode zu, die ich bei der Anfahrt schon erblickt hatte. Rechts des Pfades lag ein kleines Gebäude mit einem länglichen Anbau. Hierhin brachte mich die alte Frau.

Sie schob die Eingangstür einfach zur Seite. Geschickt schlüpfte sie beim Eintreten aus ihren Schuhen und reichte mir ein paar Pantoffel. Das Ausziehen meiner Turnschuhe dauerte etwas länger. Ich war ungeduldig, es ging mir nicht schnell genug – natürlich brauchte ich daher mehr Zeit als sonst. Die Frau ließ mich bei meinem Tun nicht aus den Augen und beobachtete meinen stillen Kampf mit den Schnürsenkeln – sicher dachte sie sich dabei ihren Teil. Schließlich schubste sie mich in einen kleinen Raum, der mit Tatami-Matten ausgelegt war. Sie wurde erkennbar aufgeregter. Eine andere Frau, etwas jünger, kam herein und bot uns Tee an. Während die Alte und ich uns an einen kleinen Tisch hinknieten, schaute eine dritte Frau durch den Türspalt zu uns herein, kicherte und ging wieder. Nach einer Weile kehrte sie zurück, setzte sich neben mich und fasste mir, ohne zu fragen, ins Haar. Ich schaute sie etwas verwundert an, doch sie strahlte und sagte zu dem Großmütterchen, das mich hierher gebracht hatte: »Schau nur dieses Haar! Es ist so weich. So schön! Wie das Fell meines Hundes.«

Ich wusste nicht, ob ich das als Kompliment oder als Anmaßung verstehen sollte. Da aber beide Frauen mich daraufhin herzlich und bewundernd anblickten und einige »*ah, sō desu ne*« – die japanische Version von »ach ja, so ist das« – austauschten, nahm ich an, dass sie nicht so oft hellbraunes Haar zu sehen und zu fühlen bekamen.

Endlich tauchte ein bekanntes Gesicht auf: Wado. Ich war seit knapp eineinhalb Stunden auf japanischem Boden, die Eindrücke stürzten nur so auf mich ein, und Wado wiederzusehen, das war, wie einen alten Bekannten zu treffen. Er hatte sich umgezogen und trug nun ein Mönchsgewand. Ja, jetzt sah man es, er war wirklich ein Mönch. Er wirkte plötzlich auch viel ernster, weiser. Und er fragte mich auch nicht mehr nach dem berühmten deutschen Rennfahrer. Vorerst zumindest.

Zusammen mit Wado hatte ein anderer Mann den Raum betreten, der sich mir als Soshin vorstellte und wie Wado in eine schwarze Robe gekleidet war. Soshin entsprach so ganz meiner Vorstellung eines Mönches: Er wirkte ehrwürdig und weise, und er hatte einen geschorenen Kopf, auch wenn das in seinem Fall auf sein Alter zurückzuführen war und nicht auf die Tonsur. Das Gesicht dieses alten Mannes zeigte nichts als Freundlichkeit, es sah so aus, als würde es den ganzen Tag nichts anderes tun als zu strahlen. Soshin lächelte mich auch sofort an, als hätte er meine Gedanken gelesen, und begrüßte mich im Namen des Goingesamas und seiner Frau. Er gab mir zu verstehen, dass die beiden leider gerade nicht hier seien, aber in ein paar Tagen kämen und sich sehr auf mich freuen würden.

»Der Goingesama hat einen Brief für dich dagelassen, er hat ihn sogar auf Englisch geschrieben«, sagte Soshin und überreichte mir einen Umschlag.

Ich war mir nicht sicher, ob ich ihn jetzt und hier aufmachen sollte, da mich aber alle erwartungsvoll anstarrten, öffnete ich ihn:

Liebe Michaela,
herzlich willkommen in unserem Kloster, Du, die von so weit her über das Meer gekommen bist.

Das Wichtigste für uns Menschen ist nicht die eigene spirituelle Entwicklung, die ohnehin stattfindet und sich immer weiter vertieft, sondern das Wachstum und die Ausweitung des Mitgefühls gegenüber anderen und das sympathische, verbindende Bewusstsein mit anderen.

Es ist mein eigenes besonderes Gebet, dass Du dies verstehen mögest, Du, die Du Dich auf die Suche in dieser Dir unbekannten Welt begibst. Ich bin mir sicher, dass es auch Dein Gebet werden wird. Der Toyotaya, das Haus, in dem Du wohnen wirst, wurde gebaut, um diese Bitte zu erfüllen.

Es wäre mein großer Wunsch, dass Du hier im Tempel Dein neues Zuhause finden wirst und wir »kreativ« zusammenleben werden.

Ich freue mich schon darauf, Dich persönlich kennenzulernen, Goingesama

Das war kein Brief, den ein Oberabt, der viel um die Ohren hat, dahingekritzelt hatte. Er war in diesem Schreiben auf mich eingegangen, und ich fühlte mich tief in meinem Innern berührt. Ich bedankte mich bei allen und fühlte etwas Ruhe in mich einkehren. Jetzt war ich angekommen. *Ochitsuita.*

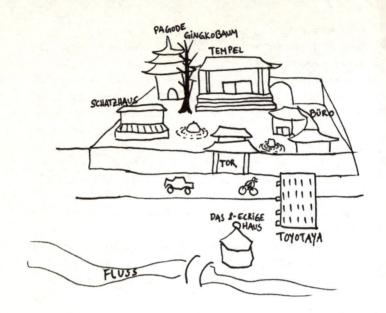

2 Der Meister, das Dharma und Zickenalarm

»*Eins sein mit allem.*«   Goingesama, der Oberabt

In seinem Brief hatte der Goingesama den Toyotaya erwähnt, den »Turm der Ergiebigkeit«, der zum Klosterkomplex gehörte. In ihm sollte ich mein neues Zuhause finden. Er hatte vom »kreativen« Zusammenleben geschrieben, was auch immer das bedeuten sollte. Als ich den Toyotaya sah, dachte ich nur: Was für ein Missverständnis!

Ich hatte mir eine kleine, spartanische Klosterzelle vorgestellt, nur in einer japanischen Version: Tatami-Matten von Wand zu Wand, dazu ein Futon, auf dem ich schlafen würde. Vielleicht noch ein Bücherregal, mehr nicht. Der Toyotaya aber, mein Domizil für meine spirituelle Reise, mein Kokon für mein Erwachen, war ein vor Kurzem fertiggestelltes Hochhaus mit vierzehn Stockwerken, bestehend aus lauter kleinen modernen Apartments, deren Balkone sich aus dem Gebäude herausdrückten, inklusive Wäsche, die zum Trocknen im Wind hätte flattern sollen, in Anbetracht der schweren Sommerschwüle aber nur träge von den Wäscheleinen hing.

Das sah alles sehr bieder und spießig und vor allen Dingen normal aus. Ich hatte das Gefühl, ich müsste meine Kreativität schon sehr anstrengen, um das zu finden, was ich an diesem Ort suchte. Was war das noch einmal? Ach ja, das wirkliche Japan – und mich auch.

Wie war ich hierher gelockt worden? Während meines Studiums in London war es üblich, ein Jahr in Japan zu verbringen. Aber ich hatte den Einfall, dort nicht an die Universität zu gehen, sondern in ein Kloster. Was würde ich an einer japanischen Uni schon anderes mitbekommen als das Leben eines Studenten mit Lernen, Freunde finden und Feiern? Nett, aber dafür musste ich nun wirklich nicht so weit reisen. In einem Kloster aber konnte ich das Land intensiver kennenlernen. Ich würde mit Menschen aus verschiedenen Altersklassen zu tun haben, könnte die traditionellen Künste erlernen, nicht als Zeitvertreib, sondern dort, wo sie noch gelebt werden. Ich würde typisches japanisches Essen und nicht Mensa-Essen aufgetischt bekommen und Dinge erfahren, die mir wirklich zu einem neuen Bewusstsein verhelfen würden. Außerdem gab es da noch das Argument mit der Kunstgeschichte. Wer keine Ahnung vom christlichen Wertesystem hatte, konnte die europäische Kunst kaum auch nur annähernd begreifen. Wie sollte ich also die japanische Kunstgeschichte – und damit auch ein wenig die Seele des Landes – verstehen, ohne den Buddhismus zu kennen? Es war ganz klar, ich musste in ein Kloster. Das war einfach so.

Nur, ein Kloster zu finden, das mich als Frau, noch dazu aus dem Westen, akzeptierte, das gestaltete sich schon etwas schwieriger. Ich telefonierte in der halben Welt herum, besuchte Botschaften und Handelskammern, doch ohne Erfolg. Als meine Suche so gar keine Fortschritte machte, bewarb ich mich für ein Stipendium der Stanford University, das mir einen einjährigen Sprachaufenthalt an der Universität in Tokio erlauben würde. Also doch Uni. Das Stipendium erhielt ich prompt, doch war mir nicht bewusst, was für ein geniales Angebot das war. Ich war besessen von der Kloster-Idee. Bloß: Es klappte nicht. Kein einziges Türchen öffnete sich. Ich kam nicht an die Klöster Japans heran. Und plötzlich trat Taira auf mich zu. Er war die ganze Zeit in meiner Nähe gewesen, ich hatte ihn nur nicht bemerkt. Zum Glück aber er mich.

Taira unterrichtete das Fach Japanischer Buddhismus. Er war nicht nur in seiner Heimat Japan ein angesehener Gelehrter, auch in London waren seine Veranstaltungen voll besucht. Seine Vorlesungen hielt er in einem harten Stakkato ab, und zwar auf Japenglisch – eine Mischung aus Japanisch und Englisch. Dabei unterbrach er sich oft selbst, um wichtige Sätze zu wiederholen. Während des Redens verfolgte er viele Gedankenstränge, die sich am Ende irgendwie zusammenfanden. Als Zuhörer musste man sich nur auf eines dieser mäandernden Gebilde ein- und sich dahintreiben lassen. Am Ende war man etwas müde, wie nach einer langen Reise, gleichzeitig aber auch aufgeweckt, weil man viel Neues erfahren hatte.

Taira war der letzte Schüler von Daisetzu Suzuki, dem größten Zen-Philosophen der Moderne – und so umgab ihn eine Aura, die für jeden, der sich auf die Suche nach den spirituellen Weisheiten Japans begeben hatte, unwiderstehlich war. Martin Heidegger soll übrigens über Daisetzu Suzuki gesagt haben: »Wenn ich diesen Mann richtig verstanden habe, dann ist das, was er sagt, das, was ich mein Leben lang versucht habe zu schreiben.« Kein Wunder, dass man Taira so genau zuhörte.

Er gehörte zu jenen zwei Menschen, die auf die Asche von Suzuki aufpassten. Zu Hause hatte Taira einen kleinen Schrein, in dem das Gefäß mit einem Teil der menschlichen Überreste Suzukis stand. Wenn er, Taira, selbst Fragen hatte, so erzählte er einmal, würde er vor seinem Lehrer meditieren. Stets würde er eine Antwort erhalten.

Ich selbst wäre nie auf die Idee gekommen, Taira nach einem Kloster in Japan zu fragen. Aber er hatte auf Umwegen von meinem Anliegen gehört, und eines Tages sprach er mich direkt an: »Könntest du dir vorstellen, ein Jahr lang an einem besonderen Ort zu leben? In einem japanischen Kloster, in dem ich selbst lange Zeit gewesen bin?«

»Ja!«

Das war nun alles mehrere Monate her, in einem anderen Leben, in einer anderen Welt. Als ich zugestimmt hatte, halfen mir Taira und die Mönche seines Klosters in Japan, den bürokratischen Berg zu bewältigen. Die Mönche beschafften mir ein Visum für »spezielle kulturelle Angelegenheiten«, das es mir erlaubte, ein Jahr bei ihnen zu leben und dort »bestimmte Dinge zu lernen, die woanders nicht erlernt werden können«. Damit sollte ich die erste Person aus dem Westen sein, die sich für einen so langen Zeitraum verpflichtete, in diesem Kloster zu leben. Ein Jahr! Es war ausgemacht, dass nach sechs Monaten meine Freundin Anne, ebenfalls Studentin der Japanologie und Kunstgeschichte, nachkommen sollte.

Und jetzt stand ich hier, vor dem Toyotaya, und war geschockt, wie schrecklich banal das Gebäude aussah. Krampfhaft versuchte ich meine Wahrnehmung so zu ändern, dass alles wunderbar war. An diesem Tag gelang es mir nicht. Die Diskrepanz zwischen Vorstellung und Wirklichkeit war einfach zu groß.

Wado, den man dazu auserkoren hatte, mich überall einzuführen, zeigte mir einen Aufzug – ein Fahrstuhl im Kloster? –, der uns in den dritten Stock brachte. Dort angelangt, rannte eine Frau mit Kittelschürze auf uns zu. Mit ihren Armen wedelte sie in der Luft herum und rief: »Da seid ihr ja endlich. Ich habe alles vorbereitet. Kommt schon, ach, was bin ich aufgeregt!«

Das war Frau Yoshida. Wado erklärte mir, sie würde neben meinem Apartment wohnen. »Wenn du etwas brauchst, kannst du dich an sie wenden.«

»Ja, danke.«

Wie Frau Yoshida es schaffte, mit ihren zitternden Händen die Tür zu öffnen, ist mir noch heute ein Rätsel. Wieder musste ich die Turnschuhe vor dem Betreten des Flurs ausziehen und auf Strümpfen herumlaufen. Ich würde mir das

Apartment mit Shu-chan teilen, Frau Yoshidas neunzehnjähriger Tochter, gab mir Wado zu verstehen. Später würde auch Anne hier einziehen – wenn sie überhaupt die Reise antreten würde. Ich war mir gerade nicht so sicher, ob ich ihr vielleicht nicht besser davon abraten sollte. Denn ich wusste, dass Anne aus ähnlichen Gründen in einem Kloster leben wollte wie ich. Doch die Umgebung hier war nicht so, wie man sich einen spirituellen Ort vorstellt.

Jeder andere hätte die Wohnung als phänomenal bezeichnet, aber für mein Verständnis war sie alles andere als die karge Klosterzelle, die ich erwartet hatte. Alles war neu, der Laminatfußboden noch ohne Kratzer. Mein Zimmer hatte einen Balkon mit Sicht auf ein achteckiges Gebäude. Kein Futon, ich würde in einem richtigen Bett schlafen. Ansonsten gab es noch einen Wandschrank, einen Schreibtisch und – ich konnte es kaum glauben – einen Fernseher mit integriertem Videoplayer. Auch das Badezimmer ließ mich sprachlos werden: Die ultramoderne Toilette war mit einer Tastatur ausgestattet, um sie in ein Bidet verwandeln zu können. Zudem war es möglich, ein blubberndes Geräusch einzustellen, um bestimmte menschliche Laute zu übertönen. *Oto no hime* hieß das Teil, die »Geräuschprinzessin«. Die Klobrille selbst war beheizt, also immer lauwarm. Die Badezelle erschien mir wie ein Traum in Plastik, im Zentrum ein japanisches Bad. Gegenüber einer deutschen Wanne war die hiesige Variante viel schmaler, da man darin nicht liegt, sondern eine Sitzposition einnimmt. Auch hier entdeckte ich wieder diverse Knöpfe. Noch hatte ich keine Ahnung, was man damit alles einstellen konnte. Aber ich war mir sicher, damit würde ich noch meinen Spaß haben. Ob ich dabei allerdings dem von mir ersehnten Buddha-Himmel näherkommen würde? Fraglich.

Es war alles wunderbar. Nur: Es sah aus wie in einem Studentenwohnheim für gehobene Ansprüche. War ich etwa im falschen Film?

Wado und Frau Yoshida schauten mich begeistert und zugleich erwartungsvoll an. Ich musste mich zu einem Lächeln zwingen, und die folgenden Worte kamen eher gepresst über meine Lippen: »*Subarashi*, große Klasse.«

In diesem Moment klingelte die Türglocke, nicht einmal, nicht zweimal, nein, es war ein Sturmläuten. Irgendwer hatte es ziemlich eilig. Die Tür wurde aufgerissen von einer Frau mit einer lilafarbenen Brille, die das halbe Gesicht bedeckte, und lilafarbenen Haaren: Sie stellte sich als Megumi vor. Würde ich mir all die neuen Namen merken können? Ich war jetzt schon völlig verwirrt.

»Das Essen ist fertig! Alle warten unten!«, rief Megumi aufgeregt und ließ ihren Blick auf mir ruhen. Da ist etwas an dieser Frau, dachte ich mir, das ist anders. Genauer konnte ich es aber noch nicht bestimmen. Den Namen merkte ich mir dann doch, allein deshalb, weil auf Japanisch »Brille« *megane* heißt, und die Brille dieser Frau Megumi war ein megamäßiges Modell der handelsüblichen *megane*. Das fand ich schon wieder ein klein wenig lustig.

sammen mit der megamäßigen *megane* Megumi stiegen wir erneut in den Aufzug und fuhren nach unten ins Erdgeschoss. Dort war ein großer Speisesaal mit mehreren gedeckten Tischreihen, hübsch eingerichtet mit einer großen Standuhr an einer Wand und einem Zugang zur Küche. Unzählige Frauen eilten in Küchenschürzen herum, alle sahen sehr beschäftigt aus. Es war Zeit zum Abendessen. Als ich den Raum betrat, wurde es ganz still – und alle schauten mich an. Wado legte seine Hände auf meine Schultern und schob mich vorwärts.

»Das ist Michaela«, sagte Wado laut.

Ein älterer Mann, der schon an einem der Tische saß, fragte: »Wie Michael Schumacher?«

»Ja«, antwortete Wado und strahlte.

Alle klatschten daraufhin in die Hände.

»Und jetzt du, sag was.« Wado flüsterte mir diese Worte ins Ohr.

Wie? Ich schaute Wado erschrocken an. Das konnte er doch nicht ernst meinen. So ohne Vorwarnung eine Rede halten? Aber er nickte nur, und ich glaubte etwas Schadenfreude in seinen Augen erkennen zu können. Aber ein Mönch würde doch nicht schelmisch sein, oder?

»Äh ...«, begann ich. »Ich freue mich, äh, hier zu sein. Ich freue mich darauf, Sie alle – wie sagt man? – kennenzulernen. Und vielen Dank, dass ich überhaupt hier sein kann. Wirklich, vielen Dank.«

Gab es sonst noch etwas Wichtiges? Ach ja, verbeugen. Und lächeln.

Ich benutzte wahrscheinlich die Du-Form und nicht die Sie-Anrede, aber das war jetzt nebensächlich, die anderen hatten mich auch immer alle geduzt.

»Ahs« und »Ohs« gingen durch den Raum, jeder nickte mir zu und lächelte dabei. Ich konnte nicht anders, als mich willkommen zu fühlen. Mal sehen, was weiter passieren würde.

Mir wurde ein Platz zwischen zwei Frauen zugeteilt. Sie waren um die sechzig Jahre alt, und natürlich lächelten auch sie mich an. Eine andere Frau stellte einen Suppenteller vor mich hin, darin eine feine Bouillon mit Petersilie. So viel zu japanischem Essen in Klöstern, dachte ich. Später gab es noch Rindfleisch mit Kartoffeln und Mohrrüben. Aha.

Sollte man nicht für das Essen ein kleines Dankesgebet aufsagen, schließlich war ich in einem Kloster? Ich schaute in die Runde, um zu sehen, wie es die anderen machten. Ein paar Tische weiter saß ein Mann, der die Handflächen aneinanderlegte und etwas murmelte. Ich tat es ihm nach und murmelte auch etwas, ein sinnloses »Ladida«. Die Frauen an meinem Tisch nickten wohlwollend.

Es schmeckte köstlich, aber da mich bei jedem Bissen mindestens vierzig Augenpaare beobachteten und mir dabei zulächelten, war das Schlucken etwas mühsam. Stäbchen gab es nicht, ich aß mit Messer und Gabel. Ich erinnerte mich an einen Artikel, den ich einmal im Wirtschaftsteil der *Zeit* gelesen hatte. In ihm ging es um die »Japanfalle«. Was genau das war, hatte ich vergessen. Nur das Wort behielt ich, weil es mir so gut gefiel. In diesem Moment hatte ich das Gefühl, dass die »Japanfalle« gleich bei mir zuschnappen würde. Wie konnte es sein, dass ich an ein Kloster geraten war, das sich anfühlte wie eine Mischung aus Alters- und Studentenwohnheim? Eigentlich mehr Altersheim, denn die meisten Leute um mich herum waren alle kaum jünger als meine beiden Tischnachbarinnen.

Wado war sofort verschwunden, nachdem er mich vorgestellt hatte. Zuvor hatte er mir aber noch zu verstehen gegeben, dass nach dem Essen im Tempel das Abendgebet, das *yoru no otsutome* stattfände. Frau Yoshida wüsste Bescheid und würde mir helfen, den Ort zu finden.

Als ich die Mahlzeit beendet hatte, ließ ich mir von ihr zeigen, was ich mit dem schmutzigen Geschirr machen musste. Gleich am ersten Tag wollte ich beweisen, dass ich anzupacken verstand. Während die Männer einfach von ihren Sitzen aufstanden und alles stehen ließen, brachten die beschürzten Frauen das Geschirr auf Tabletts in die Küche, wo sie es gemeinsam abspülten. Ich wollte dabei helfen, wurde aber sanft, doch mit Nachdruck aus der Küche hinausgeschubst: »Heute noch nicht.«

Frau Yoshida fragte, ob ich mich umziehen wolle. Ich verneinte dies. Noch immer trug ich die Kleider von der Reise. Frau Yoshida schaute, als ob sie etwas sagen sollte, aber sie entschied sich dagegen. Sie lächelte nur und meinte: »Gut, dann gehe ich nur noch schnell nach oben und bin gleich wieder da.«

Als sie wieder zurück war, hatte sie ihre Kittelschürze abgelegt und ein kleines seidenes Täschchen in der Hand. Schweigend gingen wir hinüber zum Tempel. Als wir durch das Tor schritten und ich auf das Tempelgebäude zugehen wollte, hielt mich Frau Yoshida zurück und zeigte mir wie am Nachmittag schon die alte Frau, dass ich mich vorher respektvoll vor dem Tempel zu verbeugen hatte. Ja, das wollte ich mir auf jeden Fall merken. Es sollte allerdings noch eine Weile dauern, bis diese Geste für mich selbstverständlich war.

Schon als wir aus dem Toyotaya traten, hatte ich ein ungewohntes Tock-Tock-Geräusch gehört. Während wir vor dem Tempel standen, entdeckte ich, woher das Geräusch kam: Ein Mönch stand neben dem Tempel an einer Holzscheibe und klopfte mit einem hölzernen Stab darauf. Der Ton hallte weit und war vergleichbar mit dem Läuten der Kirchenglocke, die zum Gottesdienst rief. Hier war es die Abendzeremonie, das *yoru no otsutome*, das gleich beginnen sollte.

Zum Tempel, der außer dem geschwungenen Dach äußerlich keine Extravaganzen aufzeigte, führten einige Stufen nach oben. Bevor man aber die erste Stufe betrat, musste man wieder aus den Schuhen steigen und barfuß die kalte Steintreppe nach oben gehen. Jetzt wurde auch nur noch im Flüsterton miteinander gesprochen. Große Türen aus filigranen Holzrahmen, die mit Papier bespannt waren, mussten zur Seite geschoben werden, danach betrat man einen großen, hell erleuchteten Raum, der mit Tatami-Matten ausgelegt war. Die Deckenbalken waren vergoldet, in der Mitte standen zwei Säulen, die mit bunten Blumen bemalt waren. Der Blick wurde automatisch nach vorne gezogen, wo noch geschlossene Wandtüren aus Gold und Papier einen weiteren Tempelraum abtrennten. Über diesen Türen waren Apsara-Darstellungen, ähnlich denen, die in den buddhistischen Felsenhöhlen in Dunhuang zu finden sind: feenähnliche Wesen mit Blumen und Schleiern. Alle Frauen knieten auf der rechten Seite des Raumes, die Männer auf der linken. Vor den bemalten Säulen saß jeweils ein Mann im Rollstuhl. Beide hatten tragbare Sauerstoffflaschen dabei, die an ihre Rückenlehnen gebunden waren. Die Plastikschläuche dieser Geräte führten direkt in die Nasen der beiden Greise, und ich erwischte mich dabei, wie ich immer wieder zu ihnen hinstarren musste. Diese Szene passte so gar nicht in das zeitlose Ambiente des Tempelraumes, war aber eine nicht zu verleugnende Realität. Den einen Mann kannte ich schon, er war bei meiner Ankunft auf dem Parkplatz gewesen. Einige Stunden war das her, mir kam es wie eine Ewigkeit vor.

Als Frau Yoshida und ich eintraten, war der Raum gut gefüllt, und wir fanden einen Platz weiter hinten, an dem wir uns nebeneinander hinknien konnten. Mehr und mehr Leute drängten in den Raum, was dazu führte, dass man umso dichter zu seinem Nachbarn rutschte, manchmal auch ein Stück nach vorne. Bis alle anwesend waren, herrschte eine ganz neue Ordnung.

Als es so aussah, dass jeder fest an seinem Platz bleiben würde, verbeugte sich Frau Yoshida, hob ihre zusammengepressten Hände vor die Brust und murmelte Worte eines Gebets. Anschließend verbeugte sie sich erneut. Ich tat es ihr nach – und bewegte einfach meine Lippen, als wenn ich etwas sprechen würde. Kannte ich doch noch kein Gebet. Ich spürte, wie mich alle anstarrten. Doch wenn ich meine Augen hob, konnte ich das nicht sehen. Von draußen tönte das Tock-Tock-Tock jetzt schneller, und auf einmal ging vorne eine Tür auf. Mit kleinen Schritten eilten von rechts acht Mönche herein. Zwei von ihnen öffneten die goldenen Schiebetüren, die die ganze vordere Wand ausmachten, während sich die anderen Mönche davor niederknieten. In ihrer dunklen Kleidung bildeten sie gleichsam eine neue Wand, diesmal eine schwarze. Durch das Beiseiteschieben der Türen wurde der Part, der bislang dahinter verborgen war, Teil des großen Tempelraums. Dort, in der Mitte, war auf einer Art Schrein eine golden leuchtende Statue eines stehenden Buddhas, hinter dessen Rücken Lichtstrahlen angedeutet waren. Neben ihm befanden sich Blumen, vor ihm eine Schale mit aufeinandergestapelten kleinen runden Reisküchlein. In Kerzenhaltern, die die Form goldener Kraniche hatten, brannten Kerzen, und an den Rändern dieses Arrangements waren Kiefernzweige drapiert worden. An der Rückwand des Sanktuariums hatte man mehrere goldene Tischchen mit Bildern von Heiligen aufgestellt. Auch diese wurden von Kerzen, Blumen und Kiefernzweigen umgeben. Aus Büchern über japanische Kunstgeschichte wusste ich, dass der Kiefer viele Bedeutungen zugesprochen werden. Auf der Rückwand des japanischen Nōh-Theaters war meist ein solcher Baum zu sehen, in Palästen zierten Kieferabbildungen die Wandschirme, und selbst in der eigenständigen japanischen Shinto-Religion wurde dieser Baum verehrt: Er stand nicht nur für Langlebigkeit, sondern man ging auch davon aus, dass Götter sich in seinen Zweigen niederließen. Wenn ein Gott umzog, so geschah das symbolisch, das heißt, man schickte einen Kiefernzweig auf Reisen. Welche Bedeutung die Kiefern in diesem buddhistischen Tempel hatten, konnte ich jedoch nicht feststellen.

In diesem besonders heiligen Teil des Tempels setzten sich nur die älteren Mönche, die durch eine separate Tür hereinkamen. Ihre Gesichter waren wie die von Noh-Schauspielern: unergründlich und in sich gekehrt. Sobald sie saßen, stimmten alle Mönche einen tiefen, rhythmischen Gesang an. Der ganze Raum begann davon zu vibrieren. Als lösten die Töne die unmittelbare Wirklichkeit auf und beschworen eine andere. Sie ergaben eine Melodie, und auch wieder keine. Der Gesang war am Ende so laut wie ein Orkan – und gleichzeitig leise wie ein Windhauch. Er trug mich davon, aber er erdete mich auch. Mal folgten Wörter Schlag auf Schlag, dann wieder wurden sie mehrere Atemzüge lang gedehnt. Ich konnte nicht anders, als in diesen Klang einzutauchen. Die tiefe Stimmlage löste in mir eine Ruhe aus, als säße ich allein auf einer Bergspitze und sähe hinab ins Tal. Da war eine Vertrautheit in diesem Singen, obwohl ich es nicht kannte. Und plötzlich wusste ich: Ich bin am richtigen Ort.

Die Zeremonie dauerte knapp eine halbe Stunde, die ich kniend locker aushielt. Ich verstand kein einziges Wort, doch war das nicht wichtig. Der Raum sprach eine so klare Symbolsprache, und die vielen Sutren, die Lehrtexte in Versform, die mal von den Mönchen, mal von den Männern und Frauen im hinteren Teil des Raums gesungen wurden, klangen so wunderschön, so hypnotisierend, dass ich einfach meine Gedanken auf eine lange Reise schickte und ihnen nur hinterherschauen musste.

Frau Yoshida und auch die anderen Frauen und Männer hatten alle kleine, in Seide eingebundene Textbücher dabei. Jetzt wusste ich, zu welchem Zweck sie dieses Handtäschchen mitgenommen hatte. In den Büchern standen japanische Schriftzeichen, wie ich sie vorher nur auf alten, religiösen Kunstwerken gesehen hatte, nie aber in einem profanen Kontext. Kleingeschriebene Silben am Rand der Buchstaben gaben darüber Auskunft, wie sie auszusprechen waren. Und Häkchen oder Striche auf der anderen Seite der Zeichen verrieten, ob sie in einem Ton gesungen werden sollten, in einem ansteigenden oder nur in einem ganz kurzen. Es sah hochkomplex aus. Während die Menschen um mich herum sangen, hielt jeder von ihnen eine Art Rosenkranz in der Hand. Wenn sie beteten, wurde er um die Hand gelegt. Es gab türkisfarbene, dunkelgrüne, beigefarbene und einige in einem Korallenton, je nachdem, welches Material für die Perlen verwendet wurde.

Die Aufregung des ersten Tages fiel nach und nach von mir ab, und langsam konnte ich mir vorstellen, ein Jahr an diesem Ort zu bleiben. Es würde sich schon alles zusammenfügen. Was hatte Anne in London immer gesagt: »*No one said it would be easy* – niemand hat behauptet, dass es einfach werden würde.« Nur hatte ich mir die Schwierigkeiten in anderen Bereichen vorgestellt. Nicht im Alltäglichen, sondern im Spirituellen. Aber wie sehr beides miteinander verbunden ist, war eines der Dinge, die ich hier lernen sollte.

Die Abendzeremonie endete damit, dass sich alle nach vorn verbeugten, sich auf den Knien drehten und anschließend noch einmal verbeugten, zur hinteren Wand. Von dort schienen die letzten Strahlen der Abendsonne durch kleine geschnitzte Holzfenster ins Tempelinnere herein. Ich wollte aufstehen, spürte aber meine Füße nicht mehr. Sie waren eingeschlafen und knickten einfach weg. So setzte ich mich noch einmal hin und rieb mir die Knöchel, bis ich wieder ein Gefühl in den Zehen hatte. Neben mir flüsterten zwei ältere Frauen miteinander. Die eine meinte: »Sieht nett aus, das

Mädchen.« – »Ja, aber sie riecht so anders«, erwiderte die andere. »Ja, ja, das tut sie wohl«, stimmte die erste Frau ihr bei.

Den beiden war offensichtlich nicht bewusst, dass ich ihre Sprache verstand – wenigstens auf dieser einfachen Ebene. Ich wusste, dass Japaner sich auch durch ihren Körpergeruch von anderen Völkern unterschieden. Das lag vor allem an ihrer Nahrung – wenig Fleisch- und Milchprodukte. Die Äußerungen der beiden Frauen waren gar nicht diskriminierend gemeint, es war nur das, was ihnen zuerst aufgefallen war. Ich war immerhin die erste Frau aus dem Westen, die sie zu Gesicht bekommen hatten. Aber die Bemerkungen zeigten mir auch, dass ich hier nicht von Heiligen umgeben war, sondern von ganz gewöhnlichen Menschen. Was ihr persönlicher Grund war, in einem Kloster zu wohnen, wusste ich nicht, aber sie waren hier. Miteinander würden wir das Miteinander lernen.

Frau Yoshida brachte mich noch zu meinem neuen Zimmer und sagte, sie würde mich morgen früh um fünf Uhr wecken, wenn ich nichts dagegen hätte. Um halb sechs begänne nämlich die Morgenzeremonie, das *asa no otsutome*. Ich nickte nur, weil ich ein Gähnen zu unterdrücken versuchte. Mir sollte es recht sein.

Ich ließ mir noch ein Bad ein, verstand bei dieser vollautomatischen Nasszelle aber anfangs nicht, wie ich das Wasser warm stellen konnte. Also drückte ich einfach auf sämtliche Tasten, und irgendwann kam tatsächlich warmes Wasser aus den Armaturen. Nach dem Bad fiel ich ins Bett, sofort schlief ich ein. Zum Nachdenken über meinen ersten Tag hatte ich keine Kraft mehr.

Am nächsten Morgen, die Sonne war gerade aufgegangen, weckte mich Frau Yoshida. Ihre Tochter Shu-chan, meine Mitbewohnerin, hatte ich bisher noch nicht kennengelernt: Sie ging zur Schule und hatte einen vollkommen anderen Tagesrhythmus als ich. An diesem Morgen schlief sie aus, während ich den Regeln des Klosteralltags folgte. Nur anhand ihrer Schuhe im Flur wusste ich, dass sie da war. Ich wäre auch gern im Bett geblieben, noch immer war ich ziemlich müde. Es dauerte, bis mein Bewusstsein sich gesammelt hatte. Doch dann verstand ich, wo ich war. Im Kloster! Ach ja, und jetzt musste ich mich beeilen, sonst würde ich zu spät zur Morgenzeremonie erscheinen. Auf der Toilette war ich noch vollkommen schlaftrunken, sodass ich zum Spülen einen Knopf drückte, der nicht der richtige war. Ein Strahl Wasser schoss hoch. Die »Geräuschprinzessin« konnte meinen schrillen Schrei nicht übertönen. Diesen Knopf würde ich so schnell nicht mehr betätigen

Wenigstens war ich jetzt wach. Als ich mein Zimmer verließ, hörte ich schon das Tock-Tock vom Vorabend. Somit wusste ich, dass die Zeremonie bald beginnen würde. Wie herrlich es doch war, so früh morgens das Bett zu verlassen! Das Licht war phänomenal. Die Luft schmeckte köstlich, alles war noch ruhig, die Welt schien unverbraucht. Es machte also Sinn, dieses frühe Aufstehen. Was sagten europäischen Mönche: »*Carpe diem*, nutze den Tag!«

Das *asa no otsutome* war etwas anstrengender als das abendliche Gegenstück, denn es dauerte fast zwei Stunden. Ich tauchte erneut ein in den Singsang, ließ meine Gedanken schweifen, wurde etwas schläfrig, dann wieder wach, schaute mich um und spürte eine helle Freude tief in mir drin, eine Freude, hier zu sein. Räucherstäbchen, die einen würzigen, aber nicht aufdringlichen Duft verströmten, brannten vorne auf dem Schrein. Der Geruch senkte sich auf meine Haare nieder. Bald würde ich nicht mehr wie ein Mensch aus dem Westen riechen, dachte ich. Die Klostermitglieder um mich herum murmelten: »*Namanda, Namanda*«, es schwoll zu einem regelrechten Stimmgewitter an. Danach, als es vorbei war, verbeugten sich alle. Die Zeremonie war wohl zu Ende. Nein, jetzt rutschten sie auf einmal nach rechts und verbeugten sich vor einem weiteren Heiligenschrein. Anschließend ging es noch ein Stückchen nach rechts, zum nächsten Heiligenschrein. Schließlich nahm alle wieder die Ausgangsposition ein, aber dabei blieb es nicht. Jetzt wurde die andere

Richtung in Angriff genommen, denn auch hier gab es Schreine. Alles wurde auf Knien absolviert, ohne ein einziges Mal aufzustehen.

Nach dieser Prozedur setzten sich die Andächtigen in einem Halbkreis um die Mönche, und zwar in einer veränderten Konstellation. Es war wie bei einem Kartenspiel, das neu gemischt wurde. Wado hielt ein Mikrofon in der Hand und sprach in dieses hinein. Viel konnte ich nicht verstehen, aber auf einmal hörte ich meinen Namen. Ich sah, wie das Mikrofon weitergereicht wurde. Als es bei mir ankam, übergab ich es der Frau, die neben mir saß. Doch sie steckte es wieder in meine Hände, und meine weiteren Versuche, es anderen zu überlassen, blieben erfolglos. Keiner wollte es. Wado grinste mich an, und meine Nachbarin flüsterte in mein Ohr: »Sag was.« Dabei lächelte sie.

In Japan hielt man gern Reden, anscheinend machte dieses kulturelle Phänomen nicht einmal vor einer Tempeltür halt. Ich hatte mir schon gedacht, dass diese Situation noch einmal auf mich zukommen würde, dennoch war ich in dieser religiösen Stätte nicht darauf vorbereitet. Wie am Tag zuvor stotterte ich ein paar Dankesworte und verbeugte mich leicht. Ein Choral aus »*Namandas*« erschallte, mir gegenüber konnte ich megamäßig *megane* Megumi sehen. Sie rieb sich sogar verstohlen die Augen hinter ihrer lila getönten Brille. Wischte sie sich etwa eine Träne weg? Eine andere Frau, die selbst in Knieposition die anderen um einen Kopf überragte und die mir schon gestern wegen ihrer ungewohnten Größe im Speisesaal aufgefallen war, schaute, als hätte sie mehr erwartet. Sie hatte recht, ich hätte mich um ein paar weitere Worte bemühen können.

An diesem Morgen sprachen noch andere Anwesende ins Mikrofon, und obwohl ich wenig verstand, weil mein Japanisch dafür noch nicht ausreichte, war mir klar, dass über das Tagesgeschäft geredet wurde. Ein dicklicher Mann, der wohl, so nahm ich aufgrund der Wortbrocken an, die ich aufschnappte, die Gärtnertruppe leitete, erklärte etwas zum bevorstehenden Baumschnitt. Eine zweite Person erzählte über einen Krankenbesuch, den sie noch machen wollte oder gerade hinter sich hatte. Und ein Dritter berichtete von einem Besuch bei einem Holzbildhauer – hatte ich das richtig gehört? – in einem Kloster in Kyōto. Es war mittlerweile halb acht, wie ich an der Uhr, die an einer Seitenwand des Tempels aufgehängt war, ablesen konnte. Mein Frühstückshunger machte sich bemerkbar. Auch schmerzten meine Fußknöchel, die ein so langes Knien überhaupt nicht gewohnt waren. Dass ich die Beine noch spürte, deutete ich als gutes Zeichen.

Die Zusammenkunft endete mit einem erneuten Anschwellen des Wortes »Namanda«, danach war das *otsutome* vorbei. Später lernte ich, dass *otsutome* »Arbeit« bedeutet. Ja, es stimmte, es war harte Arbeit gewesen.

Bei den Schuhen stand schon Frau Yoshida und wartete auf mich. Sie strahlte mich an und fragte, ob ich gut geschlafen hätte. »Ja, ja, tief und fest, und danke fürs Wecken«, sagte ich.

Zusammen gingen wir zum Toyotaya; beim Verlassen des Tores drehte sich Frau Yoshida kurz um und verbeugte sich wiederholt vor dem Tempel. Mein Blick fiel auf das Schild, das neben dem Tempeltor stand und dessen Worte ich gestern nicht verstanden hatte. Ich fragte Frau Yoshida, was darauf geschrieben war. »Da steht eine Erkenntnis des Goingesamas, jede Woche eine andere. Wir nennen das die Dharma-Wörter. Wahrheiten. Heute lautet das Dharma: ›Eine Begegnung, ein *deai*, muss neu, frisch und friedlich sein.‹« Ich überlegte kurz, befand dann, dass es passte. Heute fühlte sich alles irgendwie ganz frisch und neu an.

Wir überquerten eine kleine Straße, die Marktstraße genannt wurde. Sie trennte den Toyotaya vom restlichen Klostergelände. Unterwegs überholten wir einige andere Bewohner, die langsamer waren oder auf dem Platz vor dem Turm zusammenstanden und miteinander redeten. Alle wurden von uns gegrüßt, und alle grüßten zurück. Jeder blickte mich freundlich und neugierig an.

Im Toyotaya wollte ich sogleich in den Speisesaal gehen, doch Frau Yoshida hielt mich zurück und sagte etwas von »Hausandacht«. Bitte nicht, dachte ich im Stillen. Zwei Stunden auf den Knien hatte ich doch gerade hinter mir. Andächtiger ging es bestimmt nicht. Doch da gab es nichts zu rütteln. Im zweiten Stock des Toyotayas befand sich ein großer mit Tatami-Matten ausgelegter Raum, darin ein noch zugeklappter Holzschrein. Einige Leute knieten schon vor diesem Wandschrank ähnlichen Kasten. Wir setzten uns zu ihnen, und schon bald kam ein Mann herein, öffnete den Schrein, in dessen Innern wieder ein aufrechter, goldener Buddha stand. Alle verbeugten sich, danach wurde eine Sutra angestimmt. Die Zeremonie dauerte etwa zehn Minuten, danach hörte ich wieder »*Namanda*«, es schien, als würde es aus den Anwesenden geradezu herausdrängen. Am Ende dieses Rituals wurde der Schrein wieder zugesperrt. Glück gehabt, das ging diesmal schneller. Und endlich konnte ich frühstücken.

Im Speisesaal huschten die mir schon bekannten beschürzten Frauen durch die Tischreihen. Es gab Misosuppe, Reis, gegrillten Fisch und Spinat. Dazu wurde grüner Tee gereicht. Herrlich! Das war schon mehr nach meinem Geschmack. Japanisches Essen pur. Und diesmal auch mit Stäbchen. Ich fühlte mich mit meiner Umwelt versöhnt. Wahrscheinlich waren die gestrigen Speisen eine Höflichkeitsgeste – immerhin kam ich aus dem Westen zu ihnen. Die Frau neben mir faltete die Hände und sagte: »*Itadakimasu.*« Das war das Zauberwort! Diesmal brauchte ich nicht »Ladida« zu sagen. *Itadakimasu* – so war es richtig. Kleine Lektion am Rande.

Es war mir noch nicht klar, wie mein Tagesablauf heute und für den Rest des Jahres aussehen würde. Hätte man mich gefragt, ich war darauf aus, so schnell wie möglich mit dem Klosteralltag zu beginnen. Aber mich fragte ja keiner. Noch nicht.

An diesem Morgen hinderte mich niemand, nach dem Essen mein Geschirr selbst abzuwaschen. Danach blieb ich noch eine Weile in der Küche, um mir alles anzusehen. Ein paar Frauen waren damit beschäftigt, Gemüse fürs Mittagessen zu putzen, lange, rettichähnliche Knollen, die, wenn man sie aufschnitt, innen geometrisch geformte Löcher aufwiesen. So etwas hatte ich noch nie gesehen. Ich fragte eine Frau, was das denn sei, und sie meinte, dies wäre *renkon*, eine Lotuswurzel. Ich liebte diese fremden Eindrücke, und ich freute mich schon auf den Tag, an dem auch für mich alles ganz natürlich erscheinen würde.

Die große Frau, die ich heute Morgen im Tempel beobachtet hatte, kam mit ihren langen, schlacksigen Beinen auf mich zu und stellte sich vor: »Ich bin Ayumi. Zu einem Alltag im Kloster gehört viel Arbeit. Ich freue mich, dass du mithelfen willst.« Sie hatte eine Art, dies so zu sagen, dass es nicht sehr freundlich klang, eher streng. Mit dieser Frau war nicht zu scherzen, das war eindeutig, und einen Ausländerbonus schien ich bei ihr auch nicht zu haben. Weiter erklärte sie mir: »Jeder, der hier wohnt, übernimmt eine besondere Aufgabe, für die nur er verantwortlich ist. Deine wird sein, jeden Morgen nach dem Frühstück den Speisesaal zu reinigen.«

Hoppla. Aschenputtel kam mir in den Sinn. Wenn ich diesen großen Saal allein säubern sollte, blieb kaum Zeit, etwas anderes zu tun. Ich war doch hier, um in eine fremde Kultur einzutauchen, nicht, um mein Jahr in einem Kloster als Putzfrau zu verbringen.

»Okay. Und wo finde ich alles, um loslegen zu können?«, fragte ich. Ich versuchte mir dabei nicht anmerken zu lassen, dass ich diese Aufgabe total bescheuert fand. Man hätte mir ja auch eine geben können, die japanischer war. Zum Beispiel dieses seltsame Gemüse zu putzen. Oder Teeschalen zu reinigen. Oder im Garten Unkraut zu jäten. Auf diese Weise hätte ich wenigstens gleich etwas Neues erfahren. Aber einen Speisesaal säubern, das war nicht besonders kompliziert. Und sollte ich auch noch eine dieser dämlichen Schürzen tragen müssen? Bloß nicht!

Als ob Ayumi Gedanken lesen konnte: Prompt fragte sie mich, ob ich nicht eine Schürze dabeihätte.

»Nein, daran hab ich beim Packen meiner Sachen nicht gedacht«, antwortete ich etwas schnippisch.

»Dann besorgen wir dir eine«, erwiderte Ayumi, mindestens genauso schnippisch.

Zuerst musste ich sämtliche Tische mit einem Feuchttuch abwischen, wobei Ayumi genau schaute, ob ich mich wirklich jedem Schmutzfleck widmete und das Tuch auch regelmäßig auswrang. Sie schien nicht zufrieden zu sein, denn es war ihr nicht entgangen, dass ich das Putzen nicht besonders spannend fand. Folglich wurde sie noch strenger. Am liebsten hätte ich den Wischlappen in eine Ecke gepfeffert, aber vielleicht hatte all das am Ende einen höheren Sinn.

Als ich fertig war, meinte Ayumi: »Das ist noch nicht perfekt, aber für heute reicht es.« Danach musste ich mit dem Staubsauger den Fußboden bearbeiten. Wie alle Staubsauger war auch dieser sperrig, das Kabel zu kurz, und ständig rammte ich mit dem Teil gegen Stühle, was Ayumi jedes Mal ein genervtes »Aufpassen!« entlockte. Was für ein Hausdrache!, dachte ich nur. Eine gute Stunde hatte ich für diese Tätigkeiten gebraucht. Wenn ich dies täglich tat, würde ich bestimmt schneller werden. Also, der Zeitaufwand war nicht so schlimm, wie ich anfangs befürchtet hatte. Eine Stunde ehrenamtliche Aufgabe, das ging in Ordnung. Ayumi fragte mich, was ich heute noch vorhätte, und ich antwortete wahrheitsgetreu: »Weiß ich bislang nicht«, woraufhin sie mich mit zu sich winkte. Zusammen fuhren wir in den ersten Stock. Sie führte mich in den Saal, in dem heute Morgen die Hausandacht stattgefunden hatte. Eine lange Seite dieses Raums war ausgefüllt durch einen Einbauschrank mit bestimmt zwölf Türen. Fünf große Wäschekörbe standen vor den Schränken, voll mit Futon-, Bett- und Kopfkissenbezügen, allesamt gestärkt und gebügelt. Sie warteten nur darauf, eingeräumt zu werden. Aschenputtels Abenteuer in Japan, dachte ich wieder, und fand die Vorstellung nur bedingt lustig. Ich hatte nicht vermutet, dass die Ausbildung zur Kammerzofe zu meinem Klosteralltag gehören sollte.

Ayumi öffnete die Schränke und zeigte mir, wo was einsortiert werden musste. Dabei bemerkte sie laut, dass in manchen Fächern eine furchtbare Unordnung sei. Ich solle auch einen Blick darauf werfen, fuhr sie fort, doch ich konnte nichts dergleichen feststellen. In einem Schrank lagen die Futons dreimal gefaltet aufeinander, aber Ayumi verzog das Gesicht, als ihr Blick darauf ruhte. Gut, wenn ich die Augen zusammenkniff, konnte ich sehen, dass die Futons nicht exakt gestapelt waren und an manchen Stellen überlappten. Aber das befand sich im grünen Bereich. Obwohl sie ziemlich schwer waren, zog Ayumi alle heraus und faltete sie neu. Hatte sie nichts Besseres zu tun? Es sollte eine Weile dauern, bis ich verstand, dass im Kloster alles eine Frage der Ordnung war. Das äußere Leben war ein Spiegel des inneren. Nur wer mit allen Dingen sorgsam umgehen konnte, durfte auch hoffen, einen reinen Charakter zu bekommen.

Jetzt, an meinem zweiten Tag, war ich jedoch noch weit davon entfernt zu verstehen, welche Bedeutung diese Aufräumarbeiten im täglichen Klosterleben einnahmen. Aber Tag für Tag wurde es mir vorgelebt: Auch Dinge, die man nicht gern tut, muss man lieben lernen. Und das lernt man am ehesten, wenn man versteht, wie wichtig sie sind. Das Leben besteht nicht nur aus großen Taten, sondern zum größten Teil aus vielen kleinen, scheinbar banalen.

Im Mikrokosmos Kloster herrschte das Bewusstsein, dass alle Aufgaben eine Bedeutung hatten, und jeder erntete Respekt für das, was er gerade machte. Jätete etwa eine der älteren Frauen am Nachmittag Unkraut im Spalt zwischen Küchenfenster und Klostermauer, konnte es passieren, dass ihr jemand zurief: »Danke, Ömchen, dass du eine Stelle pflegst, auf die man nicht schaut.« Und wenn ich mich genau umsah: Im Kloster gab es tatsächlich keine Ecke, in der sich Schmutz sammelte. Das war der Verdienst aller, und es bestärkte den Gesamteindruck, dass dies hier ein *kirei basho*, ein schöner Ort sei. Das Wort *kirei* bedeutet sowohl »schön« als auch »rein«.

Ein jeder hatte seine Rolle im Klosteralltag, und je mehr man in dieser aufging, desto höher stieg man in der spirituellen Hierarchie und Anerkennung. In den Wochen und Monaten, die ich im Kloster lebte, wurde mir dieser Umstand immer klarer, da ich ihm täglich begegnete. Vielleicht war es das, was hier funktionierte und woran so viele Menschen im Westen hadern: das Bewusstsein, dass jede Tat wichtig ist und eine Berechtigung hat.

Das Einräumen dauerte eine Weile, wenn man den Standard von Ayumi erfüllen wollte. Als ich fertig war – meine »Dienstherrin« kümmerte sich um andere Schränke –, bedankte sie sich mit einem freundlichen Augenzwinkern bei mir. Sie konnte sich allerdings nicht verkneifen, mir wieder zu sagen: »Das nächste Mal machst du es besser.«

Es war mittlerweile fast Zeit fürs Mittagessen, und ich hatte es seit dem Aufstehen nicht geschafft, in mein Zimmer zu gehen. Mein Koffer musste noch ausgepackt werden. Das holte ich jetzt nach. Viel hatte ich nicht dabei. Ein paar Bilder, um sie mir an die Wand meiner, wie ich angenommen hatte, kargen Klosterzelle zu hängen: ein Filmplakat von Luis Buñuel, das den »andalusischen Hund« darstellte, ein Poster von einem Inuit (eine Erinnerung an das Völkerkundemuseum in London) und Fotos von meiner Familie. Es würde eine Weile dauern, bis sich dieser Raum wie mein Zimmer anfühlte. Noch hatte es etwas von einem Übergang an sich.

Nach dem Auspacken stellte ich mich in die Sonne auf den Balkon und sah mir die nähere Umgebung an. Direkt vor mir befand sich jenes merkwürdige achteckige Gebäude. Ein Tanzsaal? Ein Museum? Um das herauszufinden, würde ich jemanden fragen müssen. Rechts von dem Bauwerk verlief die Marktstraße. Wenn ich heute Nachmittag nicht wieder Ayumis Kammerzofe spielen musste, könnte ich sie vielleicht entlangschlendern und mir Briefpapier kaufen?

Hinter der Marktstraße lag das Tempelgelände, und mein Balkon war hoch genug, dass ich über die Mauer sehen konnte: Die Kieselsteine wurden gerade von einem Gärtner geharkt. Weiter hinten stand die Pagode, die genauso hoch war wie ein weiterer Apartmentblock jenseits der Tempelumgrenzung. Der Ginkgobaum auf dem Vorplatz streckte sich wie ein Blitz in den Himmel. Ihn wollte ich von nun an jeden Tag beobachten. Noch war es Sommer, doch im Herbst würde das Laub sich gelb färben, die fächerförmigen Ginkgoblätter würden dann langsam zu Boden segeln. Im Winter schließlich würde er kahl dastehen und wohl noch mehr aussehen wie ein eingefrorener Blitz. Ich hatte diesen sommergrünen Baum schon auf vielen alten japanischen Kunstwerken gesehen. Er stand dort immer in der Nähe von Tempeln oder Shinto-Schreinen. Für Japaner ist dieser Baum heilig, seine nussartigen Früchte ein Wunderheilmittel. Angeblich ist es die älteste Baumart der Welt.

Viel später sollte mir Wado erklären, dass der Ginkgobaum in der japanischen Kultur allgegenwärtig ist. Selbst die fächerartig abstehende Frisur der Sumō-Ringer hätte man nach der markanten Form des Ginkgoblattes geformt. Beendet ein Sumō-Ringer seine Karriere, wird ihm dieser Haarschopf abgeschnitten. Der Ringkämpfer Wakanohana, eine moderne Sumō-Legende, soll beim Abschneiden seines »Blattes« große Sumō-Tränen vergossen haben.

Gerade lief unten auf der Straße Frau Yoshida vorbei. Sie entdeckte mich auf dem Balkon, winkte zu mir hoch und rief: »Mittagessen!«

Es gab wie zum Frühstück Misosuppe. Jeden Tag war eine andere Frau dafür verantwortlich, die dicke Misopaste aus vergorenen Sojabohnen ins heiße Wasser einzurühren und mit Kartoffeln, Seetang oder Tofu anzureichern. Der Charakter einer Frau würde sich im Geschmack der Misosuppe widerspiegeln, diese Aussage hatte ich schon mehrfach gehört. Je nachdem ob die Suppe würzig oder eher fade war, hatte sie eine eher temperamentvolle oder schüchtern-ruhige Köchin zubereitet. Mir schmeckte die Suppe heute ausgezeichnet. Ich malte mir aus, wie die von Ayumi munden würde. Bestimmt versalzen. Als sie nach einigen Tagen an der Reihe war, gab es für mich ein großes Erstaunen: Ihre Misosuppe schmeckte leicht und frisch. Vielleicht hatte ich sie falsch eingeschätzt? Bei den anderen Frauen schien sie eine große Achtung zu genießen, sie war anscheinend so etwas wie eine Oberhaushälterin. Für mich blieb sie die Personifizierung eines Hausdrachens.

Dieses Mal half ich nach dem Essen in der Küche mit. Ich war darauf bedacht, mir von anderen Frauen und nicht von Ayumi erklären zu lassen, wie alles funktionierte und wohin ich Töpfe und Geschirr wegräumen sollte. Die Arbeit machte sogar Spaß. Die Frauen freuten sich, dass ich sie unterstützte. Während ich noch beim Abwasch war, klingelte das Telefon im Speisesaal. Es war Wado, der mich sprechen wollte. Ob ich kurz Zeit hätte, zu ihm ins Büro zu kommen? Natürlich hatte ich das. Einen Moment lang hatte ich schon befürchtet, die Mönche hätten mich vergessen. Aber wie es jetzt schien, sollte sich mein Leben im Kloster doch nicht nur um Hausarbeit drehen.

Augenblicklich lief ich zum Tempelgelände hinüber, auf dem sich auch das Bürogebäude befand, jenes etwas windschiefe Haus, in dem ich schon gestern, nach meiner Ankunft, empfangen worden war. Ich rannte schnurstracks durch das Tempeltor, erinnerte mich aber daran, dass man sich zuvor verbeugen sollte. Also, ein paar Schritte zurück, eine Verbeugung, und weiter in Richtung Büro. Die Schuhpaare, die vor dem Eingang standen, verrieten, wer sich gerade in dem Haus aufhielt. Noch konnte ich die verschiedenen Sandalen, Sandaletten, *getas* und sonstigen Schuhe nicht auseinanderhalten, aber nach einem Jahr an diesem Ort wusste ich Schuhwerk und Personen genau einander zuzuordnen.

Als ich das Büro betrat, begrüßte mich Wado laut und herzlich. In dem größeren Raum fehlte es an nichts, er war von dem eines modernen Unternehmens nicht zu unterscheiden: Faxanlage, Computer mit Internet, Kopiergeräte, Drucker – und eine stickige Luft. In ihm hielten sich vor allem jüngere Mönche auf. Sie bereiteten das nächste *otsutome* vor, pflegten den Kontakt zu den Tempelmitgliedern oder kümmerten sich um die Finanzen. Die betagteren Mönche wie etwa der kahlköpfige Soshin, den ich am Vortag kennengelernt hatte, arbeiteten in einem zweiten Raum, der ein paar Türen weiter entfernt lag. Zusammen mit Wado ging ich dorthin, über einen mit hölzernen Dielen ausgelegten Flur. Dieses Arbeitszimmer war frei von Hightech und wies ein klassisches japanisches Interieur auf. Ich vermutete, dass die älteren Mönche noch nicht einmal wussten, wie man einen Computer einschaltete, dafür aber kannten sie sich bestimmt mit anderen Dingen aus, von denen ich stattdessen keine Ahnung hatte. In diesem zweiten Raum roch es rein und sauber nach Räucherstäbchen, auch nach frisch angerührter Tusche. In der Mitte befand sich ein kniehoher Holztisch, an dem Soshin saß, vor sich eine aufgeschlagene buddhistische Enzyklopädie, in der er blätterte. Während er sich konzentrierte, bewegte er seine Lippen wie ein Koi-Karpfen, der an der Wasseroberfläche schwimmt, als wolle er hin und wieder aus seinen Gedanken auftauchen und nach etwas Realität schnappen. Es dauerte einen Moment, bis er uns bemerkte. Wir knieten uns zu ihm, und eine Frau kam herein und servierte uns grünen Tee. Dazu gab es einen japanischen Kuchen. Wado erhielt kein Stück. »Alle denken, ich bin zu dick«, sagte er wehmütig.

Neben der Enzyklopädie lag auf Soshins Tisch ein grünes, seidenes Täschchen, das er mir zuschob. »Das ist für dich, damit du während des *otsutomes* mitsingen kannst«, erklärte er mir und schaute mich erwartungsvoll an. Ich öffnete die Tasche. Darin befanden sich ein in altrosa Seide gebundenes Sutrenbuch mit einem dazugehörigen Buchzeichen aus dünnem Papier, in das filigrane Blumenmuster gestanzt waren, sowie ein Rosenkranz – das Wort dafür war *ojuzu*, wie ich jetzt lernte – aus rosafarbenen Korallen. »Junge Frauen haben immer ein *ojuzu* in fröhlichen, hellen Farben.« Während Soshin diese Worte sagte, holte er seinen eigenen Rosenkranz aus einer Tasche im Ärmel seiner Kutte hervor und zeigte ihn mir.

Er war aus großen, braunen Baumsamen, jeder etwa fingerdick. Diese Samen kannte ich nicht. Im Vergleich zu meinem Korallen-*ojuzu* mit seinen zarten Perlen, sah dieser aufgrund seiner Grobheit und Größe aus wie ein Relikt aus der Saurierzeit.

»Vielen Dank. Es war …« Ich machte mit meinen Händen eine Geste, die einen sich öffnenden Kreis in der Luft beschrieb, und rang nach einem Ausdruck, den ich aber nicht fand. »Das *otsutome* heute Morgen und gestern Abend …«, sagte ich nun, weil ich etwas sagen wollte. »Es war …« Wado verzog sein Gesicht. »Aber etwas länger schlafen, dagegen hättest du bestimmt auch nichts«, meinte er. Ich ging nicht darauf ein. Ich war hier, weil ich es ernst meinte, nicht zum Spaß.

»Aber das Singen der Sutren – kann mir das jemand beibringen?«, fragte ich.

»Das lernst du von selbst, wenn du nur aufpasst«, antwortete Soshin und wollte dazu auch keine weitere Erklärung abgeben. »Alle lernen es durchs Zuhören.« Und weiter sagte er: »Der Goingesama wird morgen wiederkommen. Er freut sich schon darauf, dich kennenzulernen. Seine Frau wird ein paar Tage später wieder im Kloster eintreffen.«

Danach wurde noch besprochen, wie mein Alltag im Kloster aussehen würde. Soshin sagte, es sei ihnen allen sehr wichtig, dass ich morgens und abends zum *otsutome* erscheinen würde. Sie würden sich bemühen, mir Unterricht in den klassischen japanischen Künsten wie Kalligrafie, Teezeremonie und Blumenstecken zu geben, das müssten sie aber noch mit den verschiedenen Lehrern absprechen. Wenn ich außerdem etwas lernen wolle, solle ich mich melden.

»Gibt es etwas, das ich für das Kloster tun kann?«, fragte ich. Soshin schaute mich erst verwundert an, anschließend blickte er zu Wado und von Wado wieder zu mir zurück.

»Es gäbe da eine Sache … Hier im Kloster leben viele Kinder. Vielleicht könntest du denen sonntags Englisch beibringen?«

»Das mache ich gern.« So stand zumindest schon ein Termin fest. Am Sonntagmorgen Englisch für Kinder.

»Und jetzt bist du sicher neugierig, die anderen Teile des Klosters zu sehen«, sagte Wado. »Komm, ich zeig dir alles.«

Hinter dem Tempel befand sich ein kleiner Durchgang, bei dem ich den Kopf einziehen musste, weil er so niedrig war. Eine ältere, zierliche Frau, die vor uns herlief, konnte dagegen in aufrechter Haltung passieren. Hinter dem Durchlass war eine Gasse und ein vierstöckiges Gebäude mit Flachdach zu erkennen. »Das ist der *dōjō*, hier wohne ich«, verkündete Wado. Dieses Haus war das komplette Gegenteil zum Toyotaya. Es war bestimmt dreißig bis vierzig Jahre alt, der Beton grau und schmutzig. Im Innern machte alles einen sehr wohnlichen Eindruck. Keineswegs war es hier so steril und makellos wie in meinem Turm. Eine Küche mit beschürzten Frauen gab es ebenfalls, doch sie wirkte rustikaler, fast wie auf einer Berghütte. Statt Hightech-Badewannen wurden mir Gemeinschaftsbadewannen gezeigt, jeweils eine für Männer und Frauen. Die Menschen schienen in dieser Unterkunft viel entspannter zu sein. Vielleicht lag es auch daran, dass Kinder in den Fluren spielten und Teenager durch die Gänge schlurften.

»Wer wohnt denn hier?«, fragte ich.

»Studenten, Mönche mit ihren Familien, junge Frauen, die sich auf die Hochzeit vorbereiten, ältere Ehepaare, na ja, alles Leute, die zum Kloster gehören.«

»Mönche dürfen eine Familie haben?«, fragte ich verwundert.

»Natürlich«, antwortete Wado. »Schon der Gründer unserer Religion hatte Frau und Kinder. Der Glaube soll Teil des Alltags sein, und zum Alltag gehören nun mal Kinder und Familie. Sonst würde die Menschheit schnell aussterben.«

Ich erinnerte mich daran, einmal einen russisch-orthodoxen Priester getroffen zu haben, ein gebürtiger Amerikaner, der eigentlich katholischer Priester hatte werden wollen. Noch während seiner Ausbildung gab ihm ein russischer Freund zu verstehen, wie lächerlich es sei, ohne Frau und Familie ein spirituelles Leben als Hirte einer Gemeinde führen zu wollen. Wie sollte man als Vertreter des Glaubens bei zwischenmenschlichen Problemen helfend eingreifen können, wenn man keine entsprechenden Erfahrungen hatte? Der Amerikaner beschloss daraufhin, nicht katholischer, sondern russisch-orthodoxer Priester zu werden. Er heiratete und bekam mit seiner Frau zwei Kinder. Mönche hatten allerdings auch bei den russisch-orthodoxen Kirchen zölibatär zu leben.

»Und wer lebt im Toyotaya?«, fragte ich weiter.

»Mehr ältere Menschen, schon allein deshalb, weil es dort bequemer ist. Aber auch Familien sind im Turm untergebracht. Wichtig ist uns, dass die Generationen gemischt sind. Das gehört zu dem, was wir die ›drei Räder‹ nennen, dazu zählen Harmonie, Mitgefühl und Dankbarkeit. Jeder hilft mit, damit das Miteinander gelingt. Die Menschen sollen lernen, diese drei Räder zu respektieren und zu leben. Aber es wird dir sicher auffallen: Im *dōjō* ist die Gemeinschaft gewachsen, im Toyotaya muss das erst noch geschehen.«

»Aber eine Klostergemeinschaft seid ihr dennoch, oder?«

Ich war verwirrt. Wenn ich von japanischen Klöstern gehört hatte, so waren dies immer Orte des Meditierens, des Wissens und des Lernens gewesen. Man ging dort hin, um sich auf die Künste und die Religion konzentrieren zu können, nicht aber auf das Miteinander. Das war durch die strengen Klostervorschriften geregelt und trat dadurch weitestgehend in den Hintergrund. Der Eintritt in ein Kloster war ein Schritt zu einem Leben in der Stille, zu einem Leben, in dem menschliche Gefühle eine untergeordnete Rolle spielten. Ich hatte bisher auch immer nur von reinen Frauen- oder Männerklöstern gelesen, hier aber wohnten alle zusammen – was war das überhaupt für ein Ort? Ich wusste von japanischen Tempeln, die von Generation zu Generation weitervererbt wurden. Dort durften die buddhistischen Priester heiraten und gründeten aus denselben Motiven wie die russisch-orthodoxen Priester eine Familie. Von Familienklöstern hatte ich bislang nichts in Erfahrung gebracht. Das hier war doch alles ziemlich ungewöhnlich. War ich an eine Sekte geraten? Mir wurde bei dem Gedanken etwas unheimlich.

Anstatt mir eine ausführliche Antwort zu geben, sagte Wado nur: »Ja, wir sind eine Gemeinschaft. Lass dir das morgen genauer vom Goingesama erklären.«

In dem Moment kam einer der anderen Jungmönche, denen wie Wado noch nicht alle zeremoniellen Aufgaben anvertraut wurden, vorbei. »Mensch, Wado, du hast heute Nacht aber laut geschnarcht. Hast wohl wieder zu viel Süßes vor dem Schlafengehen genascht?«

Wado drehte sich um und wollte dem Mönch, der ihn so frech angesprochen hatte, einen Tritt versetzen. Er kickte aber absichtlich in die Luft und antwortete schlagfertig: »Wir wissen doch alle, dass du von deinem eigenen Schnarchen aufgewacht bist!«

Die Wände im *dōjō* waren so dünn, dass der Wind durch die Ritzen pfiff und die Menschen sich einander schon allein durch die schlechte Bausubstanz näherkamen. In diesem Haus schien eine riesengroße Familie zu leben. Dass man sich respektierte, war klar. Dass man sich aufzog und hänselte, gehörte auch dazu. Und manchmal ging man sich auf die Nerven, wie ich gerade miterlebte. Aber alle hatten ein gemeinsames Ziel: die drei Räder zu drehen. Harmonie, Mitgefühl und Dankbarkeit. Jeder der Klosterbewohner behielt das im Hinterkopf. Das gefiel mir.

Wado begleitete mich noch zurück zum Toyotaya. Er hatte nichts über den Garten oder über die Pagode erzählt. Vielleicht ein anderes Mal. Ich fragte ihn nach dem achteckigen Gebäude, das ich von meinem Balkon aus sehen konnte. »Darin werden die Urnen mit der Asche und den verbliebenen Knochen der verstorbenen Klostermitglieder aufbewahrt«, erklärte er mir.

Brrr.

Ansonsten verlief dieser Tag wie der vorherige. Nach dem Abendessen gab es das *yoru no otsutome*, und ich war danach wieder so müde, dass ich in mein Bett fiel, ohne auch nur eine Zeile eines Briefes geschrieben zu haben. Meiner Mitbewohnerin war ich noch immer nicht begegnet. Wo trieb sie sich eigentlich herum?

In dieser zweiten Nacht schlief ich unruhig. Gegen zwei Uhr morgens – es ist die japanische Geisterstunde – wachte ich auf. Ich hatte das seltsame Gefühl, beobachtet zu werden. War Frau Yoshidas Tochter nach Hause gekommen? Ich hörte in die Stille. Nichts. So intensiv ich mich auch umschaute, ich konnte niemanden entdecken. Meine Balkontür stand offen, aber das hatte ich selbst gemacht. Es war noch Sommer, und die Nachtluft war angenehm kühl im Vergleich zum stickigen Tag. Die Empfindung, beobachtet zu werden, blieb noch eine Weile. Dann war sie auf einmal weg.

Zwei Wochen lang war es jede Nacht so. Ich konnte die Uhr danach stellen. Jede Nacht zur Geisterstunde wachte ich auf und war davon überzeugt, nicht allein im Raum zu sein. Angst hatte ich nicht, es war nur ungewohnt. Ich dachte schon, dass es durch die Zeitverschiebung käme, aber daran lag es nicht. Es war anders. Als ob die Toten aus dem gegenüberliegenden Gebäude sich nachts zu mir ans Bett setzten, um mich anzusehen. Fast schien ich sogar ihre Anwesenheit zu spüren. Und mir kam es so vor, als ob einer unter ihnen mich allen zeigte. Das war natürlich Blödsinn, und schon vergaß ich diesen Gedanken wieder. Wahrscheinlich war meine Wahrnehmung durch diese neuen Lebensumstände einfach überfordert.

Endlich war der Goingesama da. Ich war äußerst gespannt, den Mann kennenzulernen, der das Kloster zusammenhielt. Alle hatten nur in den höchsten Tönen vom Oberabt gesprochen. Auch Taira hatte immer wieder von seinem »Meister« geschwärmt. Er war damals, als er noch Schüler von Daisetzu Suzuki war, in dieses Kloster geschickt worden, um eine Kalligrafie seines Mentors zu überbringen. Bei dieser Gelegenheit hatte Taira den fast gleichaltrigen Goingesama getroffen und erkannt, dass dieser eine Lehre für ihn bereithielt. Nach Suzukis Tod zog er ins Kloster. Suzuki war ein Philosoph gewesen, der Goingesama ein spiritueller Meister. Wie würde ich ihn erleben? War er abgehoben oder stand er mit beiden Beinen fest auf dem Boden?

Das Erste, was mir am Goingesama auffiel, war sein offenes Gesicht. Er schien darin nichts verstecken zu wollen. Ein großer, freundlicher Mund, weise Augen, der Körper klein und stämmig. Am prägnantesten aber war seine Ausstrahlung. Ich fühlte mich in seiner Gegenwart augenblicklich wie ein kleines Kind, das fröhlich sein durfte und sich gut aufgehoben fühlte.

»Entschuldige bitte, dass ich nicht da war, als du ankamst. Ich war noch in einer Kur. Vor einem Jahr wurde ich gegen Hepatitis geimpft, doch ich vertrug den Impfstoff nicht. Seither leide ich unter einer schweren Leberentzündung. Aber es geht mir schon viel besser, und durch die Krankheit habe ich gelernt, wie es ist, wenn der Körper schwächer ist als der Geist. Es war eine interessante Erfahrung. Im Buddhismus lernen wir, Krankheit als etwas Positives zu sehen. Buddha, das wissen wir, litt unter Durchfall und Rückenleiden.«

Ich wusste das nicht.

Hmm. Ich nickte nur.

»Nun sei aber recht herzlich willkommen, und ich hoffe, die kommenden Monate werden eine wichtige Zeit für dich werden. Wir alle sind gespannt und interessiert daran, was du über diesen Ort denkst. Du wirst mit uns in dieser Gemeinschaft leben und alles wird für dich neu sein. Was wird dich beschäftigen? Für uns bist du wie ein Spiegel, in dem wir uns selbst sehen. Vielen Dank, dass du die lange Reise auf dich genommen hast. Und jetzt erzähle mir, was deine ersten Eindrücke von unserer Gemeinschaft sind.« Der Goingesama schaute mich auffordernd an.

»Ich fühle mich von den Menschen sehr aufgenommen. Die Andachten mit ihren Gesängen sind wie eine Reise ins eigene Innere. Noch hat mein Alltag nicht begonnen, aber es gibt so viel, das ich lernen und verstehen möchte. Vielen

Dank, dass ich hier sein darf.« Das war die richtige Formulierung. »Nur« – ich zögerte einen Moment, bevor ich weitersprach –, »vieles ist hier anders, als ich es mir vorgestellt hatte. Ich dachte immer, ein Kloster sei ein Ort, an dem nur Frauen oder nur Männer wohnen würden. Und es gibt hier Kinder … es ist fast wie im weltlichen Leben! Ich dachte, in einem Kloster sei es irgendwie … abgehobener.«

»Für Buddha war die Gemeinschaft eine der wichtigsten Stützen des Glaubens. Sie gehört zu den drei Schätzen, die für den lebendigen Buddhismus wichtig sind: das Dharma – das Gesetz oder die Wahrheit; das Sangha – die Gemeinschaft; und Buddha – die Erweckung. In unserem Kloster haben wir uns dazu entschlossen, als Gemeinschaft ein wahres Leben nach den buddhistischen Grundsätzen zu führen. Wir unterstützen uns gegenseitig. Du wirst auch feststellen: Manche von den Bewohnern gehen sogar morgens zur Arbeit. Warum nicht? Das Leben ist komplex. Es gibt da die Vorstellung von Vimalakīrti, der ein buddhistischer Weiser war. Sie besagt: Den Geist vertiefen und gleichzeitig den Dingen des Lebens zugewandt bleiben, das ist das Wesen wahrer Praxis. Das ist auch unser Ziel. Ich werde Soshin bitten, dir die Geschichte von Vimalakīrti vorzulesen. Er war im alten Indien ein gewöhnlicher Mann. Ein Kaufmann. Trotz dieses weltlichsten aller weltlichen Berufe: Er war weiser als alle Buddhas der Welt. Durch die Gemeinschaft, durch das Miteinander und nicht durch das Entfernte oder Abgehobene, wie du sagtest, wird man herausgefordert. Man muss lernen – und zwar lernen, andere zu verstehen. Das ist wichtig. Aber man wird auch unterstützt. Du musst nicht alles allein bewältigen.«

»Und wie kamen Sie in dieses Kloster?«, fragte ich, immer neugieriger geworden.

»Mein Vater war Kommunist, auch wenn die Partei, der er angehörte, gleich nach ihrer Gründung 1922 verboten wurde. Oft kam die Polizei zu ihm nach Hause, um alles zu durchsuchen. Er lebte noch bei seiner Mutter, und die war in großer Sorge um ihren Sohn. Schließlich floh er vor den Razzien und landete hier im Tempel. Damals war der Daigyoinsama der Oberabt des Klosters, ein besonderer Mann. Er nahm meinen Vater auf und sagte zu ihm: ›Bevor du Marxist wirst, lerne erst einmal, wer du selbst bist.‹ Ein Jahr lang putzte mein Vater die Steine, die den Tempel umgeben. Nach diesem Jahr suchte er sich eine Tätigkeit außerhalb der Klostermauern. Bei einer Tankstelle fand er eine. Langsam arbeitete er sich nach oben. Heute gehört ihm eine der größten Ölraffinerien des Landes. Er war sogar Mitglied des japanischen Wirtschaftsrats. Du hast ihn bestimmt schon getroffen, er lebt auch hier.«

Ich konnte mich nicht daran erinnern, wer er gewesen sein sollte. Wado, der mit im Raum war, machte eine bestimmte Geste. Jetzt wusste ich es. Er war einer der beiden Männer, die links und rechts bei den Tempelsäulen in einem Rollstuhl saßen und ein Sauerstoffgerät bei sich hatten. Welch seltsame Geschichte! Später wollte ich mehr darüber in Erfahrung bringen, jetzt hatte ich noch eine Frage, die mich interessierte.

»Was bedeutet eigentlich dieses *Namanda*, das alle immer während des *otsutomes*, manchmal aber auch nur so vor sich hinmurmeln?«

»Aha, dann hast du also schon das Wichtigste herausgehört.« Der Goingesama lächelte mich an. »*Namanda* steht für *Namu Amida Butsu*. Und *Amida* wiederum ist der Buddha des westlichen Paradieses, der den Schwur geleistet hat, dass er alle, die seinen Namen ausrufen würden, zu sich ins Paradies hole. Es ist die Kraft des anderen, *tariki*, der du dich anvertrauen musst. Du musst nur aus reinem Herzen ›Namanda‹ rufen, damit Amida dich erhört. Und nun habe ich eine Frage an dich: Was glaubst du, was wird passieren, wenn du stirbst?«

»Hmm.« Ich überlegte. Da war ein Gedanke, erst diffus, dann wurde er immer klarer. Ich stellte mir vor, wie ich starb und meine Seele in viele winzige Teilchen zerfiel, die wie

Sternenstaub davongetragen wurden und sich mit allem, das war und das ist, vermischten. Ich hatte diesen Gedanken nie zuvor gehabt, aber hier sah ich ihn vor mir. Deshalb konnte ich eine Antwort geben: »Ich werde eins sein mit allem.«

»Genauso ist es. Und dein letzter Gedanke sollte nicht sein: Was habe ich im Leben alles erreicht, ich habe dies und jenes getan. Nein! Dein letzter Gedanke sollte sein: Danke, dass ich leben durfte! Oder einfach nur: Yippiyeah. Du sollst Freude empfinden für die Zeit, die du hattest. Und diese Freude offenbart sich im *Namanda*. Wenn dir diese Silben über die Lippen kommen, dann solltest du im Jetzt sein. Im absoluten Jetzt.«

Ich verstand. Und ich versuchte das Wort sofort zu sagen, aber es wollte nicht wirklich aus meinem Mund. Es klang gekünstelt, nicht natürlich.

Als ob der Goingesama wüsste, was ich dachte, sagte er: »Es wird schon kommen. Du bist jemand, der vor der Zukunft keine Angst hat.«

tensei jingo = »Göttliche Stimme, menschliche Worte«

3 Göttliche Worte, menschliche Taten und die Familie eines Kriegsverbrechers

»*Ich bin stolz darauf, dass aus meiner Familie immer ein Sohn Mönch werden wird.*«

Herr Sato, Rentner

»Hello, my name is Sato, Mister Sato.«

Der Herr, der mir seine Hand reichte, war schon den ganzen Morgen im Speisesaal nervös auf und ab gelaufen, um den richtigen Moment abzupassen. Als ich mich endlich von meinem Stuhl erhob, war er vorgeschnellt und stand sehr präsent neben mir. Dennoch, ich war hocherfreut, jemanden vor mir zu haben, der Englisch sprach. Also antwortete ich: »*Yoroshiku onegaishimasu*, es ist mir eine Freude.«

»Ich habe gehört, dass du eine japanische Zeitung lesen möchtest, und ich würde dir gern dabei helfen.« Sato sprach einfach drauflos.

Ich konnte mich nicht daran erinnern, je diesen Wunsch geäußert zu haben, dachte mir aber, dass es bestimmt gut wäre, wenn ich mich auch mit weltlichen Themen beschäftigen würde. So würde ich meinen Wortschatz nicht nur mit philosophisch-buddhistischen Weisheiten erweitern. Dass man sich an diesem Ort etwas umständlicher ausdrückte, als es der normale Japaner tat, konnte man nicht überhören.

»Wann wollen wir damit beginnen?« Und bevor ich überhaupt antworten konnte, fuhr er fort: »Morgen früh. Wir beginnen morgen früh um zehn Uhr. Wir treffen uns im Büro der Mönche. Es wird dort ein Raum für uns zur Verfügung stehen.«

Von nun an hatte ich jeden Vormittag um zehn ein Rendezvous mit Sato, um mit ihm in einer japanischen Zeitung zu lesen.

Sato trug zu unseren Lesestunden bevorzugt einen feinen Tweedanzug. Um den Hals hatte er eine Ascot-Krawatte gebunden. Hatte er sein Outfit amerikanischen Zeitungsverlegern aus den Zwanzigerjahren angepasst? Selbst die grauen Haare waren elegant nach hinten gekämmt.

Meine Vormittagsverabredung hatte eine Art, ehrwürdig dreinzublicken, was aber rasch ins Übertriebene abrutschte. Eine Hornbrille ruhte auf seiner Nase, und gern nahm er ein kleines Tuch aus der Brusttasche und rieb sie damit sauber. Nicht weil es nötig war, sondern, so vermutete ich, weil es wichtig aussah. Mit der Zeit fielen mir eine ganze Reihe kleiner Bewegungen und Redewendungen an ihm auf, die er irgendwo aufgeschnappt zu haben schien und die einen wissen ließen, dass er aus gutem Hause stammte. An einem Ort wie dem Kloster, wo im Prinzip alle gleich waren, war Sato davon überzeugt, gleicher zu sein. So meine Einschätzung.

Dass er zu unserer ersten gemeinsamen Stunde nicht nur die Zeitung mitbrachte, sondern auch sein Familienalbum, verbuchte ich unter »Marotte«. Ich sollte mich wohl zuerst mit seiner Familiengeschichte vertraut machen, bevor ich die Ehre, die er mir erwies, richtig einzuschätzen wusste. Jedenfalls interpretierte ich das damals so. Wir blätterten durch vergilbte Schwarz-Weiß-Fotografien, auf denen immer wieder streng dreinblickende Männer in traditionellen Kostümen, die einem europäischen Pyjama nicht unähnlich sahen, abgebildet waren. Ständig fielen Namen, mit denen ich nichts anfangen konnte, manchmal wohl auch solche, die ich hätte kennen sollen, die mir aber auch nichts sagten. Sato stöhnte jedenfalls nur, packte sein Album weg und die

Zeitung aus. Er hatte daraus einen Artikel kopiert und übergab ihn mir.

»Das ist die *Asahi Shinbun*, eine der wichtigsten Zeitungen Japans. Ich möchte mit dir diesen einen Artikel auf der ersten Seite lesen, den, der mit ›*Tensei Jingo*‹ betitelt ist, ›Göttliche Stimme, menschliche Worte‹. Er ist relativ kurz und handelt von Dingen, die gerade aktuell sind. Danach können wir diskutieren. Was hältst du davon?«

»Ja, warum nicht? Klingt gut.« Ich war gespannt.

Es ging nur schleppend voran. Eine Zeitung lesen zu können ist so etwas wie die Königsdisziplin für einen Japanologen. Ich hatte zwar schon einige Jahre lang die Sprache studiert, dabei aber einen anderen Wortschatz erlernt, als er fürs Erfassen von Nachrichten erforderlich gewesen wäre. Ich kannte viele der japanischen Schriftzeichen noch nicht, die in dieser Textform verwendet wurden. Immer wieder stockte ich und versuchte sie richtig auszusprechen. Sato verlor fast die Geduld mit mir und ich mit ihm, weil er einfach nicht auf die Idee kam, mir die Schriftzeichen vorzusagen, an denen ich hängen blieb. Immer wieder gab er Zischlaute von sich, legte den Kopf schräg und sagte: »Hmm, ahh.« Schließlich nahm er seine Kopie des Artikels und legte sie auf den Tisch. Danach griff er zu ihr und hielt sie gegen das Licht, als ob er so mehr sehen könne. Nichts. Dann klopfte er mit den Fingern nervös auf dem Holztisch herum. Derweil versuchte ich mich noch immer mit der Aussprache der Schriftzeichen, was mir eindeutig mehr misslang als gelang. Alle paar Zeilen verlor ich mich in der Anstrengung und musste neu ansetzen. Es war eine mühsame Stunde. Wir lasen den ganzen Artikel einmal durch. Zum Schluss fragte Sato, was ich von dem Beitrag halte. Ich hatte aber inhaltlich nichts verstanden. Er deutete daraufhin auf bestimmte Worte, es mussten wohl Schlüsselwörter sein, las sie mir zwei-, dreimal langsam vor. Noch immer begriff ich nichts.

»Okay«, sagte er kollegial. »Morgen machen wir das anders.« Er packte sein Lehrmaterial zusammen, reichte mir die Hand und verschwand. Soshin schaute neugierig zur Tür herein und fragte mich, wie meine erste Stunde mit Sato gewesen sei. Ich lächelte nur gequält.

In der nächsten Stunde brachte er einen Text aus einer anderen Tageszeitung mit, diesmal trug die Kolumne die Überschrift »*haruaki*«, »Frühling und Herbst«. Ich konnte außer der Titelwahl keinen großen inhaltlichen Unterschied zum Artikel »Göttliche Stimme, menschliche Worte« entdecken. Formal erst recht nicht, selbst die Textlänge war fast identisch. Sato hatte diesmal aber alle Substantive, die im Beitrag vorkamen, sorgfältig auf ein Blatt Papier geschrieben und übersetzt. Er hatte tatsächlich über die letzte Stunde reflektiert, und nun wollte er es besser machen. Er war ja kein qualifizierter Zeitungsleselehrer und musste selbst den besten Unterrichtsweg finden. Dieses Mal klappte es aufgrund seiner neuen Strategie besser. Indem ich mich von Wort zu Wort hangelte, hatte ich diesmal wenigstens ungefähr eine Idee, wovon der Artikel handelte. Es ging um die Bewältigung des Zweiten Weltkriegs. Zur abschließenden Diskussion reichte mein Verständnis allerdings nicht mehr aus.

Auch am folgenden Tag hatte Sato einen Artikel ausgewählt, der über den Zweiten Weltkrieg und die Rolle Japans ging. Die Zeitung war wieder eine andere, die Kolumne hieß diesmal: »Gespräche von der Straße aufgeschnappt – Gespräche noch einmal überdacht.« Ich war angetan von der Vielfalt der Titel, die Japaner für ihre Zeitungskolumnen wählten.

Von Tag zu Tag schleppte mein Lehrer neues politisches Material heran, und jedes Mal schien er enttäuscht, dass ich noch nicht in der Lage war, mit ihm über das Gelesene zu diskutieren. Gern hätte ich mich vorbereitet und eine Abhandlung über Japans Rolle im Zweiten Weltkrieg gelesen, aber ich hatte bislang keinen Computerzugang, zudem gab es keine englischsprachige Bibliothek in meiner näheren Umgebung. Doch Sato gab nicht auf. Unermüdlich grub er weitere Artikel aus seinen häuslichen Archiven aus. Den Datumsangaben auf den Zeitungen konnte ich entnehmen, dass es zum Teil alte Ausgaben waren. Hatte er die alle extra für einen solchen Zeitungskurs aufbewahrt? Als ich ihn schließlich darauf hinwies, dass wir vielleicht mit einfacheren Themen beginnen sollten, nickte er und sagte: »Verstehe.«

Er verstand aber nicht, denn zur nächsten Stunde hatte er wieder einen Artikel parat, in dem es um Kriegsbewältigung ging. Die Zeit war gekommen, Wado einzuschalten.

Ich fand ihn im Büro des Klosters ein paar Zimmer weiter. Als ich den Raum betrat, war ich etwas aufgebracht. Zum einen musste ich natürlich dankbar sein, dass man mir dieses Angebot unterbreitet hatte, zum anderen aber waren die Stunden mit Sato kaum auszuhalten. Schwimmen in der Wüste zu lernen stellte ich mir leichter vor. Außerdem hatte ich den Verdacht, dass Sato, der gerade in Rente gegangen war, mich als Aufgabe für seine Zeit »danach« betrachtete.

»Wessen Idee war es denn, Sato zu fragen, ob er Zeitungstexte mit mir lesen würde?« Mein ärgerlicher Unterton musste Wado nicht entgangen sein. Aber wieso sollte ich mich nicht aufregen. Ich fand, hier wurde über meinen Kopf hinweg entschieden.

»Wieso?«, fragte Wado. »Wir haben eine gewisse Verpflichtung gegenüber der Uni, was dein Japanisch betrifft. Zeitungsjapanisch verstehe selbst ich oft nicht, aber wenn du jeden Tag damit konfrontiert wirst, wird es irgendwann einmal einfacher werden.«

»Da würde ich dir recht geben«, antwortete ich. »Aber mit Sato komme ich auf keinen grünen Zweig.«

»Sato«, sagte Wado, »an dem kannst du dir die Zähne ausbeißen. Der ist hartnäckig. Ich kenne ihn nur zu gut, er ist mein Vater. Wenn er aber etwas kann, dann besteht es darin, Zeitungen zu lesen. Das war schon immer seine große Leidenschaft.«

Ich schluckte. Wado war ein großer, runder Mönch mit einem fröhlichen Gesicht. Sato sah ihm in keinster Form ähnlich. »Dein Vater?«, stotterte ich nur.

»Ja, mein Vater. Wieso?«

»Ach, nur so«, lenkte ich ab.
»Hat er dir nicht das Familienalbum gezeigt?«, fragte Wado. »Das tut er doch sonst immer.«
»Ja, das hat er, aber ich habe dich nicht darin gesehen.«
»Ach so, dann war es das ganz alte, mit Opa und so. Klar.«
»Klar.«
»Aber jetzt raus mit der Sprache: Was passt dir nicht?«
»Er wählt Texte aus, die mich nicht interessieren, über den Krieg im Pazifik und die Rolle Japans. Ich würde viel lieber banale, alltägliche Dinge lesen. Eben die üblichen Geschichten. Krieg kann schon mal vorkommen, natürlich, aber bitte nicht immer.«
»Und hast du Sato schon einmal gefragt, warum er dir immer dieselben Themen vorlegt?«
»Nein«, sagte ich. »Das habe ich tatsächlich noch nicht getan.« Durch dieses Zugeständnis war ich etwas kleinlauter geworden.
»Dann wird's aber Zeit«, sagte Wado und drehte sich wieder dem Computer zu. Das Gespräch war damit beendet.
Die nächste Stunde mit Sato begann damit, dass er mich zu sich nach Hause einlud. Seine Frau sei eine ausgezeichnete Köchin, begründete er sein Ansinnen. Ansonsten hatte er wieder die Kolumne »Göttliche Stimme, menschliche Worte« hervorgeholt. Wir quälten uns wieder durch den Text, in dem, wie ich nun langsam verstand, ein Nationalschrein für die im Krieg Verstorbenen eine größere Rolle spielte. Ich fragte mich, ob die Einladung vielleicht als Reaktion auf meine Unterhaltung mit Wado zurückzuführen sei. Wahrscheinlich.
Am nächsten Tag besuchte ich Sato in seinem Haus. Sein traditionell angelegter Garten fiel mir sofort auf. Kleine, geschnittene Büsche, eine steinernen Laterne und ein paar aufgestellte Steine: eine idealisierte Miniaturlandschaft, wie man sie in der Natur nie finden würde. Es lag gleich hinter dem Klosterkomplex. Obwohl es nur ein kurzer Weg dorthin war, holte mich Sato zur verabredeten Stunde im Toyotaya ab, um

mich die wenigen Meter zu begleiten. Seine Frau stand bei unserer Ankunft schon vor dem Haus und begrüßte mich herzlich. In ihr erkannte ich Wado wieder. Er war ganz die Mama. Sie hatte dieselben lustigen Augen, volle Lippen und schwere Knochen. Sie trug eine hübsch bedruckte Schürze und strahlte so eine Fröhlichkeit aus, dass ich sie zur Begrüßung umarmen wollte. An ihrer Reaktion aber merkte ich, dass dieser plötzliche Körperkontakt sie verwirrte. Im letzten Moment trat ich zurück und verbeugte mich stattdessen höflich. Danach wurde ich in ein Wohnzimmer geführt, das trotz der Tatami-Matten westlich eingerichtet war. Auf dem Boden lagen Perserteppiche, ich entdeckte ein Sofa, zwei Sessel und eine Schrankwand.

Sato und ich machten es uns auf den Sesseln gemütlich, währenddessen servierte Frau Sato Kaffee in feinen englischen Wedgwood-Porzellantassen und selbst gebackenen Kuchen, der *nanban ōrai* hieß, »Kommen und Gehen der Südlichen Barbaren«. Er war fast gelb in der Farbe und hatte eine feste Konsistenz, einfach wunderbar.

»Das ist ein altes Rezept, das die Portugiesen während der Nanban-Periode, die von 1543 bis 1641 dauerte, mit nach Japan brachten. Vor allem in der Gegend um Nagasaki herum, wo die Portugiesen vor Anker lagen, ist dieser Kuchen eine große Spezialität«, belehrte mich Sato. Die Portugiesen wurden also »Südliche Barbaren« genannt. Wie sie mich wohl bezeichneten?

Wir saßen eine Weile zusammen und plauderten, doch ziemlich schnell holte Herr Sato wieder das Familienalbum hervor und präsentierte es mir. Seine Frau verschwand in der Küche, wahrscheinlich kannte sie die Fotografien zur Genüge. Wados Vater blätterte zu einer bestimmten Seite und zeigte mir einen Mann, der mit leerem Blick in die Kamera schaute: »Das ist mein Vater.« Auf einem anderen Bild, diesmal eines in Farbe, sah ich das Kloster und denselben Mann, nur war er jetzt viel älter. Sato erklärte: »Mein Vater war der Erste in unserer Familie, der in dieses Kloster zog.«

Plötzlich klingelte es. Ich vernahm Frau Satos schlurfende Pantoffelschritte auf dem Holzfußboden im Flur. Und noch bevor sie die Tür öffnete, hörte ich Wados Stimme, wie er sich mit »*Wado desu*, ich bin's, Wado« ankündigte. Japanische Häuser haben wirklich sehr dünne Wände.

Ich war froh, dass Wado vorbeikam.

Im Japanischen gibt es den Begriff *giri*, Pflicht, und eine aus ihr resultierende Verantwortung. Meine Japanischlehrerin in London hatte mir vor meiner Abreise eingeschärft, mich nie in Abhängigkeit zu begeben, ich solle darauf achten, dass ich alles, was ich annahm, auch irgendwie wieder zurückgab. Es müsse immer ein Gleichgewicht herrschen. Es war natürlich sehr freundlich von Sato, mir anzubieten, mit ihm Zeitung zu lesen, um meine Japanischkenntnisse zu verbessern. Aber was war sein Vorteil, sein Nutzen? Oder besser gesagt: Wie konnte ich es wiedergutmachen, um die Balance wiederherzustellen? Ich hatte ja schon die Vermutung gehegt, dass er mir den Unterricht nur erteilte, weil er kürzlich in Rente gegangen war und nun etwas Sinnvolles mit seiner Zeit anfangen wollte. Ich, Opfer eines blinden Aktionismus. Aber darum ging es ihm gar nicht, dämmerte mir langsam. Als Gegenleistung forderte er von mir inspirierende Gespräche, meinen westlichen Blickwinkel auf Geschehnisse und historische Ereignisse. Einfach gesagt: Es ging ihm um den Dialog der Kulturen. Nur zu gern wollte ich diesen Anspruch erfüllen, aber noch gab es zu große Verständigungsprobleme zwischen ihm und mir, und das lag nicht an der Sprache allein. Mir war einfach nicht klar, um was es in unserer Beziehung ging. Laut Goingesama musste ein *deai* neu, frisch und friedlich sein. Das *deai* von uns beiden war aber eher schwammig und unklar und machte mich aggressiv. Gut also, dass Wado erschien, er konnte bestimmt vermitteln.

Der Neuankömmling schob mit Schwung die Papierschiebetüren zum Wohnzimmer auf und ließ sich aufs Sofa fallen. Es erstaunte mich noch immer, dass Wado der Sohn von Sato war. Als die beiden aber miteinander sprachen, ließ es sich kaum leugnen. Allein die Körpersprache verriet, wie entspannt sie miteinander umgingen, völlig vertraut, wie es nur Familienmitglieder können, die sich verstehen.

»Dein Vater erzählte mir gerade von deinem Großvater, er soll der Erste aus eurer Familie gewesen sein, der ins Kloster zog.« Auf diese Weise hoffte ich, Wado in meine eher schwierige Konversation mit seinem Vater einzubeziehen. Die Tatsache, dass Wado auch eingeladen war, konnte nur bedeuten, dass Sato selbst nicht genau wusste, wie er mir sagen sollte, was er mir sagen wollte. Wados Aufgabe war, zu helfen. Und das tat er auch sofort.

»Ja, mein Großvater. Bis zu seinem Tod saß er jeden Tag zu den *otsutomes* im Tempel. Er kam aus einer anderen Zeit als wir. Im Kloster fand er seinen Frieden.«

»Warum suchte er Frieden? Was war passiert?«

Das war der Startschuss. Sato ergriff das Wort. »Mein Vater stammte aus einer alten Samurai-Familie. Vor dem Zweiten Weltkrieg war er der Gouverneur einer Präfektur in der Nähe Tokios. Von seiner Familie hatte er ein riesiges Anwesen mitten in der Stadt geerbt, es gehört noch heute unserer Familie.«

Sato machte eine Pause. Ich dachte im Geheimen: Die müssen reich sein, die Satos, sie besitzen ein Anwesen mitten im Zentrum von Tokio!

»Während des Zweiten Weltkriegs versetzte man meinen Vater nach Indonesien. Er wurde Statthalter einer Insel. Ach, es waren merkwürdige Zeiten. Japan stand unter dem Einfluss der Shintō-Religion, die den japanischen Kaiser als einen lebenden Gott betrachtete. Buddhismus wurde zwar als eine Religion wahrgenommen, aber da sie nicht rein japanisch war und erst sehr viel später im Land integriert wurde, wurde sie als minderwertig eingestuft. Das höchste Gut in diesem Shintō-Staat war *wa*, die Harmonie des japanischen Volkes. Was der Kaiser, also Gott befahl, wurde ausgeführt. Mein Vater hatte den Daigyoinsama, den Vor-Vorgänger des Goingesamas, als Redner auf einer Veranstaltung in Tokio kennengelernt, kurz bevor er in Indonesien stationiert wurde. Was der Daigyoinsama sprach, berührte ihn. Der Daigyoinsama kritisierte den Krieg. Er untermauerte seinen Standpunkt mit religiösen Argumenten; jeder andere wäre dafür verhaftet worden. Er sagte, selbst in Kriegszeiten hätten Menschen Seelen und seien verantwortlich für alles, was sie tun würden. Mein Vater glaubte daran, musste aber in der Funktion, die ihm zugewiesen worden war, gewisse Befehle ausführen. Schreckliche Dinge muss er gesehen haben. Als gegen Ende des Zweiten Weltkriegs die japanische Marine Indonesien kontrollierte, vermittelte mein Vater zwischen ihr und der Bevölkerung. Er verhinderte ein Blutbad. Wie wir heute wissen, kam es auf vielen Inseln zu schrecklichen Massakern, nicht aber auf der meines Vaters.«

Ich hörte zu und nickte. Ich konnte mir das gut vorstellen. Auch in der deutschen Geschichte mussten Menschen während des Hitler-Regimes Befehlen folgen, die sie, so hoffte man immer, wenn man davon hörte, unter anderen historischen Umständen nie ausgeführt hätten. Satos Vater hatte den Umständen entsprechend menschenwürdig gehandelt. Er hatte nicht den einfachen Weg gewählt und die Befehle ohne nachzudenken übernommen. Er war aufgestanden und hatte versucht, als Vermittler zwischen zwei Parteien aufzutreten. Das war bestimmt nicht leicht für ihn gewesen.

»Nach dem Krieg«, fuhr Herr Sato fort, »kehrte mein Vater nach Tokio zurück. Das Haus, das auf dem Anwesen unserer Familie gestanden hatte, war bei einem amerikanischen Bombenangriff komplett zerstört worden, mein ältester Bruder in den Trümmern gestorben. Nun war ich plötzlich der Älteste, und ich war nie dazu erzogen worden, diese Rolle zu übernehmen. Die Verantwortung, die meine Familie mir plötzlich übertrug, sie war viel zu groß für mich.«

Daher kam also diese Eigenart von Sato, immer ein wenig autoritärer wirken zu wollen als die anderen. Die plötzliche Aufgabe, als ältester Sohn tätig zu werden, war zu groß für ihn, und er versuchte diese in japanischen Familien wichtige

Funktion durch aufgesetzte Gesten zu füllen. Innerlich verzieh ich ihm sofort. Seltsam, wie es manchmal zuging. Man mochte etwas nicht an einem anderen Menschen, doch wenn man verstand, warum er so handelte, war jegliche Abwehrhaltung vergessen. Man musste sich nur immer wieder daran erinnern, andere verstehen zu wollen, indem man sich in sie hineindachte. So konnte man Mitgefühl entwickeln. War das nicht eines der drei Räder, die ich hier lernen sollte?

Sato erzählte weiter: »Aber nicht nur das Haus meiner Familie war durch den Krieg verloren gegangen. Alle Freunde meines Vaters wurden plötzlich als Kriegsverbrecher verurteilt. Die, die im Sinne der göttlichen Harmonie gehandelt und sämtliche Befehle des Kaisers befolgt hatten, ohne ihr eigenes Gewissen zu befragen, wurden hingerichtet. Mein Vater war allein durch die Tatsache, dass er Statthalter einer indonesischen Insel war, als Kriegsverbrecher abgestempelt worden. Doch man konnte ihm nichts weiter anhängen. Er überlebte die Säuberungspolitik Japans.

In dieser furchtbaren Zeit schrieb er viele Briefe an den Daigyoinsama. Dieser war der Meinung, dass Japan nur mit der Kraft des Buddhismus wieder aufgebaut werden könne, es gäbe kein anderes Mittel, um das Trauma des Krieges zu überwinden. Ich glaube, die seelischen Wunden meines Vaters waren tiefer, als wir alle ahnten. Als ich im dritten Jahr an der Universität studierte, verschwand er plötzlich. Das war 1951. Er war ins Kloster gezogen. Einfach so. Von einem Tag auf den anderen. Er, der immer sämtliche Fäden in der Hand gehalten hatte. Ich überlegte, was zu tun war. Auf einmal war ich das Oberhaupt der Familie, für mich kam das völlig unerwartet. Was sollte ich tun? Vor dem Krieg war meine Familie wohlhabend gewesen, jetzt reichte das Geld nur knapp. In Tokio kannten wir noch immer einflussreiche Leute – aber was sollten wir ohne meinen Vater tun? Immerhin gab es noch zwei ältere Schwestern und drei jüngere Geschwister.

Es war unmöglich für mich, für sie alle da zu sein. Meine älteste Schwester machte eh, was sie wollte. Sie hatte sich schon vorher mit meinem Vater zerstritten. Gegen alles, was er sagte und unternahm, rebellierte sie. Selbst meine Mutter konnte da wenig ausrichten. Als mein Vater ins Kloster ging, nahm sie dies zum Anlass und wurde Nonne beim Assisi-Orden. Sie entschied sich bewusst fürs Christentum, nur um unseren Vater zu ärgern. Noch heute lebt sie unter den Schwestern. Ich weiß kaum, wie es ihr geht. Damals war es für alle ein Schlag, dass sie auf einmal aus unserem Leben schied. Aber sie war schon immer eine starke Frau.« Sato kicherte ein wenig, als er das sagte. »Ich wusste nur so viel: dass ich nicht so stark war wie mein Vater und dass ich herausfinden musste, was ihn dazu gebracht hatte, einfach in den Süden ins Kloster zu ziehen.«

Ich beobachtete Wado. Er saß auf seinem Sessel und tippte sich mit den Fingern aufs Knie. Konzentriert hörte er seinem Vater zu, nickte manchmal, kommentierte aber nichts.

»So zog also auch ich nach Süden«, berichtete Sato weiter, »traf meinen Vater und die Ekaisama, die Nachfolgerin des Daigyoinsamas, der, kurz nachdem mein Vater im Kloster angekommen war, verstarb. Mein Vater sagte zu mir, er würde an diesem Ort bleiben. Er würde nicht mehr zurück nach Tokio gehen. So blieb auch ich. Vielleicht war ich ein Feigling, weil ich mir nicht zutraute, allein für meine Familie in Tokio zu sorgen. Vielleicht war es auch richtig, dort zu sein, wo mein Vater war. Ich entschied, dass der Platz unserer Familie jetzt in diesem Kloster sein sollte.

Wie eine Kuh, die bedächtig auf Gras herumkaut, sortierte ich Schritt für Schritt mein Leben und das meiner Familie neu. Ich las in der Zeitung, in einem Kaufhaus in der Innenstadt sei eine Stelle frei. Ich bewarb mich – und bekam die Stelle. Schließlich fand ich meine Frau, du kennst sie ja jetzt, und sie hat mir drei Söhne geschenkt.«

Sato blickte nur kurz zu Wado, der jetzt grinste, um danach fortzufahren: »Das Verhältnis zu meinem Vater blieb belastet. Ich war nicht der Älteste, ich war doch nur das vierte von insgesamt sieben Kindern. Dennoch: Als ältester lebender Sohn hatte ich gewisse Aufgaben und Verpflichtungen. Nur wenn wir zusammen im Tempel saßen, mein Vater und ich, und das *Namanda* sagten, vereinigten sich unsere Seelen. Nur in diesem einen Moment. So war das. Es war der gemeinsame Glaube an Amida Buddha, der uns verband.«

Ich fragte mich, warum Sato mir all das nicht schon bei unserem ersten Treffen erzählt hatte. Vielleicht hatte er es mit seinem Familienbuch versucht, aber ich hatte ja kein wirkliches Interesse an den Tag gelegt. Ich war ungeduldig, er war ungeduldig. Es war immerhin eine sehr private Geschichte, und für ihn war es bestimmt auch neu, sie einer Fremden zu erzählen, noch dazu einer Fremden aus dem Westen. Durch seine Erzählung verstand ich so viel mehr von Sato, und er war mir auf einmal sympathisch.

Er griff wieder zu einem Fotoalbum, einem anderen, mit einem bonbonfarbenen Einband. Es konnte nur aus den Siebzigerjahren sein. Wado war auf vielen Bildern zu sehen, als kleiner Junge, als Teenager in Shorts und mit Schirmmütze. Ich machte mich ein wenig lustig über Wado, zog ihn auf, wie man das gern macht, wenn man Kinderbilder betrachtet.

»Das Schönste für meinen Vater war, als er erfuhr, dass Wado Mönch werden wollte!« Die Worte platzten förmlich aus Sato heraus.

Aber wie war es dazu gekommen, dass dieser kleine Junge auf den Fotos, dieser Jugendliche in kurzen Hosen, jetzt ein Mönch war? In seinem Herzen war Wado noch immer ein Kind, aber er war auch Mönch, ganz klar. Also hakte ich bei Sato nach, und er gab auch Antwort.

»Als alle drei Söhne volljährig waren, kam der Goingesama zu uns nach Hause und bat darum, dass ein Sohn Mönch werden solle. Er sagte, das sei die Pflicht der Familie.«

Ich verstand nicht recht. Das klang nach tiefstem Mittelalter!

»Also rief ich meine drei Söhne zusammen. Wado hieß damals noch anders, er hatte Informatik studiert und arbeitete in seinem ersten Job. Eine gute Anstellung. Seine beiden jüngeren Brüder befanden sich mitten im Studium. Als ich meinen Söhnen die Bitte des Goingesamas unterbreitete, dachte Wado nicht lange nach. Er sagte, er wolle es machen.«

Wado gluckste heiter auf seinem Platz.

»*Otō-san*, Vater, ganz so einfach war es nicht. Ich war verliebt!«

»Ja, ich weiß«, erwiderte Sato. »Deine Freundin musste natürlich auch gefragt werden.«

Ich schaute Wado an. »Erzähl bitte, wie das war.«

»Na ja«, begann Wado, »ich führte ein normales Leben. Es waren die Achtzigerjahre, die goldenen Zeiten, das Business brummte. Nach der Arbeit ging ich viel aus, in Clubs, zudem hatte ich einen Sportwagen und Rie, meine Freundin. Ich wusste, dass ich das alles hinter mir lassen musste, sollte ich Mönch werden. Lauter Dinge, die Spaß machen. Richtig viel Spaß.« Wado grinste. Ich vermutete, dass er auch heute noch seinen Spaß hatte, nur anders. Er brauchte dafür keine Accessoires mehr.

»Aber wenn der Goingesama bittet, hat das etwas zu bedeuten. Ich liebte meine Freundin Rie und sie mich, und ich besprach die Angelegenheit mit ihr. Würde sie mich auch lieben, wenn ich ein Mönch werden würde? Ohne Sportwagen, ohne viel Geld, dafür aber mit mir, jeden Tag von früh bis spät? Das Schöne am Dasein als Mönch ist nämlich, dass man viel mehr Zeit für seine Familie hat.« Wado wurde ungewöhnlich ernst und schaute auf seine großen Hände. »Ich nahm Rie mit ins Kloster. Sie kannte das alles nicht. Ich hatte sie auf der Arbeit getroffen, sie war ganz anders aufgewachsen als ich, hatte vollkommen unterschiedliche Werte. Aber als sie den Goingesama und das Kloster kennenlernte, sagte sie: ›Wado, ich komme mit dir!‹«

»Wie romantisch!« Die Worte schossen einfach aus mir heraus. Danach biss ich mir auf die Lippen, weil ich Wado nicht unterbrechen wollte.

»Für Rie bedeutete die Entscheidung, mit mir im Kloster

zu leben, dass auch von ihr einige Dinge gefordert wurden. Als Frau eines Mönches musste sie Ikebana-Kurse belegen, die Kalligrafie beherrschen, die Teezeremonie. Sie musste im Büro arbeiten, in der Küche, und von der Bomorisan lernen, wie man Gäste empfängt, wie man sie nach ihrem Befinden fragt, wie man richtig serviert. Das war eine ganze Menge. Und so völlig anders als ihre Arbeit in der Computerfirma.«

Im Stillen dachte ich: und sicher viel angenehmer! Als Frau wurde Rie in einem japanischen Unternehmen damals wenig mehr als Teekochen zugetraut.

»Im Kloster ist man auf einmal nicht mehr allein, auch das ist eine Umstellung. Ständig ist man von Menschen umgeben. Es gibt kaum eine Privatsphäre oder einen Rückzugsort. Urlaub – das gibt es nicht. Dafür wird das ganze Leben bedeutungsvoll. Es wird so ...« – Wado rang mit den Worten – »... so wahr. So echt. Ich bin ...«

Ich nickte. Obwohl ich erst kurze Zeit an diesem Ort war, hatte ich schon ein Gefühl dafür bekommen, was so anders an diesem Leben im Kloster war. Es waren plötzlich nicht mehr die äußeren Eindrücke, die zählten, um glücklich zu sein. Entscheidend war die innere positive Einstellung zu allem: zum Leben, zu den Mitmenschen, zur eigenen Person.

Wado fuhr fort: »Ich selbst musste von einem Tag auf den anderen mit der Mönchsausbildung beginnen. Der Kopf wurde mir geschoren. Ich zog eine Weile nach Kyōto, um dort unterrichtet zu werden. Danach kehrte ich hierher zurück. Rie und ich heirateten, und wir zogen zusammen.« Er machte eine Pause. »Und wir sind glücklich. Es war die richtige Entscheidung.«

Ich war gerührt, dass Wado mir die Geschichte so offen und ehrlich erzählte. Und wie sonderbar, dass all das mit dem Gewissen des Großvaters zusammenhing.

»Von jetzt an wird aus jeder Generation unserer Familie mindestens ein Sohn Mönch werden. Diesen Schwur haben wir geleistet«, sagte Wado zum Schluss, die letzten Worte betonte er sehr.

Japan ist schon sonderbar, dachte ich. Da wird ein Computerfachmann zum Mönch und gibt diese Berufung weiter, indem er eine Familie gründet.

Jetzt übernahm der alte Sato wieder das Wort. »Als mein Vater hörte, dass Wado Mönch werden würde, weinte er. Es war das erste Mal in seinem Leben, dass ich Tränen bei ihm sah. Er war so ergriffen.«

Eine kleine Träne floss auch an meiner Wange hinunter. Ich hätte am liebsten alle Mitglieder der Familie Sato in den Arm genommen, aber in Japan machte man das nicht. Das hatte ich gerade eben erst erfahren. Stattdessen saßen wir da, mitten in diesem ruhigen Gefühl, das sich im Zimmer breitgemacht hatte. Wir verstanden uns, ohne zu sprechen. Das kam einem *deai* schon sehr viel näher.

Am nächsten Tag traf ich Sato wieder, natürlich zum Zeitungslesen. Er übergab mir einen Artikel, in dem es nicht um Politik ging. In romantischen Worten wurde in dem von ihm für diesen Tag ausgesuchten Beitrag die heimelige Atmosphäre Salzburgs heraufbeschworen, weiterhin ging es um einen Ort unweit dieser Stadt, in dem das Lied »Stille Nacht, heilige Nacht« komponiert worden war. Sato hatte ein Thema gewählt, das nichts mit seinem Anliegen zu tun hatte – nämlich eine Sicht zu finden, wie er über den Zweiten Weltkrieg zu denken habe. Er hatte etwas ausgesucht, das vom Inhalt eher kitschig war, dafür aber verständlich. Und zugleich interessierte es mich, immerhin wurde aus japanischer Sicht über etwas geschrieben, das mir vertraut war. Hinterher war ich sogar zu einer Diskussion fähig.

Ein anderes Mal brachte er einen Artikel über das furchtbare Zugunglück von Eschede mit, von dem in japanischen Zeitungen auf der ersten Seite berichtet wurde. Bevor wir mit dem Lesen dieser Kolumne begannen, faltete Sato seine Hände und sprach ein *Namanda* für all die Opfer. Der Beitrag handelte von der Gefahr der Hochgeschwindigkeitszüge, von der Verantwortung, solche schnellen Transportmittel zu bauen und zu warten. Weiterhin wurde darüber reflektiert, wie sich in den industriellen Gesellschaften das Lebenstempo erhöht hat, es wurde über Fluch und Segen der Technik nachgedacht. Sato und ich diskutierten nach dem Lesen noch lange über diese Probleme, viel länger als die ausgemachte Stunde.

Noch öfter wurde ich zu den Satos nach Hause eingeladen. Frau Sato zeigte mir, wie man süße Bohnenpasteten zubereitet, und Herr Sato lud mich zu Ausflügen mit seinem Auto ein.

Als ich das Kloster nach Jahren wieder besuchte, lebten die Satos nicht mehr dort. Ihr Haus war abgeschlossen. Ich fragte, was das zu bedeuten hätte. Man sagte mir, sie seien nach Tokio gezogen, um dort auf dem Grundstück, das sie geerbt hatten, einen Ableger des Klosters zu errichten. Kurz darauf hatte ich Gelegenheit, die Satos in Tokio zu besuchen. Es war ein schönes Wiedersehen. Herr Sato nahm mich auf einen langen Spaziergang durch die Nachbarschaft mit, in der noch viele Villen von alten Samurai-Familien standen. Und er erzählte wieder von seiner Schwester, die Nonne geworden war.

»Wir haben angefangen, uns gegenseitig zu besuchen. Und jedes Mal haben wir eine bessere Zeit. Sie kam sogar für ein paar Tage in den Süden, ins Kloster. Manche Erwartungen sterben durch das Alter, manche, weil man plötzlich beginnt, einander zu verstehen. Unser beider Ego ist nicht mehr so stark, wie es dies in unserer Jugend war. Jetzt ist unsere jeweilige Ichbezogenheit dem Verständnis gewichen.«

Sato hatte mir schon in unserer gemeinsamen Zeit im Kloster gezeigt, dass er in der Lage war, über seinen eigenen Schatten zu springen. Offensichtlich war ihm das auch in Bezug auf seine Familiengeschichte gelungen. Ich hätte ihn am liebsten umarmt, aber das macht man in Japan ja nicht. Stattdessen verbeugte ich mich – und nickte leise.

shōdō = »Der Weg des Schreibens« bzw. »Kalligraphie«

4 Tusche, Papier und die Leere

»*Spüre, wie aus dem Nichts Wörter wachsen.*«
Frau Uchida, die Kalligrafie-Lehrerin

Das Zeitungslesen war das eine, die Kalligrafie das andere. Sie war ein besonderer Aspekt der japanischen Schrift, und eine der Schlüsselkünste im Verstehen der japanischen Kultur. Die Mönche formulierten das aber nicht so explizit. Ich merkte nur immer wieder, wie ehrfurchtsvoll sie das Wort *shōdō* in den Mund nahmen. *Shōdō* bedeutet übersetzt: »der Weg des Schreibens«, es ist der japanische Begriff für Kalligrafie.

Die Schrift wurde erst relativ spät in Japan eingeführt. Das war im 5. Jahrhundert n.Chr., und sie kam aus China. Man übernahm die dort gebräuchlichen chinesischen Schriftzeichen, die in Japan Kanjis genannt wurden.

In China hatte jedes Wort sein eigenes Schriftzeichen und nur einen einzigen Laut, dieses auszusprechen. In Japan musste man den Schriftzeichen neue Aussprachen zuordnen, weil das Vokabular in Japan in keinster Weise mit dem chinesischen Wortschatz zu vergleichen war. Und dass die Grammatik in Japan eine völlig andere war, sorgte für ein weiteres Problem. Erst im 9. Jahrhundert kam jemand auf die glorreiche Idee, ein eigenes japanisches Alphabet zu entwickeln, das Hiragana. Mit sechsundvierzig Silben konnte man damit alles ausdrücken, was es auszudrücken gab. Doch es tauchte eine andere Schwierigkeit auf: Die japanische Sprache ist eine sehr vage. Es existieren viele Teekesselwörter, also Wörter, die identisch ausgesprochen werden, aber eine verschiedene Bedeutung haben. Ein Beispiel aus der deutschen Sprache: Die Bank ist eine Sitzbank, aber auch eine, in der man sein Geld auf ein Sparbuch legen kann. Für japanische Poeten, die Gedichte schrieben, waren die unterschiedlichen Bedeutungen eine hilfreiche Angelegenheit. Immerhin konnten sie über Kieferbäume schreiben, aber letztlich ein Warten meinen – ein Warten auf einen Liebesbrief, auf einen Besucher, auf den Frühling. *Matsu* bedeutete nämlich »die Kiefer«, aber auch »das Warten«. Ein Text, der nur aus Hiragana bestand, war fast unmöglich zu entziffern, weil sich fast in jedem Satz ein Teekesselwort verbarg, sodass man sich schnell im Raten verlor.

Bald ging man dazu über, die chinesischen Schriftzeichen als Amtssprache zu verwenden (vergleichbar mit Latein, das in Europa lange Zeit Amts- und Kirchensprache war). Die private Korrespondenz aber, zu denen Gedichte und Briefe zählten, wurde in Hiragana verfasst. Und weil viele Frauen Gedichte und Briefe schrieben, wurde Hiragana plötzlich zur Schriftsprache der Frauen. Sie hatten eben einiges aus ihrem Seelenleben mitzuteilen, und zwar gern in Zweideutigkeiten.

Im Jahr 712 n.Chr. wurde das erste Buch in Japan geschrieben, das *Kojiki* (»Aufzeichnung alter Geschehnisse«). Es hat die Entstehungsgeschichte des Landes zum Inhalt, ist voller Legenden, Götter und mystischer Begebenheiten. Dieses Werk wurde noch in reiner Kanji-Form verfasst, da es eine amtliche Angelegenheit war. Es ging um nichts weniger als um die offizielle Chronik Japans. Doch schon zu Beginn des 11. Jahrhunderts schrieb die japanische Hofdame Murasaki Shikibu den Roman *Genji Monogatari – Die Geschichte vom Prinzen Genji*. Jene Hofdame verwendete wenige Kanji und viele

Hiragana. Und wer das fast zeitgleich aufgezeichnete *Kopfkissenbuch der Dame Sei Shonagon* liest, wird eine Welt entdecken, die voller Gefühle ist, psychologisch hochsensibel und berauschend. Ohne die Einführung von Hiragana gäbe es beide Werke wahrscheinlich nicht.

Am Hof des Kaisers versammelten sich all die Damen der Elite und verbrachten ihre Zeit damit, Gedichte und Briefe zu verfassen: die meisten sehr geistreich, möglichst vage gehalten, mit Vorstellungen und Sehnsüchten gespickt. Mit einem Gedicht konnte eine Dame einen Höfling dazu bringen, sie bei Dämmerung zu besuchen, und der Höfling bedankte sich für die Gunst wiederum mit Versen, die er noch vor dem Morgengrauen niederschrieb. Wichtig dabei war die schöne Schrift, das Ineinanderfließen der Buchstaben, das Kontinuum. In der abgehobenen Welt, in der der Hofstaat lebte, sagte das Schriftbild mehr über einen Charakter aus als ein Augenzwinkern. Denn es spiegelte die kultivierte Seele seines Verfassers wider.

Gleichzeitig war man sich aber auch der Magie des geschriebenen Wortes bewusst: Immerhin ging es um Gedanken, die zu Papier gebracht wurden, damit ein anderer, der weit weg war, diese lesen konnte.

Manchmal war es auch die Kraft der in Tusche verewigten Worte, deutlich auf einer Papierrolle im Raum aufgehängt, die jeden daran erinnerte, was darauf stand. Auf diese Weise wurden Wahrheiten aufs Papier gebannt.

Das war *shōdō*, der Weg des Schreibens.

Immer, wenn es in Japan um einen Weg ging, stand dahinter eine Kunst, an der man sich sein ganzes Leben lang perfektionieren konnte. Nur mit der Zeit und durch ständige Übung, so hieß es, würde man sie besser beherrschen. Eine Kunst oder Tradition, die als Weg galt, war etwas, in das man seine Seele einfließen ließ. Dies war also nicht vergleichbar wie bei Makramee oder Seidenmalerei, wo es reichte, einen Kurs an der Volkshochschule zu belegen und man sich danach anhand diverser Bastelbücher weiterentwickeln konnte.

Eine Kunst, die als Weg bezeichnet wurde, war etwas, das aus dem tiefsten Innern kam und sich am Ende in einer stilisierten Form manifestierte.

Warum man hier so viel Wirbel machte um Wörter, die in schwarzer Tusche auf Papier gemalt wurden, verstand ich nicht recht und buchte es unter »japanischen Hang zum Schönen« ab. Für mich war Kalligrafie nichts anderes als Schönschreiben, nur eben auf Japanisch. Und mit dem Schönschreiben hatte ich schon in der Grundschule nicht die beste Bekanntschaft gemacht. Auf Japanisch musste ich das nicht unbedingt auch noch lernen. Doch die Mönche bestanden darauf.

Vielleicht lag meine ursprüngliche Abneigung gegenüber der Kalligrafie auch daran, dass sie eine dieser Künste ist, die Ausländern in Japan gern in Form von Schnupperkursen angeboten werden – wenn schon der Geist nicht vollkommen darin eintauchen kann, so zumindest die Pinselspitze. Mehr war aus einer derartigen Schnelllektion nicht zu holen.

Ich hatte schon einmal einen solchen Kurs mitgemacht, bei einem früheren Besuch in Japan (gegen meinen jetzigen Aufenthalt ein Kurztrip). Und es war genau das gewesen: ein unverbindliches Abenteuer auf einem Stück Papier. Damals hatte ich zuerst das Zeichen *mizu* für Wasser zeichnen müssen, genau nach Vorlage. Ein Strich nach unten, daneben, jeweils links und rechts, zwei pfeilähnliche Linien, links ohne den Pinsel abzusetzen, dafür mit Schwung, rechts mit einmal absetzen. So verging schleppend eine Stunde. Immer wieder musste ich diese Striche wiederholen. In der letzten Version sah mein Wasser-Schriftzeichen nicht viel besser aus als das, das ich zu Anfang gemalt hatte. Nur etwas mehr verkünstelt. Die Kalligrafielehrerin lobte mich, das sei doch schon prächtig. Danach stellte sie die fatale Frage: »Welches Schriftzeichen möchtest du jetzt lernen?«

Ich hatte einen Moment überlegt und nach einem wirklich für mich wichtigen Wort gesucht.

»Instinkt«, sagte ich schließlich.

Die Lehrerin verstand erst nicht, was ich meinte, als ich ihr die japanische Übersetzung gab: »*honnō.*« Sie schaute mich an, als wäre ich ein Tier, vor dem sie sich ekeln würde. Schließlich sagte sie, dies sei kein Wort, das man auf Papier bringen würde. Schon gar nicht in Schönschrift.

Ich war etwas verletzt. Wieso sollte das Wort »Instinkt« nicht zum Kanon der Begriffe gehören, die man auf Papier verewigte? Es war doch veritabel und für mich bedeutsam. Was ich alles damit verband: aus dem Bauch heraus handeln, intuitiv wissen, was zu tun ist, dem innern Gefühl folgen. Ich hatte angenommen, dass der Instinkt bei den Samurai, den japanischen Kriegern, eine große Rolle spielte. War es für sie nicht lebenswichtig gewesen, instinktiv zu spüren, wann der Gegner angreift, um ihm zuvorzukommen?

Ich versuchte meiner Kalligrafielehrerin meine Vermutungen zu erklären, aber sie wandte sich von mir ab und sagte noch einmal, klar und unmissverständlich, nein, so ein Wort würde sie niemals auf Papier schreiben wollen. In der restlichen Zeit malte ich das Zeichen für *tsuki*, Mond, auf ein weißes Blatt.

Bevor ich mich nun von den Mönchen überzeugen ließ, mich noch einmal damit auseinanderzusetzen, erzählte ich Wado von meiner ersten Begegnung mit Kalligrafie. Als ich ihm darlegte, dass ich das Wort *honnō* ausgewählt hatte, brach er in schallendes Gelächter aus, sodass er fast vom Stuhl fiel.

»*Honnō? Honnō!* Das kann nicht dein Ernst sein?«

»Doch. *Honnō.* Genau das hatte ich schreiben wollen«, erwiderte ich trotzig.

»Ja, aber so ein Wort nimmt man doch nicht beim Weg des Schreibens!«

»Das durfte ich bereits feststellen. Aber warum nicht?«

Wado kramte schnell ein elektronisches englisch-japanisches Wörterbuch hervor und tippte *honnō* ein. Als Übersetzung wurde das Wort »Instinkt« ausgespuckt.

»Na also!«, sagte ich triumphierend. »Genau das meinte ich.«

Es wurden aber auch noch andere Bedeutungen angegeben, darunter »Trieb«. Auf dieses Wort deutete Wado und sagte: »Das verstehen wir in Japan unter *honno*. Es ist etwas Animalisches. Der Instinkt ist etwas, was wir versuchen zu unterdrücken. Es ist nicht etwas, worauf wir als Menschen stolz sind.«

Ich begriff, was Wado meinte. Es ging um das, was man als »niedere Instinkte« bezeichnete. Also war *honnō* vielleicht doch kein Wort, das man bei sich zu Hause im Wohnzimmer auf einer Schriftrolle hängen hat. Gut, wieder etwas dazugelernt.

So kam es, dass ich von nun an jeden Donnerstagnachmittag bei Frau Uchida den Kalligrafieunterricht besuchte. Frau Uchida wohnte in einem Haus in unmittelbarer Nähe des Klosters, zusammen mit ihrer senilen Mutter. Sie war nicht verheiratet. Meine Lehrerin war eine elegante Erscheinung; ihre Haare trug sie streng nach hinten zu einem Knoten gebunden, das Gesicht war immer weiß gepudert und makellos. Da in ihrem Gesicht kaum ein Mienenspiel zu erkennen war, hatte sie eine straffe Haut, ohne eine einzige Falte, auch wenn ich sie auf mindestens fünfzig schätzte. Ein wenig kam sie mir vor wie eine japanische Ausgabe von Fräulein Rottenmeier, jene Hausdame aus den *Heidi*-Büchern, doch tat ich ihr damit sicher unrecht. Mein Vergleich bezog sich auf eine rein äußerliche Erscheinung.

Frau Uchida genoss im Kloster höchstes Ansehen, das merkte ich an der Art und Weise, wie sich andere bei Begrüßungen vor ihr verbeugten und wie sie immer wieder nach dem *otsutome* ein kleines Geschenk zugesteckt bekam. Oft schrieb sie die Worte des Goingesamas auf die Tafel vor dem Klostertor, die jede Woche gewechselt wurden, in ihrer wunderbaren Schrift.

Während ich bei Sato Einzelunterricht hatte, war es hier nicht der Fall. Immer besuchten bis zu zehn Schüler unterschiedlichen Alters den Unterricht von Frau Uchida. Alle knieten an langen Klapptischen, die eine leicht abwaschbare

Oberfläche hatten. Ältere Damen, die ich aus dem *otsutome* kannte und denen ich kaum zutraute, eine Stunde lang auf ihren Knien zu sitzen, malten die kompliziertesten und ineinander übergehenden Schriftzeichen. Es waren alte Gedichte, deren Bedeutung man fast am Schriftbild erahnen konnte, das sich mal traurig, mal heiter über das Blatt zog. Es gab aber auch junge Schülerinnen von vielleicht zwölf Jahren, die mit einfachen Schriftzeichen beginnen mussten – Anfängerinnen wie ich.

Vor meiner ersten Lektion hatte mich der Goingesama zu sich gerufen und mir Pinsel und Tusche aus seinem eigenen Besitz gegeben. Das war ein besonderes Privileg, und ich dankte ihm dafür, mit seinem Werkzeug malen zu dürfen. Im ersten Moment konnte ich nicht glauben, welche Ehre er mir zuteilte. Er sagte: »Konzentriere dich auf die Zwischenräume. Erst dann wirst du die wahren Formen erkennen.«

Für mich klang das kryptisch. Bevor ich mich überhaupt auf die Zwischenräume konzentrieren konnte, galt es, das, was schwarz auf weiß auf dem Papier stand, zu verinnerlichen. Erst als ich mich länger mit der Kalligrafie beschäftigte, begann ich den Sinn seiner Aussage zu verstehen. Wie bei allen japanischen Künsten, die als Weg beschrieben wurden, ging es auch beim *shōdō* darum, ganz allmählich ein Verständnis für diese Fertigkeit zu entwickeln. In Japan ging man davon aus, dass der Schlüssel für dieses Begreifen die Repetition der vorgeschriebenen Handlung sei. Nur durch stumpfes Wiederholen könne eine bestimmte Tätigkeit in Fleisch und Blut übergehen. Durch dieses Nadelöhr musste nun auch ich gehen. Erst durch die x-te Wiederholung konnte ich darauf hoffen, eine dämmernde Erleuchtung im Bezug aufs Verstehen dieser Tradition und dem, was dahinterlag, zu erhalten. Und dahinter lag viel.

Bis dahin war es aber noch ein langer Weg. Was der Goingesama mit den Zwischenräumen andeutete, verstand ich zu diesem Zeitpunkt noch nicht. Ich stand ja auch noch ganz am Anfang.

Die erste halbe Stunde meines Kalligrafieunterrichts verging damit, die Tusche richtig anzurühren. Es gibt zwar überall in Japan Fertigtusche zu kaufen, doch bestand Frau Uchida darauf, dass auch das Anrühren der Tusche eine meditative Handlung sei und somit eine wichtige Vorbereitung zum Malen von Schriftzeichen. Ich dachte, ganz gemein, dass die Stunde dadurch zum Glück schnell beendet sei: Was sollte es danach noch zu tun geben, als den Pinsel über das Blatt streichen zu lassen und zu hoffen, dass das, was da aufgemalt war, möglichst ähnlich aussah wie das, was es sein sollte?

Die Tusche, *sumi*, wird in Japan aus Ruß hergestellt, der mit Leim vermischt wird. Besonders gute Tusche besteht aus besonders gutem Ruß, und der beste, so erzählte Frau Uchida, sei Pinien- oder Kiefernruß. Da war sie schon wieder, die Kiefer. Der Baum taugte in Japan für so viel mehr, als die schwedische Möbelindustrie erahnen ließ. Wenn Götter durch Kiefernzweige in die Häuser getragen werden konnten, so waren sie bestimmt auch in der Tusche, mit der die hochsensiblen Schriftzeichen gemalt wurden.

Das Tusche anzurühren, war eigentlich ganz einfach. Man konnte sie in Form eines gepressten Stabs kaufen; diesen rieb man, benötigte man Tusche, in einer eigens dafür vorgesehenen schwarzen Steinschale. Dazu gab man eine kleine Menge Wasser. Man rieb den Tuschestab so lange, bis das von ihm eingefärbte Wasser eine milchige, wenn auch sehr dunkle Konsistenz erhielt. Ich liebte diese Tätigkeit, denn die auf diese Weise hergestellte Tusche verströmte immer einen so reinen Duft! Als träte man in einen Kiefernwald ein. In diesen Genuss kam ich jedoch nur, weil ich den Tuschestab des Goingesamas benutzen durfte. Er war von besonderer Qualität und aus einem berühmten Laden in der Stadt Nara, der schon seit Jahrhunderten die Kalligrafiemeister Japans belieferte. Viele der billigen Tuschestäbe duften nämlich kaum.

Das Anrühren dauerte bei allen Schülern ungefähr gleich lang. Danach verteilte Frau Uchida die Schönschreibaufgaben: Gedichte und weise Worte für die älteren Damen, einfache Schriftzeichen für uns Anfänger. Ich schaute mich um. Auch Herr Sato war da. Er winkte mir zu, als unsere Blicke sich trafen. Ich winkte freundlich zurück. Er erhielt Schriftzeichen, die in ihrer Art sehr männlich aussahen und »Respekt« bedeuteten, *sonkei*. Herr Sato nickte anerkennend, als er seine Vorlage von Frau Uchida überreicht bekam. Er hielt es für einen guten Auftakt.

Als Frau Uchida vor mir stand und mir mein Lehrmaterial gab, war ich für einen Moment enttäuscht. *Mizu*, das Schriftzeichen für Wasser, stand auf meinem Blatt. Wie bei meinem damaligen Schnupperkurs. Nicht schon wieder! Nach genauerer Überlegung dachte ich aber, dass das vielleicht gar nicht so schlecht sei. Ich hatte dieses Schriftzeichen ja schon einmal geübt und kannte seine Tücken. Gleich beim ersten Versuch würde ich es sicher ziemlich gut hinbekommen, und Frau Uchida würde denken, ich sei ein Naturtalent.

Aber zuerst wollte sie mir eine kleine Einführung geben. Sie setzte sich mit geraden Rücken zu mir, nahm ein Stück weißes Reispapier, legte es auf eine Filzunterlage, strich es glatt und beschwerte es mit einem eigens dafür vorgesehenen Stück Eisen. Anschließend nahm sie den Pinsel in die Hand, tauchte ihn in die Tusche und hielt ihn mit Anmut über der Stelle auf dem Papier, an der der erste Tuschestrich sich aus dem Nichts des leeren Blattes lösen sollte. Sie schien sich kurz zu konzentrieren, und danach floss es regelrecht aus ihr heraus. Während sie alle Linien für *mizu* zeichnete, folgte ihr ganzer Körper einer Melodie, die ich nicht hören konnte, sie aber schon. Es war wunderschön anzusehen, und auch irgendwie intim, denn Frau Uchida schien in diesem Moment etwas von sich preiszugeben, das sie sonst für sich behielt. Doch wie sie angefangen hatte, so war sie auch schon wieder fertig. Am Ende ihres Tuns hielt sie wieder einen Augenblick inne. Ich hatte das Bild einer Ballerina vor Augen, deren Bewegung gleichzeitig mit der letzten Note endete, die jedoch andächtig stillstand und zuhörte, wie die Wellen des Tons im Raum verklangen. Frau Uchida wartete, bis die Tusche ins

Papier eingedrungen war. Dann erst legte sie sorgfältig den Pinsel zur Seite und blickte mich an: »Die Wörter wachsen aus dir heraus. Schau sie dir genau an. Verinnerliche sie.«

Sie zeigte mir noch, wie ich den Pinsel ansetzen und absetzen konnte, um den gewünschten Effekt zu erlangen: Mal musste ein Tuschestrich sich allmählich im Nichts auflösen, mal musste er fest enden, das war reine Technik. Damit überließ sie mich meinem Zeichen.

Und ich pinselte drauflos.

Erst bemühte ich mich, das Zeichen genauso wie jenes, das Frau Uchida gemalt hatte, hinzubekommen. An die zwanzig Anläufe nahm ich, aber es sah auch beim einundzwanzigsten Versuch noch nach Anfängerpinselei aus. Ich schaute mich im Raum um. Alle anderen Schüler saßen in größter Konzentration auf ihren Plätzen. Kein Ton war zu hören, außer dem Streifen der Pinsel auf Reispapier und einem gelegentlichen »Tss, tsssss« von Sato, der ungeduldig wurde, weil auch ihm seine Schriftzeichen nicht gelingen wollten.

Frau Uchida kam zu meinem Platz, schaute sich meine Versuche an und ging kommentarlos weiter. So schlimm waren meine Zeichen nun auch nicht, dachte ich. Ich fand, ich hätte ein kleines Lob verdient.

Das erhielt eine junge Frau, die neben mir saß. Sie gehörte zu den Frauen, die im Kloster wohnten. Ich wusste, dass sie nicht die Ehefrau eines Mönches war, sondern hier war, um sich auf die Heirat vorzubereiten. Im Kloster würde sie neben der üblichen Küche auch die traditionellen Künste Japans – wie eben Kalligrafie – lernen. Wo sonst konnte sie dies in einer solchen Konzentration und auf so natürliche Weise erfahren wie in diesem Umfeld? Sie würde einmal eine exzellente Ehefrau werden. Ein braves Ding, ohne eigene Persönlichkeit, die immer devot all das tat, was von ihr verlangt wurde. Frau Uchida lobte ausgerechnet dieses Mädchen und meinte, ihre Schriftzeichen seien so »tief«.

Ich lächelte, als ob ich der Kalligrafielehrerin in ihrem Urteil zustimmen würde. Insgeheim dachte ich aber, dass die

Schriftzeichen meiner Nachbarin denen, die vorgegeben waren, zwar sehr ähnlich sahen, aber ich fand sie viel zu aufgesetzt und gekünstelt. Sie hatten keinen eigenen Charakter, und den hatten meine! Bestimmt!

Ich erinnerte mich an meine Klavierstunden als junges Mädchen und wie meine Klavierlehrerin mich immer gelobt hatte, weil ich meine Gefühle ins Spiel einbrachte, auch wenn ich öfter in die falschen Tasten griff. Meine Lehrerin sagte dazu nur: »Das ist Übungssache, das kann man lernen!« Meine Schwester dagegen spielte stets korrekt, doch die Klavierlehrerin schaute sie nur an, wobei sie ihr zu verstehen gab: »Aber wo bleibt das Gefühl?« Gefühl, das konnte man nicht lernen. Das musste man finden.

Der Ehrgeiz hatte mich gepackt. Ich beobachtete die junge Frau neben mir eine Weile. Sie holte immer tief Luft, bevor sie zu malen anfing, und beim Ausatmen setzte sie das Schriftzeichen sanft auf das Papier. Als ob sie die Tusche vom Grund ihrer Seele geschöpft hatte. Stille Wasser sind tief! Aber da war etwas dran: Der ganze Körper musste beim Schönschreiben mitarbeiten, das hatte ich auch bei Frau Uchida beobachten können. Bei meinen eigenen Versuchen hatte ich aber stocksteif dagesessen, zu sehr hatte ich mich mit der Technik beschäftigt. Der Körper insgesamt musste aber zum Instrument des Schreibens werden, nicht nur die Hand, die den Pinsel hielt. Also versuchte ich es auch. Ich legte mich in die Windungen des Buchstabens und konzentrierte mich auf meinen Atem, der sich in der Kraft des Pinsels entladen sollte. Und tatsächlich: Ich merkte, was für einen Unterschied es plötzlich machte. Noch war ich weit davon entfernt, diese Kunst zu beherrschen, als wieder einmal Frau Uchida an meinem Platz vorbeikam. Sie deutete auf mein neustes Zeichen und meinte: »Da passiert doch langsam etwas.«

Frau Uchida hatte den Blick. Sie konnte an den Schriftzeichen erkennen, wie ehrlich ich beim Schreiben gewesen war. Ob ich mich wirklich hineingedacht oder es nur abgemalt hatte. Wenn ich mich ganz darauf einließ, wenn ich alles um mich herum vergaß und nur an die schwarzen Konturen und deren Bedeutungen dachte, die durch meine Kraft auf dem Papier erscheinen würden, dann passierte etwas.

Eigentlich war es beim Klavierspielen nicht anders. Erst wenn man mit den Noten vertraut war, sie verinnerlicht hatte, geschah etwas, das wie Zauberei war. Ein guter Klavierspieler kann einen Zuhörer mit auf eine Reise nehmen. Und eine gute Kalligrafie öffnet Tore.

Frau Uchida hatte unendlich viel Geduld mit mir. Was ich ihr am meisten anrechnete: Sie behandelte mich nicht wie eine Ausländerin und sie winkte mich nicht einfach weiter, nur um mir mehr Abwechslung zu bieten. Sie ließ mich die Schriftzeichen aussitzen, bis sie ein Teil von mir wurden. Manchmal dauerte es Wochen, die anderen hatten mich schon längst überholt. Nicht die geringste Rücksicht nahm sie auf meine Ungeduld. Es war ihr wirklich ernst mit mir. Mein nächstes Schriftzeichen war das für »Mond«. Es hätte mich erstaunt, wenn es anders gewesen wäre. Auch an diesem saß ich sehr lange, und, wenn man mich gefragt hätte, viel zu lange.

Erst war ich wütend. Wütend auf diese alte Tradition, danach wütend auf Frau Uchida, weil sie in meinen Zeichen anscheinend nicht erkennen konnte, dass ich die Kalligrafie aufrichtig lernen wollte. Schließlich war ich wütend auf die Mädchen im Unterricht, denen die Kanjis so aus der Hand zu fließen schienen, und ganz zum Schluss war ich zornig auf mich. Was war das überhaupt für ein Geschwätz, das die Zeichen ein Spiegel der Seele sein sollten? Im Westen gab es doch auch Menschen, die aufgrund der Handschrift den Charakter einer Person feststellen konnten. Da reichte das Gekrakel, das unter Verträgen stand. Ich musste aber zugeben, dass eine Unterschrift nicht zu einer mentalen Reise einlud. Also, wieder zurück zum Mond. Frau Uchida war derweil wieder sparsam mit ihrem Lob geworden. Ihr Schweigen war ein Tadeln.

Irgendwann durfte ich zwei Zeichen auf einem Blatt Papier malen, dabei sah ich mich mit völlig neuen Schwierigkeiten konfrontiert. Welchen Abstand sollten die Zeichen zueinander haben? Wo war die gefühlte Mitte, wo der Schwerpunkt im Bild? Das war wirklich schwierig. Ich musste erneut an die Worte des Goingesamas denken, dass ich den Zwischenraum erfühlen solle. So sah ich mir auf dem Vorgabeblatt nicht die Schriftzeichen an, sondern das Weiß des Papiers. Ich versuchte mich in die Leere hineinzudenken und wie die Buchstaben darauf erscheinen könnten. Sie würden aus dem Nichts auftauchen, um dann einfach da zu sein. Ich atmete tief ein und schloss die Augen, aber nicht ganz. Das Blatt vor mir wollte ich noch sehen. Ganz langsam setzte ich den Pinsel auf das Reispapier, und zwar an der Stelle, die mir als der richtige Ort vorkam. Langsam arbeitete ich mich vor. Mein Körper bewegte sich in einem Rhythmus, der von Buchstaben vorgegeben war, und eine vollkommene Harmonie durchströmte mich. Als ich den Pinsel absetzte und die Augen wieder weit öffnete, stand mein Zeichen auf dem Blatt. Schwarz auf Weiß. Es sah furchtbar krakelig aus.

Aber ich gab nicht auf. Ich machte weiter. Ich fing an zu bemerken, wo im Kloster Schriftzeichen hingen: Sie waren allgegenwärtig. Und je mehr ich mich mit ihnen beschäftigte, desto mehr erkannte ich, dass sie viel mehr aussagten, als die Aneinanderreihung der Worte vorgab. In der Eingangshalle hing zum Beispiel eine Kalligrafie, auf der stand: »Im Ärmel bewahre ich Sonne und Mond, das Universum in meiner Hand.«

Ich war bislang immer daran vorbeigegangen oder hatte allein über den Inhalt des Ausspruchs nachgedacht. Wenn ich ihn jetzt ansah, schaute ich auf die Schrift. Ich nahm wahr, wie sie dahinfloss und was sie zum Ausdruck bringen wollte, denn die Bedeutung war im Schriftbild versteckt. Mir kam es vor, als ob jemand ein Tuch beiseitegeschoben hätte und ich jetzt Dinge erkennen konnte, die vorher verborgen waren.

Manchmal ging ich abends ins Bürogebäude hinüber, um dort auf einem Tisch meine Kalligrafieutensilien auszubreiten und zu üben. Ich zündete stimmungsvoll eines der Räucherstäbchen an, die ich mir bei der zahnlosen Frau in der

Marktstraße gekauft hatte, und kniete an dem großen Tisch. Dabei dachte ich nur an die Buchstaben, sodass die Zeit dahinfloss wie die Tusche auf dem Papier. Aus den Nachbarzimmern hörte ich, wie die Mönche Besprechungen abhielten. Hin und wieder vernahm ich das Trippeln von Füßen im Flur; einer der jungen Mönche schaute dann neugierig zu mir ins Zimmer herein. Aber ich ließ mich nicht ablenken, das hier war meine Zeit.

Ich hatte ein Buch gefunden, in dem alte chinesische Schriftzeichen abgebildet waren, aus einer längst vergessenen Zeit, vielleicht vor dreitausend Jahren. Niemand wüsste etwas über diese Periode, gäbe es da nicht diese Zeichen, die auf Steinen gefunden für das Buch abgepaust worden waren. Es handelte sich um Piktogramme, denen man mit etwas Phantasie noch abgewinnen konnte, was ihre Bedeutung war. Das Zeichen für Auge, das heute abstrahiert ist und dargestellt wird als ein Rechteck mit zwei Querlinien, hatte damals noch die Form eines Auges, mit gekrümmten Linien und einer Art Pupille in der Mitte. Es sah aus wie die Zeichnung eines Schamanen, nicht wie die Schrift eines Gelehrten. Erst über die Jahrtausende hinweg erhielt sie das heutige Aussehen. Diese Zeichen faszinierten mich, denn indem ich sie nachmalte, fühlte ich mich in frühere Zeiten zurückkatapultiert. In einem 100-Yen-Laden kaufte ich mir einen enormen Vorrat an Reispapier, die Tusche aber rieb ich jedes Mal selbst an. Frau Uchida erzählte ich nichts von meiner unorthodoxen Kalligrafiemethode. Ich malte einfach los, ohne ordentliche Vorgabe, ich hatte nur diese Bilder aus einem Buch.

Oft tuschte ich auch Buchstaben für meine Freunde in Deutschland und England. Das Reispapier war leicht, ließ sich gut falten und passte zusammen mit einem Brief gut in einen Umschlag. So bekamen meine Freunde etwas von mir aus der Ferne zu sehen, etwas, das exotisch aussah, mir aber langsam vertraut wurde. Es war schön, an die mir lieben Menschen zu Hause zu denken, während ich ihnen die passenden Zeichen schrieb. Für einen Freund übersetzte ich die erste

Strophe von Otis Reddings Lied »Sitting On The Dock Of The Bay, Watching The Tide Roll Away«. Die Schriftzeichen für »Bucht«, »sitzen«, »Wasser« und »vorbeiziehen« waren schnell gefunden. Ich fand, dass es äußerst weise aussah, als ich sie auf Reispapier bannte. Der Freund war zu dem Zeitpunkt in einem Hotel in Israel, der Brief ging leider unterwegs verloren.

Ein paar der Kalligrafien, die ich für besonders gelungen hielt, hängte ich bei mir im Raum auf. Shu-chan, meine Mitbewohnerin, deren Tagesrhythmus sich irgendwann doch mit meinem überschnitt und die ich, nachdem ich sie endlich kennenlernte, sehr nett fand, schüttelte nur den Kopf. Sie hatte in ihrem Zimmer Poster von japanischen Popstars und Hundewelpen an der Wand. Kalligrafien fand sie einfach nur komisch und altmodisch, wie übrigens vieles, was das Klosterleben betraf. Aber es tat gut, in dieser religiösen Umgebung auch einen ganz normalen Teenager zur Freundin zu haben, auch wenn wir in Bezug auf unsere Zimmerdekoration einen vollkommen anderen Geschmack hatten.

Als ich das Kloster nach einem Jahr verließ, schenkte mir der Goingesama eine Kalligrafie. Auf einer Rolle aus brauner Seide und Papier hatte er geschrieben: *»Namu Amida Butsu«*, das *Namanda*. Es waren kraftvolle Schriftzeichen, er hatte sie mit einer unglaublichen Intensität gemalt. Er lächelte, als er mir die Kalligrafie übergab, Worte sagte er nicht. Diese Rolle hat mich seither überallhin begleitet. Jeden Tag gehe ich daran vorbei, mache vor ihr halt und schaue mir die Zeichen genau an. Oft denke ich dabei an den Zwischenraum, von dem der Goingesama riet, ihn zu beachten. Eigentlich traf das auch auf so viele andere Dinge zu. Es geht nicht nur um das Offensichtliche, sondern um das, was dazwischenliegt. In diesen Momenten des Innehaltens ist es, als ob der Goingesama mich ansieht und mir zuflüstert: *»Namu Amdia Butsu.«* Ganz leise, und ganz laut. Und voller Freude.

cha no yu = »heißes Wasser« bzw. »Teezeremonie«

5 Teezeremonie, Blumenstecken und Mozart im Kaffeehaus

»Dein Gast muss sich wohlfühlen.«
  Emyo, der Teemeister

Wie ich sie liebte, die Stunden mit Emyo, dem Teemeister!

Jeden Mittwochnachmittag lehrte er mich abwechselnd Ikebana oder Teezeremonie, zwei der Klassiker in der Ausbildung von Japanerinnen aus gutem Hause und weitere Schlüsselkünste, um die Ästhetik und die Seele Japans zu verstehen. Beide Kunstformen standen auf meiner Liste von Dingen, die ich in diesem Land lernen wollte, weit oben, und die Mönche hatten den Kontakt zu Emyo, der auch im Kloster lebte, eingefädelt. Dass ich einmal einen Lehrer wie ihn haben sollte, hätte ich mir nie im Traum ausmalen können.

Dieser kleine Mann mit dem zarten Gesicht, mit den feinen Zügen, die wie von einem Holzschnitzer herausgearbeitet aussahen! Dessen Hände feingliedrig und geschickt waren und der fast nie etwas sagte, nur schaute und berührte. Dadurch gab er Dingen ein neues Aussehen und eine andere Präsenz. Bei allem, was er tat, war er so unauffällig, so still, so in sich gekehrt, dass ich ihn oft nicht wahrnahm, auch wenn er sich mit mir im selben Raum befand. Emyo konnte ich mir nur hinter Klostermauern vorstellen, denn wie sollte ein

Mann mit solchen Qualitäten draußen in der Welt zurechtkommen? Er verlor nie die Geduld, hatte scheinbar für alles die Zeit, die es brauchte. Er erschien mir manchmal wie ein Bergquell, dessen klares Wasser unaufhörlich dahinplätscherte und alles in seiner Umgebung mit diesem frischen Wasser benetzte. Denn jeder im Kloster profitierte von seinem Bewusstsein fürs Schöne. Er bereicherte unser aller Leben.

Die Stimme erhob er nie. Er sprach auch nie in einem belehrenden Ton. Wenn er redete, musste man gut zuhören. Er war sehr sparsam mit dem, was er sagte, und jedes Mal schien es, als würden seine Worte von weit herkommen.

Und er roch so gut! Nicht aufdringlich, nur eine Erinnerung an etwas Würziges. Erst später konnte ich diesen Hauch ergründen, und zwar geschah das, als ich eine Frau aus altem Adel besuchte. Sie führte mich durch ihr Haus, dabei zeigte sie mir auch ihre Kimonos, die sorgsam gefaltet in Schachteln lagen. Ein Kimono jedoch hing an einem Ständer, an dessen Fuß Räucherwerk brannte. Der Duft stieg auf in die Kleider. Das hatte zwei Funktionen: Zum einen rochen sie so besser, zum anderen wurden die Motten vertrieben. Als ich vor diesem kostbaren Kimono stand, dämmerte es mir: Emyo roch ganz ähnlich. Später fand ich in *Das Kopfkissenbuch der Dame Sei Shonagon* folgende Passage: »Die Haare waschen, sich schminken und ein nach köstlichem Räucherwerk duftendes Kleid anlegen. In welche wunderbare Stimmung versetzt das, selbst wenn niemand uns dann sieht.«[1] Es gibt in Japan nicht mehr viele Menschen, die die alte Tradition so lebendig erhalten wie Emyo.

Ikebana ist die Kunst, Blumen in einem Gefäß so zu arrangieren, dass sie natürlich wirken, nur viel schöner. Der japanische Essayist Masako Shirasu hat es einmal so formuliert: »Eine natürliche Blume ist wunderschön. Wenn aber ein Mensch diese Blume berührt, so wird sie zu einem Gedan-

---

[1] Sei Shonagon: *Das Kopfkissenbuch der Dame Sei Shonagon.* Frankfurt am Main 1975, S. 29
[2] *Nihon wo shiru 101 Shō.* Tokio 1995, S. 14

ken.«[2] Fundamental bei der japanischen Sichtweise auf Blumen ist das Konzept der Vergänglichkeit. Die Blume blüht nur für kurze Zeit, doch in der Blüte steckt ihr Dasein, in all seiner Kraft und Essenz. Darum ist auch das Kirschblütenfest in Japan so wichtig: Nur in dieser einen Woche verwandelt sich die Welt in ein Meer aus Blüten. Doch dann, mit einem einzigen Windstoß, ist es vorbei. Erst im nächsten Jahr wird die Welt wieder so schön sein. Wer Glück hat, kann diesem Erlebnis achtzigmal im Leben beiwohnen.

Ich dachte an zu Hause, an den kleinen Ort im Schwarzwald, aus dem ich stamme. Dort gibt es ebenfalls viele Kirschbäume, und auch die blühen im Frühling. Wenn man die üppige Pracht auf Spaziergängen bewundert, heißt es sogleich: »Das wird dieses Jahr wieder eine reiche Kirschernte geben.« Das, was der Baum an Früchten hervorbringt, steht an erster Stelle. In Japan aber ist es seine Schönheit, die die Menschen bewegt.

Emyo erklärte mir all das jedoch nicht, ich musste mir dieses Wissen erst durch Bücher aneignen. Aber wer ihn beobachtete, wie er die Blumen anfasste, wie er sie ansah, der konnte sein Weltbild erahnen.

Den Ikebana-Unterricht hatte ich immer zusammen mit einer Frau, die sich in der Ausbildung befand und bald einen der Mönche heiraten wollte. Auch Wados Frau Rie hatte einmal einen solchen Kurs besuchen müssen. Manchmal erschien zudem die eine oder andere Ehefrau eines Mönchs zu Emyos Stunden. Doch die Ehepartner der Mönche hatten am wenigsten Zeit von allen Klosterbewohnern. Tagsüber engagierten sie sich im Kloster, abends kümmerten sie sich um ihre Familien. An den Sonntagen traf ich sie manchmal, wenn sie ihre Kinder zum Englischunterricht zu mir brachten. Manche blieben die Stunde über einfach mit im Klassenzimmer, um ein paar Vokabeln aufzuschnappen. Ihre Kinder waren alle klasse, und wir lachten oft zusammen. Diese Frauen wirkten auf mich sehr stark, waren aufgeweckt und besaßen viel Humor. Ich führte es darauf zurück, dass sie sich bewusst für dieses Leben entschieden hatten. Man sah es ihnen an: Sie fühlten sich wohl in dieser Umgebung, in der alles zusammenfloss. Da sie aber meist nicht in der Gemeinschaftsküche im Toyotaya mithalfen, sondern in der im *dōjō*, wo sie hauptsächlich mit ihren Familien wohnten, traf ich sie nur zu den ausgemachten Zeiten: Ikebana-, Tee- oder Englischunterricht. Das war schade, denn so gab es wenig Berührungspunkte zwischen uns. Aber umso mehr genoss ich die wenige Zeit mit ihnen.

Blumengestecke waren wie Schriftrollen omnipräsent im Kloster, und viel erfuhr man über sie, weil man ihnen einfach jeden Tag begegnete. Oft sah ich die Frauen aus der Küche, wenn sie in ihren Schürzen andächtig vor einem neu arrangierten Blumengesteck standen. Es fielen Aussagen wie: »Ach, es ist wieder perfekt gelungen.« Oder: »Schau an, so hat er das gelöst.« Die Blumengestecke wurden wahrgenommen wie ein besonders gelungenes Gedicht, das man aufhängte und über das man sprach.

Für mich, die Blumengestecke bis zu diesem Zeitpunkt entweder mit Weihnachten, Hochzeiten oder mit Beerdigungen verbunden hatte, war dies eine neue Erfahrung. Meine Großmutter väterlicherseits war Gärtnerin gewesen. Sie wurde einmal sogar als Blumenkönigin gekürt, weil sie so schön war. Aber als man im Zweiten Weltkrieg Kränze flocht für die vielen Gefallenen, wollte sie nach dem Krieg nichts mehr mit diesen Fertigkeiten zu tun haben.

Emyo wählte immer die traditionelle Arbeitskleidung, wenn er unterrichtete. Sie besteht in einer seitlich gebundenen Pluderhose, über die eine Jacke getragen wird. Der Stoff dieser Bekleidung ist aus rauer Baumwolle, meistens grau oder denimblau gefärbt. Ninjas, die legendären japanischen Geheimboten, trugen diese Art von Gewand, und man sagt, dass die blaue Färbung ursprünglich aus einer Pflanzenfaser stammte und dazu diente, Insekten abzuwehren. Die dunkle Farbe war bei den Ninjas von großer Bedeutung, weil sie sich in der Dämmerung anschleichen mussten. Für Emyo war es einfach eine bequeme Kleidung, die ihn in seinem Tun nicht einschränkte. Sie zwickte nirgends und war schmutzresistent. Und obendrein eben traditionell.

Zu jeder Ikebana-Stunde brachte Emyo frische Blumen mit, für jede Teilnehmerin eine bunte Auswahl. Darunter jeweils drei Blumen von derselben Gattung, dazu ein paar Zweige oder Grünzeug. Manchmal hatte er unser »Arbeitsmaterial« irgendwo selbst auf einem Feld geschnitten, genauso oft sah ich aber an der Verpackung, dass sie aus einem Blumenladen stammten. Für ihn war es wichtig, dass die Pflanzen zur jeweiligen Jahreszeit passten, dass sie das widerspiegelten, was draußen in der Natur vor sich ging. Auch das erklärte er einem nie direkt, aber er hatte eine Art an sich, wodurch einem dies doch irgendwann auffiel.

Die Utensilien, die man für Ikebana brauchte, waren relativ übersichtlich. Man benötigte einen *kenzan*, einen Blumenhalter, eigentlich ein schweres Metallteil, auf dem viele nadelähnliche Spitzen angebracht sind. Auf diesen wurden die Blumen gesteckt. Außerdem bekamen wir ein Gefäß, eine Mischung aus flacher Vase und Schale, die zu den Blumen passte, eine Schere sowie ein Wasserbecken. Die Vasen brachte Emyo immer aus seiner eigenen Sammlung mit. Er schien ein unglaubliches Repertoire an solchen Gefäßen zu besitzen. Bunt glasiert oder in natürlich belassenen Tonfarben, mal in chinesischer Anmutung, also leicht verschnörkelt, mal europäisch und barock, dann wieder *wabi-sabi*, japanisch. Ich durfte mir stets aussuchen, welche Vase mir am meisten zusagte, und ich wählte immer die, die am japanischsten aussah. Je einfacher sie waren, desto schöner fand ich sie. Emyo war es gleich, welche Art von Gefäß ich auswählte. Es musste am Ende nur alles zusammenpassen, also Schale und Arrangement. Die einzige Anleitung, die er uns gab, bestand darin, wie welche Blume zu schneiden sei. Manche müssen unter Wasser geschnitten werden, bei anderen reicht es, wenn man sie einritzt, bei wieder anderen muss der Stiel in dem Teil, der unter Wasser ist, angeraut werden. Bei der Glockenblume war es sogar notwendig, den Schnitt mit Salz einzureiben. So hatte jede Pflanze ihre eigenen Präferenzen.

Wenn dann endlich jeder seine Blumen, sein Gefäß, seinen *kenzan* und seine Schere vor sich hatte, konnte es losgehen.

»Schaut euch eure Blumen ganz genau an. Welche von denen, die vor euch liegen, ist die Anführerin? Welche ist die Schönste unter ihnen? Die entsprechend von euch ausgewählte ist die Hauptblume. Findet nun eine Position für sie. Beobachtet sie. Von welcher Seite zeigt sie sich am prächtigsten? Und dann mustert die anderen. Wie stehen sie zu ihr? Wie ist das Verhältnis? Wollen sie sich unterordnen, unterstützen sie die Hauptblume oder recken auch sie sich vor, wollen beachtet werden?«

Manchmal kicherten wir Frauen, wenn Emyo in dieser Weise sprach. Es war fast so, als spräche er über eine Mädchenclique. Aber wir sollten lernen, die Blumen richtig zu betrachten, sie darin zu unterstützen, was sie waren. Nichts dazuerfinden, das war seine Anschauung, sondern sie als poetische Wahrheiten erkennen und entsprechend darzustellen.

Wie mir das Spaß bereitete! Wenn eine Ikebana-Stunde mit Emyo begann, war ich gespannt auf die Blumen, die er mitbringen würde und mit denen ich mich auseinanderzusetzen hatte. Es war jedes Mal ein Erlebnis, und wie dankbar ich war, dass er mir hierfür die Augen öffnete!

Der Ablauf des Unterrichts war stets gleich. Ich vergaß die Welt um mich herum und betrachtete nur meine Blumen. Intuitiv wählte ich diese oder jene als Hauptblume, hörte zu, was sie mir sagen wollte, und versuchte, ihr gerecht zu werden. Danach nahm ich eine Pflanze nach der anderen in die Hand, schnitt sie und arrangierte sie auf dem *kenzan*. So verfuhr ich, bis alle Blüten zueinander passten. Schließlich nahm ich Grünzeug und Zweige und setzte sie so ein, dass es möglichst natürlich aussah, als wäre es in dieser Weise gewachsen. Manchmal war ich zufrieden mit dem, was ich im ersten Anlauf zusammengesteckt hatte, oft auch nicht. Dann pflückte ich alles wieder auseinander und wagte einen neuen

Ansatz. Am Ende der Stunde ging Emyo von Platz zu Platz und korrigierte. Das tat er, indem er so wenig wie möglich an unseren Kompositionen veränderte. Es konnte nur eine Blume sein, die er herausnahm und in einem anderen Winkel wieder einsetzte: Das Ergebnis seines minimalen Eingriffs war dennoch spektakulär. Wenn die Ikebana-Gestecke, die wir Schülerinnen arrangiert hatten, irgendwie ganz nett aussahen, so wirkten sie, nachdem Emyo sie berührt hatte, einfach zauberhaft. Nicht im Sinne einer Überperfektion, sondern mehr wie von einer Muse geküsst. Als habe er die natürliche Schönheit der Blumen herausgekitzelt, ohne sie zu strapazieren. Es war wirklich ein Wunder, das Emyo da vollbrachte. Und er sprach dabei kein Wort. Er schaute sich die Komposition an, kräuselte für einen kurzen Moment seine Unterlippe, trat danach einen Schritt zurück. Ein, zwei Handbewegungen, und das war es.

Sato hatte mir einmal zugeflüstert, Emyo sei ein wahrer Meister. Ich verstand sofort, was er meinte. Wenn ich ihn im Speisesaal sah, beobachtete ich ihn manchmal unauffällig. Ich wollte wissen, ob sich seine Gabe auch in anderen Dingen offenbarte. Das Einzige, was ich feststellte, war, dass er es nicht mochte, von den Frauen bedient zu werden. Er holte sich am liebsten selbst seine Misosuppe und seinen Reis aus der Küche; die Frauen, die ihn insgeheim alle verehrten, verstanden dies nicht, wollten ihm immer Gutes tun, indem sie ihm unbedingt das Essen an den Tisch bringen wollten. Geschah das, kräuselte sich seine Lippe so, als würde er unsere Blumengestecke betrachten. Vielleicht dachte er daran, jeder dieser beschürzten Frauen eine Position zuzuweisen, um sie in einer anmutigen Choreografie miteinander zu verbinden. Einen tieferen Einblick in seinen Charakter ließ er jedoch nicht zu. An meinem Geburtstag erhielt ich ein kleines Blumengesteck von ihm. Dazu kam er sogar zu meiner Apartmenttür und überbrachte es persönlich. Das versetzte mich in Gewissensnöte: Wie bedankt man sich für ein Geschenk aus der Hand eines Meisters? Ich versuchte es mit einem

»Danke«, aber Emyo hatte mir das Teil nur in die Hand gedrückt und sich danach sofort umgedreht. Er wollte meine Worte nicht hören. Ich sollte das Geschenk nicht überbewerten, es einfach akzeptieren.

Die Teestunden mit ihm waren genauso erbauend wie der Ikebana-Unterricht, wenn auch auf andere Weise. Das Beste an ihnen war der Tee selbst, der nachmittags um drei Uhr eingenommen seine Wirkung voll entfalten konnte. Eine Wohltat, die ich gern in meinen täglichen Ablauf im Kloster einplante. Die Tage, die noch vor dem Morgengrauen begannen, entwickelten sich mit einer Intensität, dass mir manche von ihnen wie ein ganzes Menschenleben erschienen. Wenn ich jeden zweiten Mittwoch vor meiner Schale mit grünem Tee saß, die Emyo mir gereicht hatte, war das wie ein großer Gong, ein Zeichen, das eine Pause einläutete. Alles fiel von mir ab. Und genauso sollte es auch sein.

Zum *sadō*, wie die Teezeremonie auch genannt wird, »der Weg des Tees«, fuhr mich meist Sato in seinem schwarzen Auto, denn der Tempel hatte sein Teezimmer in einem anderen Gebäude, in einem anderen Teil der Kleinstadt, in zirka fünfzehn Autominuten Entfernung. Wenn er zum Zeitungslesen angezogen war wie ein Verleger aus den Zwanzigerjahren, so trug er zum Autofahren Glacéhandschuhe und legte die Sitze mit Spitzendeckchen aus – ich kam mir wie eine Prinzessin vor. Ganz falsch lag ich mit dieser Vorstellung nicht, denn vor allem Mädchen aus gutem Hause interessieren sich ja für die Teezeremonie. Es schickt sich eben zu wissen, wie man Gäste bewirtet.

Wenn ich auf der Rückbank von Satos Wagen saß, überlegte ich, wie ich es nur all diesen Menschen vergelten konnte, für das, was sie für mich taten. Wenn ich mit der Bomorisan über dieses Thema redete, sagte sie immer: »Werde ein guter Mensch.« Die Antwort irritierte mich mehr als sie mir half. Hieß das, dass ich noch kein guter Mensch war? Unverschämtheit! Oder war es eine Floskel, die man einfach in den Raum warf? Überhaupt, wie definierte man hier einen

»guten Menschen«? Antworten fand ich auf diese Fragen erst einmal keine. Vorerst musste ich einfach lernen, zu akzeptieren und die Hilfe anderer anzunehmen.

Es waren nicht immer nur Frauen gewesen, die die Teezeremonie erlernten. Ursprünglich stammte diese Tradition von den Samurai, den Kriegern, die sich am Abend vor einem Kampf noch einmal bewusst erleben wollten. *Wakeiseijaku* (Harmonie, Respekt, Stille und Einsamkeit) – dieser Begriff steht zentral für die Teezeremonie. Die Samurai kehrten noch einmal in sich; es konnte immerhin der letzte ruhige Moment in ihrem Leben sein, am nächsten Tag lagen sie vielleicht tot auf dem Schlachtfeld. All dies offenbarte sich in der Tasse grünen Tees, die ihnen vom Teemeister gereicht wurde. Es waren ritualisierte Handgriffe, die dieser benutzte, um das Getränk zuzubereiten, Handgriffe, die Gelassenheit ausströmten und die halfen, sich auf das Wesentliche zu konzentrieren.

Die Zeremonie begeisterte mich. Das Leben reduzierte sich dabei auf wenige Dinge – und manifestierte sich am Ende in einer Tasse Tee. Als ich Wado spaßeshalber einmal fragte, ob er mich nicht zur Teezeremonie begleiten wolle, winkte er nur ab und meinte: »Für so ein Brimborium habe ich keine Zeit.«

Vielleicht war er auch einfach nur zu groß. Ein Teezimmer ist immer sehr klein, es passen nur wenige Menschen in ein solches hinein. Bei traditionell gehaltenen Teeräumen ist die Eingangstür eher ein Loch, durch das hindurchgekrochen werden muss. Dies sollte das Mitbringen von langen Schwertern verhindern, und es lehrte Demut: Jeder musste ehrfurchtsvoll auf den Knien rutschen, um überhaupt eingelassen zu werden. Das Teezimmer selbst war schmucklos und wurde nur für die Zeremonie benutzt. Den Rest der Zeit stand es leer.

Was hatte ich erst neulich auf dem Schild vor dem Tempeltor gelesen: »Wir leben mit der Zeremonie, um uns an das Unsichtbare zu erinnern.« Das traf es ziemlich genau: Denn was im Teeraum stattfand, half einem, in Gedanken weit zu reisen, Dinge zu erkennen, die es im täglichen Allerlei nicht schafften, an die Oberfläche des Bewusstseins aufzusteigen. Nur die leichten Dinge, die treiben können, sind ständig präsent, das, was unbedingt ansteht und erledigt werden muss. Auf dem Meer schwimmen leere Flaschen, Plastikbehälter und Bojen; die Perlen aber sind in den Tiefen zu finden.

Das Haus, in dem sich das Teezimmer befand, zu dem Sato mich also alle zwei Wochen chauffierte, war modern, aus Beton und Glas gebaut. Aber die Dinge sind nie so, wie sie scheinen. Nie hätte ich vermutet, dass in diesem gewöhnlichen Gebäude ein Teezimmer existierte. Jedes Mal war ich aufs Neue berührt, wenn ich durch Türen und Gänge ging, durch eine kleine Tür kroch und plötzlich in diesem mit Tatami-Matten ausgelegten, traditionell gehaltenen japanischen Raum stand. Bei meiner Ankunft knieten dort meist schon bis zu drei andere Frauen aus dem Kloster, die ebenfalls an der Teezeremonie von Emyo teilnahmen.

Tatami-Matten ließen Räume immer freundlich wirken, und der Duft, der von ihnen ausströmte, kam von dem Reisstroh, aus denen sie gemacht wurden. Es roch immer nach Hochsommer, nach Erntezeit. Die Wände waren weiß getüncht, es war aber kein reines Weiß, sondern ein leicht elfenbeinfarbenes, das die Augen nicht so strapazierte. Es gab eine Nische, in der Emyo vor jeder Zeremonie eine Bildrolle oder eine Kalligrafie aufhängte. Ich bekam bald mit, dass man sich dieser beim Betreten des Raumes zuerst zuwandte, um zu verstehen, welche Botschaft Emyo uns Schülerinnen mit auf den Weg geben wollte. Manchmal war dort auch ein kleines Ikebana-Gesteck platziert, eine Referenz an die Jahreszeit, die in dem geschlossenen Teeraum sonst nicht spürbar war.

In der Mitte des Zimmers gab es eine kleine Senkung im Tatami-Boden, in der sich das Stövchen mit den glühenden Kohlen befand. Auf diesem stand ein Wasserkessel und dampfte vor sich hin. Das war auch das einzige Geräusch, das im Raum vorherrschte, dieses ewige Dampfen und Zischen des Kessels. Es schlich sich sofort ins Unterbewusstsein – und bewirkte Entspannung. So wie durch den heißen Dampf in türkischen Bädern Körperporen geöffnet werden, so wurden hier die des Bewusstseins erweitert.

Emyo kniete neben der Feuerstelle. Zur Begrüßung verbeugte er sich vor uns – und wir verbeugten uns vor ihm. Mehrere Teeschalen standen neben ihm auf dem Boden zusammen mit anderen Utensilien. Zuerst verteilte er die *wagashi*, die japanischen Süßigkeiten, die zum Tee gereicht werden, auf einem Blatt eines bestimmten japanischen Papiers, dem *washi*. Oft ist es golden gesprenkelt. Die Reiskuchen waren meist mit süßer Bohnenpaste gefüllt, um den bitteren Geschmack des Tees zu neutralisieren. Emyo bewegte sich auf den Knien rutschend zu uns und zurück zur Feuerstelle. Überhaupt war das die Fortbewegungsmethode im Teezimmer, dieses auf den Knien rutschen. Ich musste mir oft ein Lachen verkneifen, denn es erinnerte mich daran, wie Kinder sich manchmal auf glatten Böden fortbewegen. Es kam mir einfach komisch vor, und weil alles sehr ernst ausgeführt wurde, noch mehr.

An seinem Platz wieder angekommen, nahm Emyo ein Stück Tuch aus einer Falte seines Gewands und einen Bambuslöffel aus seinem Gürtel. Umständlich wurde der Löffel geputzt, verbunden mit einem vorgeschriebenen Bewegungsablauf. Schließlich mussten wir mit unseren mitgebrachten Löffeln und den seidenen Tüchern genau diese Bewegung lernen. Es war Teil des Rituals und sollte mühelos von der Hand gehen. Die Handlung sollte für den Betrachter eine Freude sein, ein meditatives Zuschauen. Es aber in der gewünschten Form auszuführen, war harte Arbeit. Ich tat mich ziemlich schwer mit dieser Bewegung, die eigentlich simpel war, bei der aber jeder Millimeter seine Berechtigung hatte. Die anderen erzählten mir, dass sie zu Hause diese Fingerarbeit übten, etwa beim Fernsehen. Ich hatte meist schon mit Ende der Stunde den Ablauf vergessen. Etwas aber blieb: Ich schaue seither gern zu, wie Menschen einen Mantel zuknöpfen. Wie geschickt manche sind! Es gibt Leute, bei denen ich dahinschmelzen könnte, allein durch das Betrachten ihrer Fingerfertigkeit.

Nach all den Handgriffen, die Emyo in den nächsten fünfzehn Minuten ausführte, also Löffel putzen, Schalen auswischen, Deckel des Teegefäßes säubern, Deckel des Wasserkessels abwischen und abnehmen, Kelle reinigen, Kelle hinhalten usw., rührte er mit einem kleinen Bambusbesen den Tee in der Schale an. Wieder schaute ich gebannt zu, wie der gleichsam wie ein Derwisch in der Tasse tanzte. Die Bewegung kam diesmal aus dem Handgelenk heraus, und sie war fast zu schnell, um sie mit dem Auge zu verfolgen. Emyo selbst saß völlig unverkrampft da, er schüttelte nichts anderes als dieses Handgelenk, um so den grünen Tee aufzuschäumen. Der Schaum, der auf der Oberfläche des Tees entstand, erinnerte an Wolken, die vorbeizogen, und genauso wurde er auch genannt: *kumo*, die Wolke, die vorbeizieht und den Geist frei werden lässt.

Kam ich an die Reihe, den Tee mit dem Bambusbesen zu verquirlen, verkrampften sich zuerst meine Schultern. Entspannten sich diese endlich, war es mein Ellenbogen, der schmerzte. Und wenn dieser einigermaßen unter Kontrolle war, fiel mir auf, dass ich die Zähne zusammenbiss und mein Gesicht – so schien es mir – die Züge einer Wahnsinnigen annahm, die sich darauf konzentrierte, dass man es ihr nicht ansah.

Emyo suchte für jeden das passende Teegefäß aus und überreichte es so, dass die schönste Seite der Schale den Gast ansah. Wer die Schale von ihm entgegennahm, musste nun seinerseits die schönste Seite Emyo zudrehen. Die ganze Zeremonie war ein Wechselspiel von Aufmerksamkeiten zwischen Gastgeber und Gast. Bevor der erste Schluck Tee gekostet wurde, verneigte man sich erneut, lächelte dabei zaghaft. Doch halt, zuvor musste man sich noch einen Bissen von der Süßigkeit in den Mund schieben, denn sonst würde die Bitterkeit des Tees die Mundwinkel nach unten ziehen.

Wenn aber der Tee getrunken war, fühlte man sich kurze Zeit später sehr munter, zugleich tauchte man ein in ein tiefes Konzentrationsfeld. In dieser ruhigen Umgebung des Teezimmers fing die Welt auf einmal an zu summen, und manchmal hatte ich das Gefühl, durch die Welt hindurchsehen zu können, als sei sie vollkommen transparent.

Während der Teezeremonie sagte Emyo kaum etwas. Das Einzige, was er immer wieder betonte, war: »Denke an deinen Gast. Er muss sich wohlfühlen.« Es ging dabei aber weit mehr als nur ums Wohlfühlen. Das Ritual schärfte den Verstand und die Beobachtungsgabe, es lenkte die Aufmerksamkeit auf die kleinen Veränderungen, trainierte den Blick für die geringsten Bewegungen und Abläufe. Normalerweise nahm man meist nur das wahr, was laut und groß war. Hier wurde das Gegenteil davon eingeübt. Und was die Gastfreundschaft betrifft: Es konnte mich zwar bisher kein Teemeister die perfekten Handgriffe lehren, und von einer perfekten Gastgeberin bin ich weit entfernt, aber wohlfühlen kann sich der Gast auch bei dem, was das Herz ausbreitet.

Die Teezeremonie fand hinter verschlossenen Türen statt, war nur für diejenigen, die man dazu eingeladen hatte. Elemente dieses ästhetischen Ereignisses entdeckte ich aber auch noch woanders: Wie angetan war ich, als ich das *Doremi* ausfindig machte. Es lag nicht weit vom Kloster entfernt, in der Marktstraße, die sich wie ein Band um das Kloster legte. Das *Doremi* war so klein, dass ich oft daran vorbeispaziert war, und einmal spazierte ich in es hinein. Einfach so. Und eine neue Welt war auf einmal da.

Es war ein Kaffeehaus im unteren Stockwerk eines Hauses, das gut in einen Miniaturthemenpark von Neuengland gepasst hätte. Außen war die weiße brandsichere Plastikwand mit Holzmaserungen versehen, und eine Bank auf einer Veranda lud zum Verweilen ein. Betrat man den Ort, schritt man in ein analoges Klangerlebnis von Mozart. Immer wurde hier Mozart gespielt, Wolfgang Amadeus, das Wunderkind von Salzburg. Das *Doremi* bestand nur aus einem einzigen

Raum, durch den sich eine Bar von vorne bis hinten zog und ihn in zwei Hälften teilte – eine für die Gäste und eine für den Gastgeber. Auf der Besucherseite war neben den samtenen Plüschhockern an der Bar nur noch Platz für zwei Tische. Dorthin setzte ich mich nie, denn man musste aufstehen, wenn jemand in den hinteren Raum gehen wollte.

Hinter der Bar stand der Wirt, ein filigranes Männchen, das sich auf zwei Krücken stützte. Sie sahen aus, als wären sie einem Militärhospital entliehen. Hölzerne Stöcke, die dort mit Leder umwickelt waren, wo die Krücken unter die Achseln geklemmt wurden. Sie sahen furchtbar unbequem aus. Der Gastgeber hing regelrecht an diesen Dingern, er erinnerte mich dabei an eine Marionette. Auch sein Lächeln wirkte so geheimnisvoll wie bei einer Holzfigur. Aber immerhin lächelte er. Und zwar ständig. Mit diesem Lächeln schenkte er seinen Gästen die volle Aufmerksamkeit. Mir kam es wie ein sanftes, leises Glühen vor, nur für denjenigen gedacht, der den Weg zu ihm fand. Ich war jetzt einer von denen, die diesen entdeckt hatten.

Bei meinem ersten Besuch bestellte ich einen *uinnā kōhi*, einen Wiener Kaffee. Er kostete umgerechnet 12 Euro, dabei war es noch nicht einmal das teuerste Getränk auf der Karte. Der Wirt schaute mich schmunzelnd an, und auf einmal begann er mit seinen Krücken gleichsam einen Tanz, dessen erster Schritt darin bestand, aus einer Glaskaraffe Wasser in einen Zylinder zu schütten, und dessen Finale sich in Form einer dargebrachten Tasse mit Kaffee, Alkohol und Sahne gestalten sollte. Während der in meinen Augen höchst komplizierten Choreografie hatte der Meister seinen Blick über die Tassen, die an der Barwand standen, schweifen lassen. Anschließend ließ er ihn auf mir ruhen, um dann mit sicherer Hand eine Tasse zu wählen, die er für mich passend hielt. Diese war aus weißem Porzellan mit einem Goldrand. Trotz seiner Krücken war er kurz auf die Zehenspitzen gegangen, ein »Sur les Pointes«, als sei das eine kleine Extraeinlage des Tanzes, was allerdings sehr zweckmäßig war, denn sonst hätte er nie die Tasse, die auf einem oberen Regalfach lag, erreicht. Während der ganzen Zeit kochte das Kaffeewasser in dem Zylinder, der auf einem Reagenzglas aufgebaut war. An der Art, wie die heißen Blasen aufstiegen, konnte der Maestro erkennen, ob es die richtige Temperatur hatte. Als es so weit war, ließ er es Tröpfchen für Tröpfchen in den Kaffeefilter hinein.

Das Ergebnis war ein Traum. Mit demütiger Geste und doch gespannter Erwartung schob der Wirt die Tasse zu mir und beobachtete, wie ich meinen ersten Schluck tat. Herrlich! Sahne, Alkohol und Kaffee waren so aufeinander abgestimmt, dass sie eine Harmonie ergaben. Sie war so eindrucksvoll, dass ich nur noch in Ahs und Ohs denken konnte. Der Maestro war mit meiner Reaktion zufrieden und lächelte mir zu. Ich konnte mich nur noch bedanken. Derweil hörte man aus den Lautsprechern, wie Papageno auf seiner Zauberflöte spielte.

Ich schaffte es nur selten ins *Doremi*. Und jedes Mal war es ein besonderes Geschenk an mich selbst. Da hatte es jemand verstanden, das Herz des Kaffees herauszukitzeln und weiterzugeben. Jeder Kaffee, den ich danach trank, schmeckte lange nicht so gut. Ich bin fest davon überzeugt, dass ohne diesen Krückentanz zu Mozarts Musik das Ergebnis ein ganz anderes gewesen wäre.

An einem meiner letzten Tage im Kloster lud ich Emyo ins *Doremi* ein. Ich wollte mich bei ihm bedanken und ihn mit meiner Entdeckung überraschen. Er und der Maestro kannten sich aber schon. Emyo, so musste ich feststellen, war öfter hier. Die beiden unterhielten sich über Mozart, es war ein Plaudern, das irgendwo anfing und irgendwo endete. Ein Austausch von Worten, unangestrengt, dabei aber nie banal. Wie seltsam die Welten zusammenflossen! Ob Tee oder Kaffee – die Japaner hatten es geschafft, beide Genussgetränke in ihrer Kultur zu verankern und auf eine ganz eigene Art und Weise darin zu verweben. Ich sollte diesem Phänomen später noch an vielen anderen Orten begegnen. Das hier war nur der Auftakt.

hikari = »das Licht«

6 Nazi-Lieder, Pflaumenbäume und ein Vögelchen

»*Geschichten und Wissen werden nur wahr, wenn man die Menschen dahinter versteht.*«
Kokan, der strenge Mönch

»*Das Leben ist das eine. Im Tod dann endlich sind wir alle zusammen.*«
Megumi, seine Frau

Ich lernte Kokan, den Mönch, erst kennen, als er beschloss, mich kennenzulernen. Dies tat er dann aber mit voller Wucht.

Es war morgens, und ich kroch auf allen vieren auf dem Moos im Garten herum, auf der Suche nach Unkraut. Das tat ich jetzt öfter: Wenn ich Zeit hatte, half ich im Garten mit. Ich hatte zum Frühstück wieder einmal zu viel grünen Tee getrunken, der jetzt hemmungslos durch meine Adern brauste und mich in einen ultrawachen Geisteszustand versetzte. Ich schluckte ihn wie Pfefferminztee herunter, musste anschließend jedoch feststellen, dass die Wirkung eine andere war. Die einzelnen Moospflänzchen standen etwas zu klar vor meinem Auge, und mir wurde auch leicht schwindelig von der Konzentration auf diesen Mikrokosmos. Neben mir arbeitete Herr Nakajima, in einer etwas würdevolleren Pose als ich, denn er hatte die Hockstellung gewählt. Unabhängig davon beschäftigte er sich mit derselben Aufgabe wie ich. Er legte dabei eine Akribie an den Tag, wie sie einem Zen-Meister zustände. Herr Nakajima war aber nicht Zen-Meister, sondern bis vor Kurzem Besitzer einer Fabrik mit über tausend Angestellten gewesen. Vor knapp sechs Monaten hatte er seinen Beruf an den Nagel gehängt, besser gesagt, an seinen Sohn abgetreten. »Man muss gehen, wenn es am besten ist«, pflegte er zu sagen. Ich bewunderte Herrn Nakajima, denn er schien die Verwandlung vom Geschäftsmann in einen Klosterbewohner mit einer Gelassenheit zu tragen, wie ich sie mir nur bei wenigen Menschen vorstellen konnte. Er hatte als Unternehmer im Süden Japans ein Imperium aufgebaut, mit Geschäftsbeziehungen, die bis nach Korea reichten. Aber Herr Nakajima hatte befunden, dass sein dreißigjähriger Sohn seine Position einnehmen sollte, das sei am besten für den Sohn und die Firma. An sich selbst dachte er dabei weniger. Und so war er zusammen mit seiner Frau ins Kloster gezogen. Sie, die ehemalige First Lady des Unternehmens, kochte in der Küche, und er kroch im Garten herum. Das tat er fast täglich, und mit dem Unkraut ging er um wie mit schlechten Bilanzen. Er vernichtete es mit getragener Ernsthaftigkeit.

Ich hatte eben ein Blatt von einem Baum gefunden, das hier nichts zu suchen hatte. Als ich gerade dabei war, es in einen kleinen Topf zu tun, den ich hinter mir herzog, vernahm ich auf einmal ein »Haha«.

Ich war mir erst nicht sicher, ob mein Kreislauf den Tee vielleicht überhaupt nicht vertragen hatte, denn vor mir stand nun ein Mönch, der die Hacken zusammenschlug und dabei grinsend einen »Heil Hitler«-Gruß vollzog. Diesem folgte ein zweites »Haha«, und danach ertönte in falscher Tonlage, im Rhythmus aber richtig, das Lied: »Denn wir fahren, wir fahren, wir fahren gegen Engeland.« Auf Deutsch. Eine schwere Hand fiel bei Ende des Liedes auf meine Schultern, erneut begleitet von einem »Haha«. Endlich begriff ich: Es war nicht der Einfluss des Tees, es war Kokan, dem ich die vorherige Einlage zu verdanken hatte. Kokan war der Mönch, der im Tempel immer im Altarbereich saß und dessen schweres Rasierwasser bis zu mir drang (und ich saß stets in der hintersten Reihe des Tempels). Es erinnerte mich an das Paris der Dreißigerjahre. Viele Jahre später roch ich es wieder, jenes Parfum, das ich von Kokan kannte. Eine Mailänder Fotografin trug es. Als ich sie daraufhin ansprach erzählte sie mir, es sei von Dior – und es stammte tatsächlich aus den Dreißigerjahren.

Bevor ich mich weiter über das Lied und die seltsame Begrüßung des Mönches wundern konnte, gab Kokan mir in seiner zackigen Art zu verstehen, dass ich ihm unmittelbar zu folgen hätte. Mir schien, mir bliebe nichts anderes übrig, als seiner Anweisung Gehorsam zu leisten. Sein Japanisch war für mich noch schwerer zu verstehen als das der anderen Klosterbewohner, da er äußerst abgehackt sprach. Für mich klang es wie das Japanisch in den unzähligen Samurai-Filmen, den Western des Fernen Ostens. Die japanische Filmindustrie widmete sich diesem Genre ausführlich, insbesondere in den Sechziger- und Siebzigerjahren. In jeglicher vorstellbarer Variante wurde und wird damit noch heute Vorabendfernsehzeit ausgefüllt. Wenn ich in meinem Zimmer am frühen Abend den Fernseher einschaltete, konnte ich sicher sein, dass auf irgendeinem Kanal Samurai in Aktion traten. Der durch *Shōgun* unsterblich gewordene Richard Chamberlain sah sich in einigen Filmsequenzen mit ähnlich brüllenden Menschen konfrontiert wie ich mich jetzt dem Mönch Kokan. Es war ein Umgangston, der sich jedoch nur noch vereinzelt hielt.

Die einzigen Menschen, die auch heute noch regelmäßig so sprechen, sind die Stand-up-Comedians aus der Handelsstadt Osaka, aus der traditionell die besten Komödianten stammen. Sie benutzen diese Sprache als Kunstgriff, um die Lacher auf ihre Seite zu bekommen. Würde jemand in Deutschland anfangen, in einem preußischen Militärton zu sprechen, so käme man Kokans Sprachgestus ein wenig näher.

Die »Heil Hitler«-Begrüßung war es nicht, die mich aus der Fassung gebracht hatte, das konnte einem in Japan öfter passieren, ich hatte sie nur nicht hier erwartet. Ich traf immer wieder ältere Menschen, die während des Zweiten Weltkriegs aufgewachsen waren, unter dem Eindruck der drei Achsenmächte Deutschland, Italien und Japan. Mit einem solchen Gruß wollten sie eine gemeinsame Vergangenheit zum Ausdruck bringen. Mehr nicht; politisch absolut naiv.

Kokan, so fand ich schließlich doch noch nach einigen seiner Stakkatosätzen heraus, wollte mir das Schatzhaus zeigen. Es lag etwas versteckt hinter etwas Buschwerk, in einem Teil der Klosteranlage, den man nicht betrat, wenn man dort nichts zu tun hatte. Weshalb das so war, hatte mir niemand erklärt. Ich hatte nur beobachtet, dass sich nie jemand ohne Grund dort aufhielt.

Es war wieder eine dieser Verhaltensregeln, die nicht ausgesprochen wurden, weil sie anscheinend so banal waren – vorausgesetzt, man war als Japaner aufgewachsen. Ich dagegen konnte solche Dinge als Zugezogene, als Fremde, nicht wissen und sie nur herausfinden, indem ich alles genau beobachtete. Da es unmöglich war, sämtliches im Blick zu haben, trat ich oft genug ins Fettnäpfchen. So hatte ich mir anfangs beim Essen vielfach mit den Stäbchen von den Beilagen, die auf dem Tisch standen, genommen, weil ich wahrgenommen hatte, dass jeder dies tat. Ich wunderte mich zwar über diese doch etwas bäuerliche Geste, dachte aber, in einem Kloster sei das eben so. Bis ich begriff, dass alle ihre Essstäbchen dabei herumdrehten und mit der Seite, die nicht den Mund berührte, ins Gemeinschaftsessen langten, war eine ganze Weile vergangen, in der *ich* als recht bäuerlich betrachtet wurde.

Oder meine Kleidung für die *otsutomes*. An meinem ersten Abend hatte Frau Yoshida noch gefragt, ob ich mir nicht etwas anderes anziehen wolle. Ich dachte, sie hätte aus Höflichkeit gefragt. Und danach war ich immer zum *otsutome* erschienen, wie es mir gerade passte. Mal in Hose, mal im Rock. Bis irgendwann eine der älteren Damen, die meinen Anblick nicht mehr länger ertragen konnte, mir erklärte, dass man zum *otstutome* als Frau immer einen Rock tragen solle. Das sei einfach so.

Manchmal waren es Sprachfehler, die mir passierten. Einmal fragte ich, wo die nächste *otera* sei, die Toilette. Der Ort wurde mir verwundert gezeigt, man verwies mich in Richtung Haupttempel. Ich ging in diesen hinein, etwas befangen, und sah mich um. Ich traute mich nicht so recht, im heiligen Gebäude die Türen aufzureißen und die Toilette zu suchen. Und so fragte ich noch einmal außerhalb des Tempels nach, wo denn die *otera* sei. Da, wo ich gerade herkomme, wurde mir ausgerichtet. Erst viel später wurde mir bewusst, dass ich nach *otearai* hätte fragen sollen. *Otera* war der Tempel. Und den hatte man mir auch gezeigt.

Beim Frühstück hatte ich mich öfter bei meiner Tischnachbarin erkundigt, wo denn die ganzen »Geheimnisse« versteckt seien, woraufhin sie mich entsetzt ansah. Das passierte mir nicht zum ersten Mal. Eigentlich hatte ich einfach nur wissen wollen, wo der Honig sei – es war eine Verwechslung von *hachimitsu* (Honig) und *himitsu* (Geheimnisse). Ich hätte mich nicht in Japan befunden, wenn man mich daraufhin angesprochen hätte. Ich wunderte mich nur manchmal über die sonderbare Stimmung, die ich auslöste. Da ich in dem Kloster die erste Ausländerin war, die nicht als Gast, sondern als Mitbewohnerin lebte, war den meisten nicht klar, wie schwer es manchmal sein konnte, nur das Banalste richtig zu machen. Sie verstanden deshalb nicht, dass meine »Fehltritte« nicht beabsichtigt, sondern aus reiner Unwissenheit entstanden waren. Dennoch: Man nahm alles höflich hin – und wunderte sich nur.

Als Kokan mich aufforderte, mit ihm einen Teil des Klosters zu erkunden, der mir zuvor verborgen geblieben war – ein kleines *himitsu* also –, fing ich letztlich an, mich zu freuen, nachdem ich meine erste Verwirrtheit überwunden hatte. Ich fragte mich, welche Schätze in einem Schatzhaus zu finden seien. Aus meinen Vorlesungen in japanischer Kunstgeschichte wusste ich, dass es in Nara, der alten Kaiserstadt, einen Tempel gab, in dessen Schatzhaus eine Schale aus dem 6. Jahrhundert mit persischen Motiven gefunden worden war.

Diese Geschichte hatte sich mir besonders eingeprägt und faszinierte mich nachhaltig. Ich hatte mir ausgemalt, wie dieses Gefäß über die Seidenstraße in einer Karawane transportiert worden war, getragen von einem Kamel. Und wie es auf irgendeinem Markt in China von einem japanischen Mönch gekauft wurde, der in dem fremden Land zu Studienzwecken weilte. Er, so dachte ich, hatte das Souvenir aus Persien nach Japan gebracht, weil er zeigen wollte, dass sich nach China noch eine ganze Welt auftat, mit wunderlichen Dingen wie diese hübsche Schale, jenes feine Gefäß. Alle diese edlen Sachen aus fernen Ländern legte man danach in die Schatzkammer seines Klosters.

Ob es in meinem Kloster auch solche Kostbarkeiten zu entdecken gab? Ich stellte mir die Schatzkammer als einen Ort wie in *Tausendundeine Nacht* vor: ein Raum, der bis zur Decke gefüllt war mit funkelndem Gold und bizarren Gegenständen.

Als wir schließlich vor dem kleinen Gebäude standen, dessen Mauern so dick waren, dass sie jede Feuersbrunst abwehrten, wurden meine Erwartungen etwas gedämpft. Es war nicht besonders groß. Und als Kokan mir erklärte, dass es auch noch ihn und seine Frau beherbergte, schrumpfte die Schatzkammer zu einem Schatzkämmerlein, gerade groß genug, um einer Müllerstochter Platz zu bieten und Stroh zu Gold zu spinnen.

Vor der Eingangstür schlüpften wir aus unseren Schuhen und wechselten in ein paar Plastiksandalen, die auf einer Stufe standen. Kokan holte aus den Tiefen seiner schwarzen Mönchskutte einen schweren Schlüsselbund hervor und steckte einen Schlüssel, der einer Ritterburg alle Ehre erwiesen hätte, in das für ihn vorgesehene Loch.

Die schwere Holztür knarrte beim Öffnen, und wir standen nach dem Eintreten in einem dunklen Raum. Kokan suchte mit der Hand nach dem Lichtschalter. Als er ihn gefunden hatte, ging Neonlicht an. Es erhellte ein ziemlich unspektakuläres Zimmer. Es erinnerte mich an evangelische Gemeindezentren in meiner Heimat: einfache Metallregale und Vitrinen im Fünfzigerjahrestil. Die Büroästhetik setzte sich mit gelben, dick gewebten Vorhängen sowie einem kobaltblauen und brandsicheren Kunstfaserteppich fort. Alles sehr funktional. Neben den Regalen, die mit Büchern gefüllt waren, stapelten sich Kartons. Hätte nicht links von mir ein buddhistischer Schrein gestanden, hätte ich ein Déjà-vu-Erlebnis zu vermelden gehabt.

Kokan schritt zum Schrein und klappte die beiden Flügeltüren auf. Er zündete ein Räucherstäbchen an, kniete davor nieder und murmelte ein »*Namu Amida Buddha*«, die offizielle und lange Version von *Namanda*. Ich murmelte vorsichtshalber mit, war aber noch weit davon entfernt, es mit der Freude aufzuladen, von der der Goingesama gesprochen hatte. Kokan verbeugte sich danach kniend vor dem Schrein, und auch darin folgte ich ihm. Anschließend drehte er sich ruckartig zu mir um, wobei er sein Gewand zurechtzupfte, lachte sein »Haha« und stieg in einen Monolog ein, der beim ersten buddhistischen König Japans begann und sich in einer Gedankenspirale bis in die heutige Zeit schraubte. Ich setzte einen Gesichtsausdruck auf, mit dem ich sagen wollte: »Ich bin ganz Ohr.«

Ganz Ohr sein – das reichte in diesem Fall aber nicht aus. Das, womit mich Kokan da zutextete, musste auch verstanden und verdaut werden. Mein Japanisch war zu diesem Zeitpunkt immer noch holprig, und ich konnte mich angesichts dieses Redeschwalls, der sich über mich ergoss, gerade von Namen zu Namen hangeln. Da ich einiges über die Geschichte des Buddhismus wusste, hatte ich wenigstens eine ungefähre Ahnung von dem, wovon Kokan sprach – aber eben nur ungefähr. Und je mehr von seinen Worten auf mich niederprasselten, wurde dies immer ungefährer. Ich stand inmitten eines verbalen Wasserfalls, der Qualitäten der Niagarafälle hatte. Keineswegs konnte ich es mir erlauben, länger über ein Wort nachzudenken, weil schon die nächsten aus ihm herauspurzelten. Kokan redete ohne Punkt und Komma.

Mein eifrig lauschender Gesichtsausdruck verschwand nach und nach. Über meine Mundwinkel hatte ich jegliche Kontrolle verloren, sie wurden allein von der Schwerkraft beeinflusst: Steil gingen sie nach unten. Dabei musste ich ein Gähnen in immer kürzer werdenden Abständen unterdrücken. So sehr mich interessierte, was Kokan mir vermitteln wollte, das reine Zuhören war anstrengender als ein Marathonlauf es je hätte sein können. Ich nickte nur noch hilflos, wenn ich dachte, jetzt könnte eine solche Zustimmung passen. Selbst als ich an den falschen Stellen meinen Kopf bewegte, redete Kokan weiter. Ihn schien es nicht zu interessieren, ob ich folgen konnte oder nicht. Er hatte sich in den Kopf gesetzt, mir heute etwas zu erzählen, und er hielt sich daran: »*Ganbarimashō* – das schaffen wir!«

Er erzählte von Shōtoku Daishi, dem ersten buddhistischen König Japans, der am Beispiel Chinas gesehen hatte, welch unglaubliche Kraft der Buddhismus besaß, da er das Leben der Menschen in der Gemeinschaft regelte. Shotoku Daishi, der in Japan als ein Heiliger verehrt wurde, importierte den Buddhismus samt Schrift nach Japan und baute auf ihm die japanischen Gesetze auf. Er gründete Klöster und Schulen und errichtete den japanischen Staat. Ähnlich der Stellung der Kirchen im europäischen Mittelalter, waren die Klöster Japans mächtige Institutionen, die sich nach und nach im ganzen Land ausbreiteten. Es entwickelten sich viele Glaubensrichtungen, und jede hatte ihren eigenen Buddha. Da gab es Shakyamuni Buddha, den historischen Buddha, Yakushi Nyorai, den Buddha des Heilens, Dainichi Nyorai oder Vairocana Buddha und noch viele mehr. Vom kaiserlichen Hof wurden vor allem die esoterische Shingon-Schule und die Tendai-Schule akzeptiert, denn die vielen geheimnisvollen Rituale dieser beiden Schulen ergänzten die Zeremonien im Palast. In etwa wusste ich, wie verschieden diese Buddhas aussehen konnten. Der eine hielt eine Dose mit Medizin in der Hand, der andere einen Vajra-Stab, eine Art Donnerkeil, wieder ein anderer zeigte eine bestimmte Mudra, eine spezielle Geste mit der Hand. Er war ein wirklich komplexes Gebilde, dieser Buddhismus, der im Westen oft als einfache, verständliche Religion hingestellt wird.

Kokan erzählte und erzählte. Nach einer Weile war er im japanischen Mittelalter angelangt, einer Zeit, in der die Klöster immer mächtiger und Stimmen immer lauter wurden, die beklagten, dass der Buddhismus keinen Bezug mehr zum Volk habe. Kokan berichtete, wie der große Reformator Shinran Shonin, eine Art Martin Luther Japans, daherkam und eine buddhistische Glaubensrichtung entwickelte, die auch die einfachen Menschen begreifen konnten. Die Sutren wurden unter seinem neu gegründeten Jōdo-Shinshū, dem Glauben der Wahren-Schule-des-Reinen-Landes, zu dem auch mein Kloster zählte, nicht mehr nur auf Chinesisch gesungen, sondern hauptsächlich auf Japanisch – so wie der Wittenberger nicht mehr auf Lateinisch, sondern auf Deutsch predigte. Shinran Shonin befreite den Glauben also von allen intellektuellen Attitüden und machte ihn für jeden verständlich. Auch heute noch ist der Jōdo-Shinshū eine der verbreitetsten buddhistischen Schulen Japans.

»Immer wieder«, so beteuerte Kokan nun, »sind es die Menschen, die Entscheidungen herbeiführen und durch deren Funken neue, bessere Systeme entstehen. Es sind nicht die Schriften, die Werke, die an erster Stelle stehen, sondern die Menschen, die das Wissen in die Tat umsetzen.«

Plötzlich sprang Kokan auf und öffnete eine Tür zu meiner Rechten. Hier war es dunkel, doch dank Elektrizität wurde auch dieser Raum mühelos erhellt. Er war noch kleiner als der vorherige und rundum von Regalen umgeben, auf denen Schriftrollen lagen. Es handelte sich um eine Bibliothek.

»Das könnte man als den wahren Schatz des Tempels bezeichnen«, sagte Kokan.

Ich hörte mich fragen: »Was steht denn in diesen Schriftrollen?« Zugleich biss ich mir auf die Zunge. Als ob die vorherige Tour de Force nicht fürs Erste alle gefragten und ungefragten Rätsel geklärt hätte.

Zum Glück fuhr Kokan mit seinem eigenen Programm fort und ging nicht weiter auf mich ein, sondern zog eine der Schriftrollen aus dem Regal. Er fuchtelte mir damit erst vor dem Gesicht herum, anschließend rollte er sie auf. Sie schien sehr alt zu sein, und da der Text hauptsächlich aus chinesischen Kanjis bestand, nahm ich an, dass es sich hier um eine Sutra handeln müsse. »Oh! Ho!«, rief Kokan nur aus. Dann: »Wertvoll!«

Kurz darauf rollte er das kostbare Schriftstück wieder zusammen und reichte mir noch weitere. Beim Überfliegen der Buchstaben schien er selbst erstaunt zu sein zu erfahren, was auf jeder einzelnen Rolle stand. Auf manchen waren Zeichnungen zu sehen, die meisten aber waren beschrieben, einige sogar in Sanskrit. Viele von ihnen, so erklärte er mir, seien Abschriften von alten indischen Texten. Er habe im Moment nicht so viel Zeit, sie genau anzuschauen, irgendwann einmal. *Itsuka.*

»Um sie zu lesen, muss man Zeit und Muße mitbringen. Du musst ganz und gar mit den Texten verschmelzen. Die Welt um dich herum muss verschwinden. Das schuldest du dem Wissen, das darin steckt.« Er machte eine kurze Pause, danach redete er nicht mehr ganz so schnell weiter. »Irgendwann einmal werde ich mich hier hinsetzen und mich in diese Schriftrollen vertiefen. Jetzt braucht der Goingesama meine Hilfe, jetzt ist für mich die Zeit der Taten.«

Wir gingen zurück in die erste Kammer. Kokan schloss fürsorglich die Tür zur Bibliothek, wandte sich einem Metallregal zu und zog aus diesem eine Pappschachtel heraus.

»Weißt du, was das ist?«, fragte er und reichte mir die Schachtel.

Ich schüttelte den Kopf.

Statt eine Antwort zu geben, brüllte er nur: »Aufmachen!«

Eine aus Seide gewebte Schlaufe war um die Schachtel geschnürt, die schon ziemlich vergilbt aussah. Als ich sie aufgebunden und den Deckel abgenommen hatte, lag darin etwas, das die Form eines Säckchens hatte. Kokan nickte mir zu. Ich verstand das als Zeichen, es aus der Schachtel zu nehmen. Unten bestand das Säckchen aus einem geflochtenen Korb, an dessen oberen Rand ein blauer sowie ein hellbrauner Leinenstoff angenäht war. Oben wurden beide Stoffe von einer Kordel zusammengehalten. Ich löste sie und zog zuerst einen kleinen Besen heraus, wie er zum Schäumen des Tees für die Teezeremonie verwendet wird. »Ah!«, sagte ich, mehr nicht. Als Nächstes holte ich einen zusammenfaltbaren Bambuslöffel aus dem Beutel. Es folgten eine kleine Lackdose und eine handgetöpferte Teeschale. Letztere war wunderschön. Ich kannte vergleichbare Teegefäße nur aus Kunstbüchern oder aus dem Unterricht mit Emyo. Diese hier war dunkelbraun glasiert, hatte eine unebene Oberfläche und lag gut in der Hand.

Es gab also doch Schätze in diesem Gebäude.

»Das ist für dich«, sagte Kokan.

»*Watashi?* Ich?« Mist, ein weiterer Fauxpas. Das Wort »ich« wird im Japanischen nur selten verwendet und schon gar nicht in Gestalt eines Satzes, der mit diesem Wort anfängt. Das Ich, das Individuum, hat in Japan in der Sprache keine große Bedeutung. Ich hatte einmal von »meinem Zimmer«, *watashi no heya*, gesprochen. Jene Frau, der gegenüber ich diesen Satz formulierte, konnte es kaum fassen: »Das ist nicht *dein* Zimmer. Das ist ein Zimmer des Klosters, in dem du wohnen darfst.«

Kokan hatte mich aber mit seinem Geschenk überrumpelt, weshalb das Wort einfach über meine Lippen kam, ohne großes Nachdenken. Ich wollte schon nachfragen, ob ich ihn richtig verstanden hätte. Doch bevor ich auch nur den Mund öffnen konnte, redete er weiter.

»Das ist eine Reiseteeschale, damit du, wo auch immer du bist, zu jeder Zeit eine frische Tasse Tee trinken kannst. Das hilft beim Konzentrieren.«

Beim Durchblättern von Kunstbüchern hatte ich mir oft vorgestellt, einmal eine derartige Tasse zu besitzen. Zu gern hätte ich eine solche benutzt, nicht im abgeschiedenen Raum eines Teezimmers, sondern in meiner eigenen Umgebung.

Ich hatte mir ausgemalt, wie die Ruhe, die bei der Zubereitung eines Tees entstand, in diese Tasse hineinströmte und auf mich übertragen werden würde. Dass mir nun aber jemand eine so wertvolle und minimalistische Reiseteetasse schenkte, das hätte ich mir nie träumen lassen.

In Japan sind Töpferwaren oft mehr wert als Gold und Silber. Diese Tatsache fanden die portugiesischen Missionare, die Südlichen Barbaren, im 16. Jahrhundert sehr befremdlich, als sie versuchten, mit den Bewohnern des Pazifikstaats Kontakt aufzunehmen, um wie gewöhnlich Gold und Silber mit ihnen zu tauschen. All diese Dinge fanden nicht den Anklang, den sie sich gewünscht hatten. Gold und Silber hatten nicht die Einmaligkeit einer handgetöpferten Vase. Nur in ihr steckte der Geist ihres Erschaffers.

Wissenschaftler gehen davon aus, dass dieses Verständnis mit dem ungeheuren Reichtum der Japaner zu tun hatte. In Westjapan, in Iwa, war eine Mine gefunden worden, die, so vermuten die Experten, ungefähr ein Drittel des weltweiten Silbers beherbergt hatte. Eine Vase also, in der der Name des Meisters eingraviert war, war für ein Volk, das genug Silber besaß, einfach wertvoller.

»Die Tasse habe ich mal geschenkt bekommen, jetzt brauche ich sie nicht mehr, da nimm.« Wieder ein Befehl.

Ungläubig packte ich sie und die anderen Dinge vorsichtig zurück in das Säckchen, dieses danach in die Schachtel.

»Und das hier«, sagte Kokan, »gehört auch noch dazu.« Er reichte mir ein Zettelchen, das er aus dem Regal gefischt hatte. Es stand darauf etwas Handgeschriebenes. »Das ist wichtig. Das ist von dem Töpfermeister, der die Teeschale angefertigt hat. Schau, da ist auch sein Siegel zu sehen.«

Ein paar Tage später war ich wieder dabei, Unkraut zu jäten, als hinter mir jemand in perfektem Deutsch sang: »Das Mädchen sprach von Liebe, die Mutter gar von Eh'.« Am markanten »Haha«, das dem Gesang folgte, wusste ich sofort, wer hinter mir stand. Ich begrüßte Kokan höflich und fragte ihn, woher er das Lied kenne.

»Das habe ich in der Schule gelernt. Ach ja, die Schule.« Er seufzte, als schwelge er in tiefsten Erinnerungen. Ich erwartete erneut ein »Haha«, es blieb aber aus. »Wissen ist so wichtig«, fuhr er fort. »Weißt du eigentlich, wie ich früher gelernt habe? Du wirst es nicht glauben, aber nach dem Krieg war unser Land so arm, dass es abends keine Elektrizität gab, und Kerzen waren rar und kostbar. Nachts war es praktisch immer dunkel. Darum habe ich mich jeden Abend mit meinen Büchern in die Bahnhofshalle von Kyoto gesetzt. Dort gab es ein Notaggregat, mit dessen Hilfe eine Lampe zum Leuchten gebracht wurde, in deren Licht ich lernen konnte. Es war mühsam, aber ich habe das nie so empfunden. Ich war so hungrig nach Wissen, vor allem nach den langen Kriegsjahren. Aber jetzt komm mit, ich will dir etwas zeigen.«

Er bedeutete mir mit einem Winken, dass ich ihm augenblicklich in das Bürogebäude zu folgen habe. Er führte mich in ein Zimmer, das ich vorher noch nicht gesehen hatte, weil es in einem Teil des Gebäudes lag, in dem wichtige Gäste empfangen wurden. Mitten im Raum befand sich – ganz westlich – ein großer runder Tisch aus Ebenholz, um ihn herum standen Stühle. An der Wand konnte ich einen Sekretär ausmachen, auf dem ich verschiedene Bücher entdeckte. Dieses Zimmer wurde, wie mir langsam klar wurde, von Kokan als Arbeitsplatz genutzt. Darum hatte ich ihn so selten mit den anderen Mönchen im Büro gesehen: Er erledigte seine Aufgaben in diesem Raum.

Kokan gab mir zu verstehen, einen Moment zu warten. Er verschwand in die Küche, um kurz darauf mit einem Tablett zurückzukehren. Darauf waren zwei winzige handgetöpferte Teetassen und eine dazu passende Kanne. Ich hatte mich mittlerweile daran gewöhnt, dass in Japan alles etwas kleiner war; in diesem Fall hatte ich den Verdacht, dass Kokan sowohl Schalen als auch Kanne einer Puppenstube entwendet hatte.

Er gab mir ein Zeichen, dass ich mich an den Tisch setzen sollte. Als ich Platz genommen hatte, schenkte er mir von dem gerade zubereiteten Tee ein. Er war dunkelgrün und duftete nach sattem Gras. Kokan roch daran, als hätte er mich zu einer Weinprobe eingeladen. Ich nippte – und war erstaunt: Einen solch ausdrucksvollen Tee hatte ich noch nie erlebt.

Kokan beobachtete mich und lächelte. »Was denkst du?«

»Ich habe noch nie einen gleichzeitig so intensiv wie auch leicht schmeckenden Tee getrunken«, antwortete ich. Für mich war das ein völlig neuer Geschmack.

»Ich trinke ihn, wenn ich hier arbeite. Er weckt den Geist auf. Das ist wichtig, wenn du aufmerksam arbeiten möchtest. Es gibt noch so viel zu wissen, und man weiß nie, wann man es anwenden kann. *Sore ha taisetsu desu*. Wenn ich etwas Neues erfahre, dann ist es, als würde ich bestimmte geistige Schubladen öffnen und das Wissen nach einiger Abwägung dort hineinlegen. Ich kann es geradezu räumlich erfassen. Nur so ist es mir möglich, es auch gezielt wieder abzurufen.«

Ich dachte ein paar Minuten über diese Worte nach, während ich meinen Tee austrank. Mir fiel nichts ein, was ich darauf erwidern konnte, ich selbst hatte keine Schubladen in mir. Kokan sagte auch nichts weiter, und ich spürte, dass er gesagt hatte, was er mir sagen wollte. Also bedankte ich mich bei ihm und verließ das Zimmer. Im Gang traf ich zufällig auf megamäßig *megane* Megumi, die, wie ich in diesem Moment erfuhr, die Frau von Kokan war. Sie lächelte mir zu: »Kokan-san hat dir Tee angeboten. Das macht er nicht bei jedem. Sei dankbar für die Zeit, die ihr zusammen verbracht habt.«

Etwas verwirrt ging ich wieder zurück in den Garten und arbeitete weiter.

»Raus damit, raus mit dem, was nicht dazugehört. So kann das, das hierher gehört, besser und schöner wachsen«, beschwor ich das Unkraut.

Ich dachte über Kokan nach. Endlich begriff ich, warum er mir in der Bibliothek die Geschichte von Shotoku Daishi erzählt hatte. In seiner direkten Art hatte er mir damit etwas von dem mit auf den Weg geben wollen, das für ihn einst eine wahre Entdeckung bedeutete, damals, als junger Mensch.

In Gesprächen mit anderen erfuhr ich mehr über Kokans Leben. Alle sprachen voller Hochachtung von ihm. Er kam aus einer Bogenmacher-Familie. Als junger Mann hatte er Jura studiert, in Kyōto war er ein anerkannter Advokat. Er lehrte an der dortigen Universität, und wenn ich Soshin, der mir die Geschichte erzählte, richtig verstanden hatte, war Kokan der jüngste Professor gewesen. Laut Soshin hatte der Anwalt viele Fälle entschieden, wurde mit der Zeit aber immer abgestumpfter, da sein ganzes juristisches Wissen nur einseitig, geradezu mechanisch angewandt wurde. Eines Tages hatte man ihn zu einem Kongress eingeladen, in dem es um die erste Verfassung des Landes ging, also um die von Shotoku Daishi entworfene. Dort traf er die Ekaisama, die damalige Meisterin des Klosters. Sie erzählte ihm, wie jeder Mensch Teil seiner Taten sei und Verantwortung dafür zu tragen habe. Kokan fühlte, dass das für ihn ganz besonders zutraf – jeden Tag hatte er Entscheidungen zu fällen und bestimmte das Schicksal von vielen. Und er spürte, dass er mehr über die eigene Haltung lernen musste. Also entschied er, ins Kloster zu ziehen, um dort genau das zu erfahren. Jeden Tag wurde ihm in diesem vorgelebt, wie Menschen auch ohne umfassende Gesetze in der Gemeinschaft leben konnten. Die Gebote und Regeln, die es gab, waren dieselben, die der historische Buddha vor Tausenden von Jahren aufgeschrieben hatte; sie ermöglichten eine friedliche Koexistenz. Kokan sah zum ersten Mal Gesetze in Verbindung mit Menschen und nicht mit Paragrafen. Im Umfeld des Klosters ging es darum, den anderen zu verstehen und dessen Gefühle und Motive in die richtige Richtung zu lenken.

Erst in den nächsten Monaten wurde mir die Bedeutung dieses Moments in der Bibliothek bewusst. Die Geschichten von Shotoku Daishi, dem ersten buddhistischen König Japans, und Shinran Shonin, dem Martin Luther dieses Landes, sollte ich noch öfter zu hören bekommen, immer von Leuten, die mir etwas über die Vergangenheit des Klosters erzählen wollten. Kokan war es jedoch wichtig gewesen, mir all dies in der

Schatzkammer erzählt zu haben. Dort, wo das Wissen des Klosters aufbewahrt wurde. Dort, wo die Schriften lagen, auf denen die Grundlagen des Klosters aufgebaut waren. Kokan musste meine damalige geistige Erschöpfung verstanden haben, auch wenn er darauf nicht eingegangen war. Er hatte mir etwas mit auf den Weg gegeben, mit dem ich in Zukunft die Konzentration aufbringen konnte, mich in dieses oder jenes schwer zu erschließende Wissen zu vertiefen: eine Reiseteetasse, in der ich überall frischen grünen Tee zubereiten konnte.

Im Kloster hatte Kokan seine Frau gefunden, die megamäßige *megane* Megumi, die das komplette Gegenteil von Kokan war. Und auch sie hatte einen Ort, den sie mir unbedingt zeigen wollte, auch sie besaß eine Geschichte, die damit verbunden war.

Es war ein kühler Tag, als Megumi mich in der Küche, nachdem wir gemeinsam das Geschirr abgetrocknet hatten, fragte, ob ich Lust hätte, sie auf einen kleinen Spaziergang zu begleiten. »Gern«, sagte ich etwas verwundert, holte mir aber schnell eine Jacke zum Überziehen.

Megumi wählte einen Weg, der hinter dem Kloster durch eine bewohnte Gegend führte. Wir gelangten an den Fuß eines kleinen Hügels. Zwischen zwei Apartmenthäusern war ein schmiedeeisernes Tor, das sie öffnete. Danach bat sie mich, mit ihr zusammen einzutreten. Links und rechts vom Tor standen zwei Bäume, auf der einen Seite ein Pflaumenbaum, auf der anderen eine Kiefer.

»Diese Bäume stehen nicht von ungefähr hier«, erklärte Megumi. »Beide haben ihre besondere Bedeutung. Die Pflaume, weil sie der Baum mit den ersten Blüten im Jahr ist. Die Kiefer, weil sie auch mit noch so wenig Erde auskommt. Hat sie sich einmal entschlossen, an einem bestimmten Ort zu wachsen, findet sie selbst bei kargstem Untergrund genügend Halt und Nahrung. So, aber jetzt wollen wir weiter.«

Es war ein seltsamer Pfad, auf dem wir uns befanden. In der näheren Umgebung standen normale Wohnblöcke, aber dieser sorgfältig mit Tonscherben ausgelegte Weg schien dennoch zu einer ganz anderen Welt zu gehören. Ich fragte mich, wohin er uns führen würde.

»Siehst du diese Scherben?«, fragte mich Megumi. »Das sind die Dachziegel des alten Tempels. Wir wollten sie nicht wegwerfen, und so durfte sich jeder Klosterbewohner acht Stück davon nehmen und hier sein eigenes Muster entwerfen.« Und tatsächlich: Immer acht dieser gewellten Tonziegel bildeten auf dem Boden ein Bild, danach kam ein anderes. Jeder hatte sein eigenes Muster für die Ewigkeit hinterlassen.

Der Weg verlief auf diese Weise noch ungefähr hundert Meter, danach ging es steil nach oben. Als es noch abschüssiger wurde, halfen Stufen. Das Wundern über diesen Ort ließ nicht nach. Wir waren nicht weit vom Kloster entfernt, aber dieser Eingang hatte so versteckt gelegen, nie hätte ich ihn allein gefunden. Einen Teil des Hügels, auf dem wir uns befanden, konnte ich zwar von meinem Balkon aus sehen, aber ich hatte nie diesen Pfad entdeckt. Die Apartmenthäuser lagen wie ein Schutzwall um ihn.

»Fällt dir bei den Stufen etwas auf?«, fragte Megumi.

Trotz dieser fand ich den Aufstieg etwas mühsam, daher sagte ich vorsichtig: »Nein, wieso?«

»Die Stufen sind einerseits konzipiert worden, um den Berg leichter zu erklimmen, andererseits aber haben sie eine bestimmte Stufenhöhe, die es dennoch anstrengend macht. Die Menschen, die hierherkommen, sollen sich bei jedem Schritt selbst spüren.«

Das leuchtete ein. Der Stufenabstand war tatsächlich ungewöhnlich. Es lag also nicht daran, dass ich als westliche Frau mal wieder zu groß war und darum alle Maßstäbe nicht stimmten. In dem Augenblick, in dem Megumi es mir sagte, wurde ich mir dessen bewusst.

Endlich erreichten wir eine Art Plattform. Ein steinerner Zaun umfasste eine quadratische Fläche, in deren Mitte eine hohe Säule stand, daneben eine steinerne Laterne. Innerhalb der Einzäunung war alles mit kleinen, weißen Kieselsteinen ausgelegt. Megumi hauchte ein *Namanda* und betrat die

Fläche mit den Kieselsteinen. Sie winkte mir, ihr zu folgen. »Versuche in meine Fußstapfen zu treten, damit wir die schönen Kiesel nicht stören.«

Ich folgte ihrem Wunsch. Vor der Säule machte sie halt. Schriftzeichen waren in sie eingemeißelt. »Sie sollen wie feine Pinselstriche aussehen«, sagte Megumi. »Hier steht ›*Namu Amida Buddha*‹. Es ist die Handschrift des Goingesamas. Und die Säule ist für den Daigyoinsama errichtet worden, der das Kloster noch vor dem Krieg übernahm. Die steinerne Laterne weist allerdings auf Ekaisama hin, seine Nachfolgerin. Sie leuchtet als helles Licht in der Dunkelheit.«

Eine Weile standen wir vor der Säule und der Laterne, und Megumi schien in Gedanken versunken zu sein. Ich wollte mehr über das Kloster hören, um zu verstehen, wie es zu dem wurde, was es jetzt war. Ich fragte Megumi danach.

»Ach, Kokan könnte bessere Antworten geben«, erwiderte sie, »aber ich versuche es.« Sie kannte die Geschichte des Klosters nur zu gut, aber ihre Bescheidenheit verbat es ihr, das demonstrativ zu zeigen. »Es gab im Jahr 1593 eine Schlacht«, fuhr sie fort. »Zwei Daimyōs, zwei Kriegsherren, kämpften in dieser Gegend. Es starben viele Samurai. Da ihre Heimat so weit entfernt war, bat ihr Oberbefehlshaber einen kleinen Tempel in der Nähe des Schlachtfelds, das Bestattungsritual zu übernehmen. Der Priester nahm sich der Aufgabe an. Seither sind die Nachfolger des Daimyos diesem Tempel – unserem Tempel – zu großer Dankbarkeit verpflichtet. Sie wohnen im Süden am Fuß eines großen Vulkans, und einmal im Jahr bringen sie das Feuer des Vulkans hierher und zünden damit die Kerzen im Hauptgebäude des Tempels an.«

»Wie, das machen diese Menschen noch heute?« Ich war erstaunt, klang das doch sehr archaisch.

»Ja. Jedes Jahr reist eine Delegation an und entzündet mit dem Feuer des Vulkans die Kerzen.« Megumi erklärte mir das, als wäre es die normalste Sache der Welt.

»Und wie wurde aus dem Tempel ein Kloster?«, fragte ich weiter.

»Lange Zeit war er ein gewöhnlicher Nachbarschaftstempel, der eben vor allem für die Beerdigungsrituale zuständig war – bis der Daigyoinsama und der Krieg kamen.« Megumi machte eine kleine Pause. »Der Daigyoinsama erkannte, dass Kriegszeiten einen anderen Zugang zum Buddhismus erforderten – nur Beerdigungsrituale abzuhalten, das reichte nicht mehr aus. Er forderte einen lebendigen Glauben. Und nach und nach sammelten sich Menschen um ihn, die ähnlich dachten wie er. Die erste Person, die permanent im Tempel einzog, war die Ekaisama. Sie baute das Gebäude, in dem auch Wado wohnt. Für die vielen Menschen, die näher an der Wahrheit leben, die auf ihre innere Stimme, die die Stimme des Buddhas ist, hören wollten und nicht auf die des verwirrten Volkes.«

Ich nickte, während sie weitersprach: »Jetzt ist der Goingesama das Oberhaupt. Die Ekaisama hat erkannt, dass von all den Menschen, die ihr gefolgt sind, er derjenige war, der ihren Glauben ganz in sich verinnerlicht hatte. Wie ein Glas Wasser, das man in ein anderes füllt, so floss auch das Wissen der Ekaisama in den Goingesama. Nichts ging verloren.«

Ein schöner Vergleich, dachte ich. Es ist zugleich einer, der das Individuum unwichtig macht. Es ging nicht um eine Fähigkeit, die man erlernen und sich aneignen konnte, auch nicht um eine besondere Begabung, sondern hier hatte es sich um die Begegnung zweier Menschen gehandelt, bei der von der älteren Person ein Funken auf die jüngere übergesprungen war, der das Weltbild der einen auf die andere übertrug – und zwar in seiner Gesamtheit.

Megumi führte mich weiter über die Kieselsteine. Es war ganz still, der Lärm der Stadt reichte nicht bis zu diesem Punkt hinauf. Im hinteren Bereich des Geländes waren viele kleinere Grabsteine, all die der Oberabte seit Gründung des Klosters im Jahr 1593. Manchmal stand dahinter noch ein zweiter, kleinerer Stein. Das war dann der der Bomorisan, der Frau des Oberabts, wenn er denn eine hatte.

Voller Andacht betrachteten wir die Grabmale; manchmal las Megumi mir die Namen vor und erzählte mir einiges zu ihnen. Anschließend schritten wir zurück zum Ausgang, ich wieder vorsichtig in ihren Fußstapfen. Als ich mich umdrehte, konnte ich nicht mehr erkennen, wo wir gelaufen waren. Keine Spuren waren zu sehen, alles wirkte ruhig.

»Die Gräber, sie sind das Herzstück des Klosters«, sagte Megumi mit einem Seufzer. »Denn unsere Gemeinschaft währt länger als das Leben. Das Leben ist nur ein kleiner Teil des Seins. Doch danach, da ist die Ewigkeit, und auf die bereiten wir uns hier vor. Die Wahrheit liegt jenseits unseres irdischen Lebens. Es ist wie ein Weg, der beginnt und niemals aufhört. Darum sind wir alle im Kloster, weil wir erkannt haben, dass der Weg uns weiterführt.«

Megumi erzählte nun vom Jenseits, und in ihrer Vorstellung war es kein paradiesischer Garten, in dem sich alle freuten und jubilierten. So wie sie davon sprach, war es ein Ort, in dem alles *miteinander* verschmolz, in dem eine Stille herrschte, ein Zustand, in dem es keine Dissonanzen gab. Nur höchste Harmonie. Ihr liefen die Tränen über die Wangen, und ich konnte sehen, wie sehr sie diesen Ort als Einheit begriff, der in der Kultur, aus der ich komme, eher als ein Ort der Trennung, des Abschieds wahrgenommen wird.

Vor wenigen Wochen war Herr Fukuoka, ein alter Mann, dem ich manchmal die Misosuppe serviert hatte, gestorben. Am Tag nach seinem Ableben wurde nach dem *otsutome* von diesem erzählt. Der Goingesama und zwei weitere Mönche waren nachts zu Herrn Fukuoka ans Bett getreten und hatten ihm Sutren vorgesungen. Mit dem Verklingen der letzten Silbe nahm Herr Fukuoka seinen letzten Atemzug und schied friedlich dahin. Am Nachmittag war er aufgebahrt worden, und auch ich durfte noch einmal an dem Verstorbenen vorbeigehen. Er war der erste Tote in meinem Leben. Ich war erstaunt, wie absolut der Tod war. Da war kein Fünkchen Leben mehr in diesem Mann, er war woanders, das war so offensichtlich. Das, was da lag, war nur noch eine leere Hülle.

Für Megumi war der Tod der Ausgang zu einer Reise in eine neue Dimension, zu einer noch wirklicheren. Es war aber nicht so, dass sie eine Sehnsucht danach hatte. Sie wusste, dass in diesem Leben noch viele Taten auf sie warteten. Aber das Bewusstsein, dass dieser selige Zustand des »Mit-allem-eins-Werden« einmal kommen würde, gab ihr, so absurd es vielleicht klingen mag, Lebenskraft.

Wir stiegen noch weitere Stufen empor, bis wir am obersten Punkt der Erhebung angelangt waren. An dieser Stelle war eine Art Dom errichtet; er sah aus wie einer der antiken Grabhügel, wie sie im Himalaya oder in der Tundra stehen.

»Hierher wird die Asche von jedem von uns gebracht. Hier wird auch etwas von meiner landen.« Megumi sprach diese Worte von aller Welt losgelöst, dass ich fast meinte, eine Heilige vor mir zu haben. Aber es war nur die megamäßige *megane* Megumi mit ihrer großen Brille und den lila gefärbten Haaren – ein kleiner Kunstfehler vom letzten Friseurbesuch.

Ein paar Tage später luden mich Kokan und Megumi zu sich in ihre Wohnung in der Schatzkammer ein. Wie hielten es zwei Menschen nur miteinander aus, fragte ich mich, die so unterschiedliche Charaktere hatten? Worüber sprachen sie eigentlich, wenn sie alleine waren? Wie kommunizierten sie? Was verband sie miteinander?

Ich hätte mir kein ungleicheres Paar vorstellen können als Megumi und Kokan. Er burschikos, fast lausbubenhaft, effizient, organisiert und vor allem stur. Megumi dagegen offen; niemand anderes im Kloster weinte so viel aus Mitgefühl wie sie. Erzählte während des *otsutomes* jemand seine Lebensgeschichte und gab es darin einen traurigen Aspekt, so war es gewiss Megumi, die mit feuchten Augen dasaß. Selbst an meinem ersten Tag, als ich radebrechend im Tempel meine Dankesrede gestottert hatte – Megumi hatte sich verstohlen die Augen gerieben. Sie war auch immer die Erste, die merkte, wenn ich einen schlechten Tag hatte. Manchmal dachte ich, sie bestünde nur aus Gefühlen. Wäre der Altruismus eine Person, sie hieße megamäßig *megane* Megumi.

Sie nahm Rücksicht auf alles und jeden. Einmal beobachtete ich, wie sie mit einem der steinalten Männer im Kloster sprach. Sie hatte sich zu ihm heruntergebeugt, um ihn besser zu verstehen. Ich hörte, wie er sagte: »Ach, du verstehst mich ja doch nicht, meine Stimme ist zu schwach.« Sie erwiderte: »Aber nein, aber nein. Natürlich verstehe ich.« Und dann: »Was hast du gesagt?« Sie war einfach immer nett.

Während Kokan dank seines Wissens die rechte Hand des Goingesamas war und ihn immer mit Rat beiseitestand, war Megumi die rechte Hand der Bomorisan, der Frau des Oberabts. Megumi konnte sich so sehr in die Herzen der Menschen hineinversetzen, dass es mitunter wehtat, ihr dabei zuzusehen. Sie wurde von allen nur Megumi-*sensei* genannt, die Lehrerin Megumi.

Die Frage, was die beiden zusammenhielt, spukte mir weiter im Kopf herum, selbst als ich bei ihnen vor dem Hausschrein kniete. Als hätte Kokan meine Gedanken erahnt, sagte er: »Megumi ist meine große Lehrerin. Sie lehrt mich, was es bedeutet, Mitgefühl zu haben. Denn das« – in diesem Moment ertönte wieder das »Haha« – »ist bei mir auf der Strecke geblieben.« Er hielt kurz inne, dann sprach er weiter: »Ich glaube fest daran, dass wir füreinander bestimmt sind. Wir sollen voneinander lernen.«

Die erste Träne tauchte im Gesicht seiner Frau auf.

»Mitgefühl, das bedeutet, sich wirklich in eine andere Person hineinzuversetzen, ihre Motive zu verstehen, ihr Leid zu teilen, aber auch ihre Freuden. Wenn du wirklich mitfühlst, verstehst du alles. Im Kleinen wie im Großen. Du musst es nicht wissen, du fühlst es.«

Megumi wischte sich mit einem Taschentuch die Tränen weg, die mehr geworden waren, dann sprach auch sie: »Das Zusammensein ist nicht immer einfach. Aber wir haben einen Sohn, Esshin, kennst du ihn? Ich glaube, er ist die perfekte Verbindung aus uns beiden.«

Ich war wieder einmal gerührt. Esshin kannte ich wohl. Er war einer der zuvorkommendsten Mönche im Kloster. Er musste gleich alt sein wie Wado, also Mitte dreißig. Immer hatte er gute Laune und war sehr ausgeglichen. Bei Festlichkeiten spielte er wunderschön auf der Flöte, und bei den Mädchen hatte er den Spitznamen »das Vögelchen«, weil sein Mund wie ein kleiner Schnabel zugespitzt war. Esshin war nicht nur ein fröhlicher Mönch, er war auch einer, der viel Wissen mitbrachte. Er war mit allen Zeremonien vertraut und machte Hausbesuche bei den Tempelmitgliedern, die familiäre Konflikte zu lösen hatten. Er konnte auch Beerdigungen durchführen, war gewissenhaft und sehr menschlich. Ich hatte vorher nicht gewusst, dass er der Sohn der beiden war, und ich merkte, wie ich mich angesichts dieser Neuigkeit freute. Esshin schien tatsächlich die ideale Synthese von Megumi und Kokan zu sein. Er selbst war schon verheiratet und hatte mit seiner Frau Sumie zwei aufgeweckte Kinder.

»Esshin wuchs im Kloster auf, in dieser Gemeinschaft. Ich habe ihn nie ›meinen Sohn‹ genannt«, erzählte Megumi weiter, »er war immer der Sohn des Klosters. Und ich bin so dankbar dafür.«

Megumi, die sich in andere hineindenken konnte wie kein anderer, und Kokan, der denken konnte wie kein anderer – zwei Extreme, aus deren Mitte ein Mensch gewachsen war, der beide Pole auf beste Weise miteinander verband.

Als ich viel später Anne fragte, die tatsächlich wie verabredet noch ins Kloster kam, wie sie sich an Kokan erinnern würde, sagte sie: »Ich habe damals oft abstrakte Bilder vom Weltall gemalt. Kokan fragte dann immer: ›Aber warum malst du so viel Leere? Wo sind denn die ganzen Leute?‹«

Für Kokan waren es die Menschen, von denen er am meisten lernte, nicht die Gesetze.

kendō = »der Weg des Schwertes«

7 Schwerter, Schweigen und ein Schrei

*»Der Schrei muss aus dem Bauch herauskommen,
tief aus deinem Innersten.«*
                              Hirano, mein Schwertkampf-Lehrer

Im Kloster wartete ich auf den Moment, in dem ich perfekt Japanisch sprechen würde. Dieser Moment kam nie, und auch in Zukunft wird er nicht kommen. Ich spreche die Sprache mittlerweile gut und weiß, wie Japaner denken. Ich weiß, wie man Dinge benennt, ohne sie auszusprechen, und ich weiß, wie man etwas versteht, ohne dies zu sagen. So funktioniert Sprache in Japan.

Dass ich mich für sie entschied, das lag an Autoren wie Eiji Yokoshikawa *(Musashi)*, oder Tsunemoto *(Hagakure)*. Sie schrieben Bücher, die von edlen Kämpfen und einer inneren Stärke der Protagonisten handeln. In ihnen kämpfen die Helden nicht um Königreiche, nicht gegen Drachen, nicht um Prinzessinnen, sondern für sich und gegen sich. Ihre Gegner sind Spiegelbilder einer Facette ihres Charakters, die es zu überwinden gilt: Hochmut, Übermut, Eitelkeit. Nie sind die Gegner das, was sie vordergründig scheinen: Halunken, andere Schwertkämpfer oder Samurai.

Besonders war ich fasziniert vom Schwertkampf, von der kühlen Gelassenheit der Kämpfer, von ihrer einfachen Lebensweise und den klaren Regeln. Japanisch zu lernen, das bedeutete auch, mehr von diesen Helden zu verstehen.

So äußerte ich, nachdem ich einen Monat im Kloster lebte, den Wunsch, mit dem Schwertkampf vertraut zu werden. Zuerst schauten die Mönche mich an, wie sie mich immer anschauten, wenn ich etwas wollte, das so jenseits von dem war, was ein Mensch meines Alters in Japan anstrebte. Kendō, die japanische Form des Schwertkampfs, ist eine Sportart, die man im Vorschulalter beginnt und noch Jahre praktiziert, die aber keiner, der über zwanzig ist, neu erlernt. Stattdessen verlegt man sich auf Snowboarden oder Golf oder Tennis. Man besucht einen Fitnessclub, lernt Fandango oder Streetdance. Aber doch nicht Schwertkampf! Wer dies macht, kann sich gerade nur als Polizist beworben haben, denn Kendō ist in Japan der Vereinssport dieser Beamten.

Das wusste ich zu diesem Zeitpunkt aber nicht. Also sagte ich ein paar Tage später noch einmal: »Ich würde gern Schwertkampf lernen. Wo ist das möglich?« Wado raufte sich die Haare wie Danny DeVito (wahrscheinlich hatte er es ihm in einer seiner Komödien auch abgeschaut) und stöhnte dabei theatralisch: »Oh no!«

Kurz darauf, man hatte wohl gemerkt, dass ich es ernst meinte, winkte mir Wado nach dem *otsutome*, der Morgenandacht, zu und bedeutete mir, kurz zu warten. Er kam auf den hinten offenen Sandalen, die er trug, zu mir gelaufen, so schnell er jedenfalls konnte. Ein weiteres Hindernis: Die Mönchsgewänder sind nach unten hin ziemlich eng gewickelt, sodass nicht viel Beinfreiheit herrscht. Ein Mönch kann also keine großen Schritte machen. Wie bei einer Frau im Kimono sind viele kleine nötig, um ein rasches Vorwärtskommen zu ermöglichen. Bei den Damen sieht das sehr elegant aus, bei Mönchen wie Wado eher nicht.

Wado grinste über beide Ohren, wie immer, wenn er mir etwas Positives mitteilen konnte. »Wir haben jemanden gefunden, der dir Schwertkampf beibringt. Hirano wird das tun.« Hirano – ich überlegte. Mir fiel niemand ein, wer das von den Klostermitgliedern sein konnte. »Ich werde ihn dir vorstellen«, sagte Wado weiter.

Wir gingen zusammen zum Tor des Tempelkomplexes. Dort stand eine kleine Gestalt, ein älterer Japaner. Er trug eine braune Lederjacke, die wie eine Fliegerjacke aussah, und schaute an uns vorbei, obwohl wir offensichtlich auf ihn zugingen.

»Hirano!«, rief Wado. Und zu mir gewandt: »Michaela, das ist Hirano. Er möchte dir Kendō beibringen.«

Endlich sah uns der Mann, der Hirano war, an. Er wirkte etwas aufgeregt, soweit man das von einem Mann, der ruhig am Tor gewartet und bisher weggeblickt hatte, sagen konnte. Doch ich merkte, dass er sich erst einmal daran gewöhnen musste, einer Nicht-Japanerin gegenüberzutreten. »*Yoroshiku onegaishimasu*«, sagte ich zur Begrüßung, und Hirano lächelte. Wir standen etwas steif da, und ich war froh, dass Wado mitgekommen war. Doch der sagte in diesem Moment, dass er zu tun habe, und ging davon.

Also war ich jetzt allein mit Hirano. Was hatte er mir zu sagen? Nichts, wie es schien. Er fixierte lediglich einen Punkt an meiner rechten Schulter. Ich sah auch dorthin, konnte aber nichts Ungewöhnliches bemerken. Da war weder ein Fleck noch ein Käfer oder eine Erscheinung, die Hiranos Blick auf sich hätte ziehen können. Ich schaute Hirano nun direkt an. Er schwieg weiter. Schließlich räusperte ich mich und gab ein »Hm« von mir, das jedoch nichts bewirkte. Aus diesem Grund versuchte ich es mit einem zweiten, etwas energischeren »Hmm«. Hirano blieb schweigsam. Noch einmal. »Hmm.« Ich merkte, wie mir bei so viel Gesprächigkeit gerade die Lust an Kendō verging. Noch ein letzte Chance für den älteren Mann: »*Eto desu ne, Kendō …*« Was so viel heißt wie: »Also, das mit dem Kendō …«

Da passierte etwas.

»Sei bereit am Dienstagabend um sechs Uhr.« Mit diesen Worten drehte sich Hirano um und verschwand.

Beim Frühstück ging ich zu Oguchi, eine Klosterbewohnerin, die lange Zeit in Ros – das ist die japanische Kurzform für Los Angeles – gelebt hatte, und erzählte ihr, dass ich Hirano getroffen hätte und dass er mich am Dienstag mit zum Kendō nehmen wolle. Sie räumte gerade ein paar Teller auf, als sie sagte: »Na, dann schauen wir mal, dass du an diesem Tag etwas früher zu Abend isst.« Das war eigentlich mein kleinstes Problem. Ich wollte wissen, wer Hirano ist, was ich zum Kendo-Training mitzunehmen habe und was der Deal war. Aber von Oguchi bekam ich keine Antwort auf meine Fragen. Also machte ich mich, nachdem ich den Speisesaal aufgeräumt hatte, auf den Weg ins Büro der Mönche. Soshin saß in seinem Zimmer über einem Buch und trank grünen Tee.

»*Ohayō gozaimasu*«, sagte ich und wünschte ihm mit dieser Anrede einen guten Morgen.

»Ah, guten Morgen. Da, setz dich doch.«

Ich kniete mich neben ihn.

»Ich werde am Dienstag mit Hirano zum Kendō gehen.«

»Ach, Hirano, hihihi.«

Dieses »Hihihi« irritierte mich. Dennoch fragte ich Soshin, wer dieser schweigsame Japaner war, der mich den Helden des Kampfsports näherbringen sollte.

Soshin erzählte: »Hirano wohnt nicht im Tempel, aber ganz in der Nähe. Er kommt fast jeden Tag zu einem der *otsutomes*, und seine Enkelkinder sind in derselben englischen Sonntagsgruppe wie die Kinder der Mönche. Du kennst sie. Wenn du hinter dem Toyotaya über die Brücke gehst, gleich rechts, da ist Hiranos Haus. Er ist Rentner und Bauer. Du wirst sehen, er hat einen wunderschönen Garten. Er hilft uns im Kloster oft bei unseren Arbeiten mit den Pflanzen. Oder wenn wir Bambus brauchen. Seine Frau kocht sehr gut.«

Damit hatte ich alle wichtigen Eckdaten. Seine Frau kochte gut. Super. Ich hatte gehofft zu erfahren, dass Hirano aus einem alten Adelsgeschlecht stammen würde oder dass er Kendō von einem großen Meister gelernt hätte. Dass er Bauer war und seine Frau kochen konnte, war eher eine kalte

Dusche für meine Neugier. Trotzdem, ich konnte es kaum bis Dienstag abwarten.

Jetzt, wo ich wusste, dass ich Kendō lernen würde, dass ich es *wirklich* lernen würde, malte ich mir in meiner Phantasie schon mein weiteres Leben als Kendō-Kämpferin aus. Ich würde tolle Männer kennenlernen, die unbedingt mit mir schlafen wollten, weil ich die geheimen Künste des japanischen Schwertkampfs beherrschte. Ich würde alle Situationen meistern, denn ich würde wissen, dass ich ein edles Gemüt habe und eine Konzentration, die Berge versetzen konnte. Ich würde zu einer weißen Lichtgestalt werden und so durch mein weiteres Leben schreiten. Ich würde, ich würde ...

Am Dienstagabend wartete ich um Punkt sechs Uhr auf dem Parkplatz vor dem Toyotaya auf Hirano. Im Tempel wusste jetzt jeder, dass ich heute mit Hirano Kendō lernen würde. Häufig wurde ich darauf angesprochen, auch viel belächelt. Neuigkeiten über mich, so schien mir, eigneten sich hervorragend als Gesprächsstoff. Die Frauen im Toyotaya hatten *mit* Hirano und *ohne* mich alles besprochen, was es zu besprechen gab. Ich solle bequeme Kleidung mitnehmen, wurde mir ausgerichtet. Und dass Hirano mich einer Gruppe von Kendō-Schülern vorstellen werde. Mit Hirano selbst hatte ich kein weiteres Wort mehr gewechselt, obwohl ich glaubte, ihn mit einem Korb Kartoffeln gesehen zu haben, den er der Küche vorbeigebracht hatte. Ich verstand erst viel später, dass das ein Höflichkeitszeichen war. Er wollte nicht, dass die Frauen ihn extra zu Hause aufsuchen mussten, um mit ihm über mich reden zu können. So fand er Gründe, zum Toyotaya zu kommen. Die Japaner sind ständig bemüht, alles so angenehm wie möglich zu gestalten.

Ein weißer Toyota fuhr auf dem Parkplatz vor. Der Toyota ist der Golf Japans. Hirano saß in dem Auto und grinste über beide Ohren. Er bedeutete mir einzusteigen. »*Konnichiwa*«, sagte ich, und er nickte mir zu. Danach ging es los. Hirano sagte nichts. Ich sagte auch nichts. Nach zirka zehn Minuten hielten wir vor einer Schule.

»Das ist die Grundschule in dieser Gegend«, bemerkte Hirano.

»Hm«, erwiderte ich, um zu demonstrieren, dass ich verstanden hatte.

»Sie warten auf dich«, fuhr Hirano fort. Noch immer stellte ich mir unter »sie« junge japanische Männer und Frauen vor, die in einer Schulsporthalle Kendō lernten.

Hirano ging schnellen Schrittes voran, ich folgte. Die Schule sah aus wie fast jede Schule in Japan, die nach dem Krieg gebaut wurde. Ein großer hässlicher Betonklotz, ein funktionales Gebäude, billig und schnell errichtet. Der Zement war grau und an vielen Stellen von Rissen durchzogen, die Fenster beschlagen vom Hauch der Zeit, der sich auf schlechten Materialien besonders rasch niederschlug. Wir liefen durch einen überdachten Korridor, bis wir schließlich vor drei Stufen standen, die zu einer Tür führten. Viele Schuhpaare konnte ich davor erkennen, und Hirano gab mir zu verstehen, dass auch ich meine Schuhe auszuziehen hätte. Japaner haben kleine Füße, das wusste ich schon, aber nach den Schuhen vor mir zu urteilen, schienen diese hier besonders klein zu sein. Länger dachte ich aber darüber nicht nach, denn ich war natürlich schon sehr aufgeregt. Barfuß gingen wir durch die Tür und befanden uns plötzlich in einer großen Turnhalle. Sie unterschied sich nicht sehr von denen meiner Kindheit: hohe Decken, Basketballkörbe und aufgeklebte Streifen auf dem Linoleumboden.

Nach diesem ersten Eindruck lotste mich Hirano zu den Kendō-Schülern – viele Jungen, aber fast genauso viele Mädchen. Ich war etwas erstaunt, denn sie waren alle zwischen neun und dreizehn. Noch dachte ich mir nichts dabei. Besser gesagt, ich dachte: »Die Großen werden später dazukommen. Die ziehen sich noch um.«

Die Jungen und Mädchen knieten – in Weiß gekleidet – an einer auf dem Boden aufgemalten Linie. Sie waren ruhig, es gab kein albernes Herumgerobbe, kein Kichern. Ernsthaftigkeit lag in der Luft.

Hirano kniete sich nun neben einen Jungen und gab mir zu verstehen, es ihm nachzutun. Vor uns war ein Mann in einem blauen Kendō-Anzug in ähnlicher Haltung. Seine Hände lagen auf den Knien, sein Kopf wirkte groß, fast quadratisch. Er schaute uns an, einen nach dem anderen, danach legte er seine Hände auf den Boden und beugte sich langsam nach vorn. Sobald er wieder gerade saß, verbeugten sich die Kinder.

Der Mann rief ein lautes »*hai*«, und bevor es verhallt war, standen alle Schüler auf den Füßen. Jetzt erst drehten sich ein paar Kinder nach mir um und beäugten mich interessiert. Es war aber nur ein kurzes Hinüberlinsen; keines der Kinder traute sich, mich länger anzusehen.

Der Mann – ich nahm an, dass es der Trainer war – sagte irgendetwas, das ich nicht verstand, und die Kinder fingen an, hintereinander im Kreis durch die Turnhalle zu rennen. Hirano nickte mir zu. Ich sollte also mitlaufen. Gut, es gab keinen Grund zu widersprechen. Eine Weile tat ich das auch, bis der Trainer wieder etwas rief. Alle Kinder legten jetzt den Rückwärtsgang ein. Ich, mit einiger Verzögerung, folgte ihnen. Beim nächsten Ruf des Trainers rannten die Jungen und Mädchen wieder richtig herum, und als er erneut seine Stimme hob, drehte ich mich schon automatisch um. Haha, dachte ich, ich lerne schnell! Nur: Während ich rückwärts im Kreis lief, lagen die anderen mit dem Bauch flach auf dem Boden der Halle. Das ging eine Viertelstunde so weiter; schließlich stellten sich alle in eine Reihe. Mir war die Rangfolge nicht ganz klar, ich jedenfalls stand an deren Ende.

In den nächsten fünfzehn Minuten erfolgte ein Aufwärmtraining, wie ich es von anderen Sportarten kannte: Schultern kreisen lassen, Rumpf beugen, Beine strecken. Die älteren Kendō-Schüler waren noch immer nicht erschienen, und eine dunkle Ahnung stieg in mir auf.

Der Trainer gab eine neue Anweisung, und diesmal holten die Kinder ihre Schwerter hervor. Zum ersten Mal sah ich leibhaftig ein Kendō-Schwert. Vier gesplittete Bambusstäbe wurden durch ein ledernes Band an drei Stellen zusammengehalten. Der Griff war mit Leder überzogen, und Schnüre, die von der Spitze bis zum Griff gespannt waren, hielten das Ganze zusammen. Bestimmt würde es sich in meiner Hand leicht anfühlen.

Die Kinder stellten sich zum Schlagen auf, und Hirano gab mir ein Zeichen, zu ihm zu kommen. Der Ausbilder äußerte eine weitere Direktive. Die Jungen und Mädchen gingen nun, das Schwert vor sich haltend, einige Schritte nach vorne, hoben es über ihren Kopf und ließen es anschließend mit gestreckten Armen nach unten gleiten. Es sah sehr erhaben aus.

Im Anschluss daran trat der Trainer zu uns. Als er vor uns stand, verbeugte sich Hirano. Ich dachte, es sei klug, ihm darin zu folgen. Der Lehrer betrachtete mich, nachdem er sich ebenfalls verbeugt hatte. Ich konnte Heiterkeit in seinem Gesicht entdecken Schließlich begrüßte er mich.

»*Hiraoka desu. Yoroshiku*«, sagte er mit tiefer Stimme. Das also war Herr Hiraoka.

Ich fand, dass es an der Zeit war, mit Kendō zu beginnen. Aber ich durfte an diesem Tag noch nicht einmal ein Schwert halten – und auch die nächsten drei Monate nicht. Alles, was ich zweimal die Woche abends in einer Turnhalle in einem japanischen Provinznest tun durfte, war eine Schrittfolge zu lernen, die noch nicht einmal kompliziert war. Schon nach der zweiten Woche ödete mich diese an. Mehr oder weniger ging es einzig darum, ein Bein vor das andere zu setzen – und zwar immer am Rand der Halle entlang, immer alleine. Die Jungen und Mädchen in der Mitte der Halle schlugen sich die Schwerter auf die Helme, brüllten dabei und durften im Vergleich zu mir spannende Übungen machen.

Auf meine Nachfrage, wann ich denn mit den Kindern trainieren dürfe, sagte Herr Hiraoka, dass ein perfekter Stand und ein gutes Vorwärtskommen die Basis seien. Und bevor ich beides nicht befriedigend könne, bräuchte ich nicht daran zu denken, überhaupt je ein Schwert in der Hand halten zu dürfen.

Das Einzige, das mir in solchen Momenten half, waren die Geschichten von Bruce Lee oder anderen legendären Kämpfern, die bei einem Meister lernen wollten. Einfach hatten auch sie es nicht gehabt. Vielfach musste ein Novize erst einen Berg erklimmen und eine einsam gelegene und heruntergekommene Hütte ausfindig machen. In dieser wohnte immer ein unscheinbarer Mann, der sich aber schließlich als der Meister entpuppte. Der Neuling hatte diesen zu bitten, bei ihm lernen zu dürfen, was als Wunsch aber nie sofort erfüllt wurde. Manchmal musste der Novize eine Woche lang vor der Tür des Meisters stehen, bei Regen und bei unbarmherzig brennender Sonne, um erhört zu werden, manchmal aber auch ein Jahr. Es existieren sogar Varianten, in denen dieses Warten Jahrzehnte dauerte. Ließ der Meister den Schüler endlich in seine Behausung, hatte dieser viele Jahre für den Älteren zu arbeiten – Wasser holen, Holz hacken, Essen kochen –, bevor er die Chance erhielt, auch nur eine erste Übung auszuführen.

Derartige Legenden waren mir beim Lesen oder Hören jedes Mal logisch erschienen. Natürlich musste der Meister den Neuling erst prüfen, bevor er ihn in seine Kunst einweihte. Und natürlich war es klar, warum sich all die Mühen der Novizen lohnten. Die Beherrschung des Schwertes war nicht für jede Hand bestimmt. Der Weg, um diese Fähigkeit zu erreichen, musste schwierig sein.

Meine eigene Version dieser Geschichte erschien mir dagegen banal. Kein romantisches Setting, kein Berg, keine Hütte, sondern nur eine öde Turnhalle. Zweimal die Woche wurde ich in einem weißen Toyota zu diesem heruntergekommenen Gebäude gefahren und musste dort im Beisein von japanischen Dritt- bis Siebtklässlern stupide Schrittübungen machen. Daran konnte ich nicht einen Funken großer Kunst entdecken. Ich wusste noch nicht einmal, ob der Lehrer etwas taugte. Hiraoka-*sensei* tat nicht viel mehr, als mir am Anfang der Stunde jeweils die Schrittfolge zu zeigen und mich dann für den Rest der Zeit mit Hirano allein zu lassen.

Wie lange dieser Zustand anhalten würde, auch das konnte er mir nicht sagen. Hirano, so wurde mir klar, war das Verbindungsglied zwischen dem Kendō-Training und mir. Er selbst war kein großer Kendō-Meister, er war lediglich der Einzige im Kloster, der Kontakt zu einem Trainer hatte: Vielleicht gehörte er einem Stammtisch an oder kannte über den Bauernverein jemanden, der ihn kannte … Ich, die Frau aus dem Westen, sollte aber nicht so penibel sein. Hiranos Aufgabe bestand darin, mich, die Fremde, in die alte Tradition einzuführen. Er begleitete mich stoisch und war meistens schweigsam. Ohne Hirano kein Kendō.

Es war über die Monate kalt geworden. Die Turnhalle wurde nicht geheizt, der Fußboden war seit einigen Wochen kalt. Ernsthaft dachte ich darüber nach, mit dem Kendo aufzuhören. Ich merkte: Wenn ich im Kloster von meinem Training erzählte, hatte mein Enthusiasmus deutlich nachgelassen. Auch in meinen Briefen nach Deutschland erwähnte ich das Thema höchstens nur noch mit einem Satz. Mir graute schon fast vor den Tagen, an denen Hirano mich mit dem Auto abholte. Ich fühlte mich genauso karg und leer wie der einst grüne Ginkgobaum auf dem Tempelvorplatz: Er hatte inzwischen alle seine Blätter verloren.

Als ich wieder einmal meine Schrittfolgen übte, ehrlich gesagt, ziemlich halbherzig, kam der Trainer zu mir und fragte, wie es mit der Ausrüstung bei mir aussehe. Ich horchte auf. Die Kinder trugen Helm, Brust- und Unterbauchschutz sowie Handschuhe, dazu besaß jedes von ihnen ein Schwert. Ich wusste, dass das alles eine Menge Geld kostete. Geld, das ich nicht hatte. Ich überlegte mir, es könnte keinen besseren Moment geben, mit dem Kendō aufzuhören, ohne mein Gesicht zu verlieren. Gleichzeitig spürte ich aber eine Ermutigung: Die Tatsache, dass Hiraoka-*sensei* diese Frage stellte, hieß das, dass ich bald einen weiteren Schritt tun durfte?

In diesem Augenblick mischte sich Hirano ein und sagte etwas zu dem Trainer, so schnell, dass ich seine Worte nicht verstand. Hiraoka-*sensei* nickte Hirano zu, nachdem er zu Ende gesprochen hatte, und lächelte mich kurz an – anerkennend, wie es schien. Ich schaute fragend zu Hirano, der sich aber nicht äußern wollte. Erst als wir wieder in seinem Toyota saßen, sagte Hirano: »Ich kaufe dir die Ausrüstung.«

Ich war völlig verwirrt. Ein solches Geschenk konnte ich nicht annehmen. Das Kendō-Abenteuer war auf meinem eigenen Mist gewachsen, niemand sollte daher irgendwelche Ausgaben für mich tätigen. An diesem Abend konnte ich lange nicht einschlafen. Eigentlich war ich an einem Punkt angelangt, an dem ich fand, dass die Mönche recht hatten, damals, als sie mich auslachten, nachdem ich ihnen von meinem Wunsch erzählt hatte, Kendō zu lernen. Ich hatte drei Monate damit verbracht, auf meinen Füßen durch die Halle zu rutschen, und dabei nie mit einem der Jungen oder Mädchen gesprochen. Im Gegenteil: Ich hatte immer fragende Augenpaare in meinem Nacken gespürt: Was will diese Frau von ganz weit weg bei uns? Was erwartet sie von uns?

Ich stellte mir vor, wie die Kinder ihrer Mutter erzählten, dass eine *henna gaijin*, eine seltsame Person aus dem Ausland, bei ihnen im Training mitmachen würde. Wahrscheinlich wurden sie angespornt, die *gaijin-sama*, die ehrenwerte Frau aus dem Ausland, auf *eigo*, auf Englisch, etwas zu fragen. Die Kinder hatten bestimmt sehr schnell einen Grund gefunden, warum sie dieses oder jenes tun müssten, um nicht weiter mit der Mutter über das Thema zu reden. Denn was sollten sie die *henna gaijin* auf Englisch fragen? Bloß nicht! Der Vater würde sich zum Glück gar nicht erst einmischen. Kindererziehung ist in Japan Frauensache.

Doch mit seiner Frage nach der Ausrüstung hatte Hiraoka-*sensei* angedeutet, dass es weitergehen würde. Ich spürte: Trotz all meiner Vorbehalte war ich neugierig auf die nächste Stufe, freute mich, dass ich bis jetzt durchgehalten hatte. Es war mir sogar ein wenig peinlich, dass ich so ungeduldig gewesen war.

Und dann gab es da Hirano. Hirano, der mich jeden Dienstag- und Freitagabend um sechs Uhr abends mit dem Auto abholte. Hirano, der während der Kendō-Stunde in meiner Nähe war. Hirano, der nie ein Wort sprach, der nie etwas fragte und der jetzt meine Kendō-Ausrüstung zahlen wollte.

Ich wusste, dass er Kinder und Enkelkinder hatte, die bei ihm im Haus wohnten. Dieses Gebäude sah nicht so aus, als ob er im Geld schwimmen würde. Es war klein, von außen sehr sauber, und der Garten war mit Liebe angelegt. Immer wenn ich ihn dort tagsüber entdeckte, war er am Arbeiten. Es war also nicht so, dass er sich mit mir abmühte, weil er ein gelangweilter Rentner war und nach Zerstreuung suchte. Im Gegenteil, er hätte allen Grund zu sagen, so, es reicht, zumal ich in der letzten Zeit nicht das dankbare Gesicht einer Novizin gezeigt hatte. Dennoch schien Hirano viel daran zu liegen, dass ich Kendō lernte. Vielleicht hatte er sich das in den Kopf gesetzt, und jetzt konnte er nicht mehr zurück, wollte stoisch durchhalten. Vielleicht aber wollte er mir aber auch etwas beibringen, das er für wichtig hielt.

Ich beschloss, am nächsten Tag mit den Mönchen darüber zu reden.

Der Morgen war frisch. Draußen war es noch dunkel, als ich den Tempel zum *otsutome* aufsuchte. Im Januar war es selbst hier im Süden Japans, solange die Sonne nicht schien, richtig kalt. Im Tempel brannten Kerzen und Räucherstäbchen, die Tatami-Matten und die vielen Menschen darauf verbreiteten eine warme Atmosphäre. Ich sah Hirano bei den Männern knien, er war nicht jeden Morgen an diesem Ort anwesend. Ich fragte mich, ob er in der vergangenen Nacht auch so viel nachgedacht hatte wie ich, über mich und welchen Nutzen es brachte, mich zu unterstützen.

Nach der Andacht ging ich zum Frühstück in den Toyotaya. Heute gab es *natto*, vergorene Sojabohnen, die lange Fäden ziehen und stinken. Dazu wurden ein rohes Ei und getrocknete kleine Fische serviert, die durchsichtig waren. Es hatte sich in Japan herumgesprochen, dass Ausländer sich vor *natto* ekeln. Darum wurde diese Speise auch gerne zur

Unterhaltung eingesetzt, um die – vorhersehbare – Reaktion eines Nicht-Japaners zu testen. Meist sagte der Nicht-Japaner, wenn ihm *nattō* vorgesetzt wurde: »Wie könnt ihr so was nur essen?« Und der japanische Gastgeber antwortete darauf mit kindlicher Freude: »*Oishi desu*, das ist lecker.«

Ich mochte *nattō*, und die Japaner wirkten immer ein wenig enttäuscht, wenn ich nicht die erwartete Reaktion zeigte. Vielleicht mochte ich aus diesem Grund die gegorenen Bohnen. Ich wollte nicht in das Schema passen. Ich wollte zeigen, dass ich einen eigenen Charakter hatte.

Während des Essens kam ich nicht dazu, Hiranos Angebot anzusprechen, und auch danach musste ich erst mit Sato einen Artikel aus der *Asahi Shinbun* lesen, bevor ich Zeit fand, in Wados Büro zu gehen.

Er saß am Computer. Nur kurz schaute er auf, als er mich sah. Nach der Begrüßung konzentrierte er sich sofort wieder auf seine Arbeit. Er musste wirklich viel zu tun haben, denn sonst fragte er mich immer etwas oder machte einen Witz – natürlich auf meine Kosten.

Ich sagte: »Wado-san, *chotto ii desu ka*, hast du kurz Zeit?« Obwohl mir klar war, dass der Moment ungünstig war, musste ich jetzt dennoch mit ihm über Hiranos Angebot reden.

»*Ato de, chotto matte, ne*, gedulde dich kurz«, antwortete Wado.

Ich ging in die Küche und schaute nach, ob ich helfen konnte. Aber es gab nichts zu tun. In diesem Augenblick kam Kokan vorbei. Seit er wusste, dass ich Kendō machte, hob er immer, wenn er mich sah, seine Arme über den Kopf, als halte er ein Schwert. Danach ließ er das imaginäre Schwert heruntersausen, sagte »*yosh*«, die japanische Version von »wrumms« und grinste dazu. Ich wirkte immer ein wenig gequält, wenn er diese Geste ausführte – so auch an diesem Tag. Aber Kokan kümmerte sich nicht um meine Befindlichkeiten. Er hatte mir mal erzählt, dass er als Kind Kendō gelernt habe und wie sehr ihm die strenge Postur sowie die ritualisierten Bewegungen geholfen hätten.

Nach dieser kurzen Begegnung mit dem »Befehlshaber« hatte ich keine Lust mehr, zu Wado zurückzukehren. Ich begab mich in den Garten und überlegte erneut, warum ich so unzufrieden mit meinem Kendō-Training war. Noch machte das alles nicht viel Sinn für mich, aber vielleicht später? Das war meine einzige Hoffnung.

An diesem Morgen bekam ich kaum etwas auf die Reihe. Irgendwie konnte ich mich nicht konzentrieren. Schließlich war es fast wieder Zeit für das Mittagessen. Ich ging zum Toyotaya hinüber und half beim Eindecken des Tisches. Die Frauen freuten sich, dass ich sie unterstützte, und wir redeten ein wenig über meine Familie in Deutschland, ein Thema, bei dem sie nie müde wurden, mir die unterschiedlichsten Fragen zu stellen, wie zum Beispiel, womit sich meine Großeltern beschäftigten oder ob wir zu Hause viel klassische Musik hörten.

Nach dem Mittagsessen gab es eine Stunde der Ruhe. Die Betriebsamkeit wurde eingestellt und die Bewohner zogen sich zurück. Die Mönche waren bei ihren Familien, die älteren Bewohner hielten ein Mittagsschläfchen, die jungen meistens auch. Schlafen ist eine der Lieblingsfreizeitbeschäftigungen der Japaner, sie rangiert noch vor Einkaufen gehen oder mit dem Auto in der Gegend herumfahren. Daran änderte auch ein Leben im Tempel nichts.

Ich war zu unruhig, um mich an diesem frühen Nachmittag hinzulegen, und so suchte noch einmal das Büro der Mönche auf. Wado saß wieder am Computer, Megumi war die einzige Person in der Küche, sie schnitt ein paar Äpfel in Scheiben und legte sie in Salzwasser.

Diesmal schaute Wado auf, als ich in der Tür stand. Er merkte, dass ich etwas auf dem Herzen hatte. In den letzten paar Monaten war er mehr und mehr zu einem Bruder für mich geworden.

»Was ist denn los?«, fragte er.

»Kendō«, sagte ich.

»Hat man dir zu sehr auf den Kopf gehauen?«

»Nein, darum geht es nicht.« Ich erzählte ihm, dass Hirano mir eine Ausrüstung schenken wolle. Wado konnte kaum fassen, was er hörte, und verfiel in einen Slang, den er vor den anderen Klosterbewohnern niemals benutzen würde.

»*Uzo!*«, sagte er. »Du erzählst mir Blödsinn.«

»Nein.«

Wado schaute mich an und fragte, ob mir Kendō Spaß mache, ob ich es weiter ausüben wolle. Ich gab ihm zu verstehen, dass es sich schwieriger gestaltete, als ich es mir vorgestellt hatte, ich aber gern weitermachen würde. Ich hätte das Gefühl, doch etwas dabei zu lernen, wobei ich mir nicht sicher sei, was das wäre.

»Wenn Hirano dir das angeboten hat«, erwiderte Wado, »dann meint er es ernst. So ist Hirano. Er freut sich, dir etwas von seiner Kultur beibringen zu können. Aber dies ist kein einfaches Geschenk. Ich hätte das nie von ihm erwartet, und es ist sehr großzügig von ihm. Du musst dir ganz sicher sein, dass du Kendō lernen möchtest, dann kannst du dieses Angebot annehmen.«

Nach dem Gespräch mit Wado fühlte ich mich besser. Auch hatte ich an diesem Nachmittag Unterricht in Teezeremonie. Ich war dadurch beschäftigt, und das tat mir gut.

Als ich am frühen Abend wieder ins Büro der Mönche gehen wollte, stand der Goingesama im Flur und redete mit der Bomorisan. Er lächelte mich an.

»Wie läuft es mit Kendō?«, fragte er. Auch die Bomorisan schaute zu mir. Natürlich hatte Wado ihnen von Hiranos Angebot erzählt. Wie gesagt, Nachrichten im Tempel, vor allem, wenn sie mich betrafen, verbreiteten sich rasend schnell.

Ich erzählte ihnen, wie schwierig ich es bislang gefunden hätte, aber auch, wie erleichtert ich sei, die nächste Stufe beschreiten zu dürfen. Und ich sagte, wie dankbar ich Hirano sei, weil er sich so viel Mühe geben würde. So wie ich jetzt darüber sprach, schien auf einmal alles klar zu sein.

Der Goingesama meinte, wenn sich Hirano etwas in den

Kopf gesetzt hätte, dann führe er das auch aus. »Dagegen können wir nichts tun.«

Am folgenden Freitag holte mich Hirano wie immer ab. Diesmal redeten wir miteinander. Ich sagte ihm, wie sehr ich mich auf die neue Ausrüstung freue und darauf, was ich im Kendo noch alles lernen würde. Er lächelte leise in sich hinein.

An diesem Abend machte es mir nichts aus, meine Schrittfolgen zu üben. Zudem durfte ich ein imaginäres Schwert halten und Armübungen ausführen. Nach einiger Zeit betrat ein Mann die Turnhalle und setzte sich zu Hirano. Beide sprachen eine Weile miteinander, bis Letzterer aufstand und mir sagte, dass der Rüstungsmacher da sei.

Ich hatte bislang nicht darüber nachgedacht, wie ich zu meiner Ausrüstung kommen würde, aber natürlich – man konnte sie nicht im Supermarkt kaufen. Darum war dieser schlaksige Herr erschienen, um meine Maße zu nehmen. Ich war überwältigt. Ein Rüstungsmacher! Da ich die alten japanischen Traditionen, die noch lebendig waren, besonders liebte, war ich richtig aufgeregt. Ich musste an Ritter denken, von denen im Westen Europas seit dem Mittelalter nur die Ruinen ihrer Burgen übrig geblieben waren. Währenddessen beobachtete ich genau, was dieser Mann tat. Mein Kopfumfang wurde vermessen, weiterhin Kopf- und Kinnlänge, Oberkörper und Taille. Er notierte sich alles in ein Notizbuch, in feinen, akkuraten Schriftzeichen. Hirano schmunzelte nur vor sich hin.

Als wir wieder in seinem Toyota saßen, sagte er: »Du brauchst jetzt einen japanischen Namen.« Ich lachte auf, die Idee gefiel mir. »Ich habe mir schon Gedanken gemacht«, fuhr Hirano fort.

Der Goingesama hatte recht. Hirano war, wenn er loslegte, nicht zu bremsen. Als wir vor dem Toyotaya hielten, kramte er einen Zettel aus dem Handschuhfach und kritzelte drei japanische Zeichen darauf, die meinen neuen Namen ergaben. Das erste kannte ich, es wurde *mi* gelesen und bedeutete »schön«. Häufig wurde es als Silbe in Frauennamen benutzt. Die beiden anderen Zeichen waren mir fremd. Hirano drückte mir den Zettel in die Hand und wünschte mir eine gute Nacht.

Da ich neugierig war, was Hirano aufgeschrieben hatte, holte ich in meinem Zimmer sofort das Kanji-Wörterbuch hervor und schlug die Schriftzeichen nach. Die Leseweise des ersten wusste ich ja schon. *Mi* für die Anfangsbuchstaben meines Namens. Blieben nur noch zwei für »chaela«. Da es diese Lautfolgen im Japanischen nicht gibt, hatte Hirano meinen Namen als *mishara* interpretiert. *Sha* stand für Sand, *ra* bedeutete Seide. Mein Name war also eine Zusammensetzung aus den Wörtern »schön«, »Sand« und »Seide«. Mir gefiel diese Kombination. Ich überlegte lange, was Hirano damit ausdrücken wollte, fand aber keine Erklärung.

Am nächsten Tag zeigte ich Wado meinen neuen Namen.

»Hoho«, sagte er anerkennend, denn bei der großen Menge an Kanjis – es gibt über zweitausend – ist es nicht immer einfach, eine Kombination zu finden, die in sich harmonisch ist. Offensichtlich war Hirano das aber mit den Schriftzeichen gelungen. Schließlich fragte Wado, ob ich die Zeichen verstanden hätte. Ich erzählte ihm, was ich herausgefunden hatte. »Es gibt da aber noch eine andere Bedeutung«, sagte Wado. »Komm, wir gehen zum Goingesama.«

Dieser saß in seinem Zimmer; die Bomorisan massierte ihm den Nacken. Er bedeutete uns, dass wir dennoch eintreten könnten. Wado war leicht aufgeregt, manchmal wusste er nicht, wie er sich vor dem Goingesama zu verhalten hatte. Ich konnte das verstehen. Der Goingesama war einerseits so freundlich, dass man sofort Vertrauen zu ihm fasste, andererseits war er aber der spirituelle Führer des Klosters und eine Respektsperson.

Wado reichte ihm den Zettel, auf den Hirano gestern Abend meinen neuen Namen geschrieben hatte. Der Goingesama schaute ihn sich an und sagte dann: »*Mishara*, wie schön!« Er verstand sofort, dass dies mein neuer japanischer Name war. Auf dem Tisch lag der taschenrechnergroße japanisch-englische Übersetzungscomputer, diesen griff sich der Goingesama und tippte *shara* ein. Ich hatte die Silben *sha* und *ra* jeweils einzeln nachgeschlagen und eine Kombination außer Acht gelassen. Die Verbindung beider Zeichen brachte aber eine ganz neue Bedeutung hervor. Der Goingesama zeigte mir das Ergebnis: *Shara* stand für »Kamelienbaum«.

»Kennst du die Geschichte vom Kamelienbaum?«, fragte er mich.

»Nein, die kenne ich noch nicht.«

»Als der Buddha starb, wuchs aus der Mitte seines Körpers ein Kamelienbaum.«

Ich war sprachlos.

»Wer hat dir denn diesen Namen gegeben?«, fragte der Goingesama.

»Hirano, gestern Abend.«

Der Goingesama nickte. »Das ist ein sehr schöner Name.«

In diesem Moment trat Kokan ins Zimmer. Der Goingesama reichte ihm Hiranos Zettel. Kokan schaute darauf, danach zu mir, wobei er auf Deutsch zu singen anfing: »Am Brunnen vor dem Tore, da steht ein Lindenbaum ...« Ich schaute etwas erstaunt.

»Wusstest du, dass Bäume sehr wichtig waren in Buddhas Leben?«, fuhr Kokan fort. »Er fand seine Erleuchtung unter einem Bodhi-Baum, das ist eine Lindenart. Waren für die Germanen nicht die Linden heilige Bäume? Durften sie nicht ihre Entscheidungen nur unter einem Lindenbaum treffen?«

Das war mir neu; Kokan steckte voller Informationen. Aus welcher Schublade er wohl diese hervorgeholt hatte?

»Und der Shara-Baum wuchs aus Buddhas Herzen, als er starb. Ich nehme an, *mishara*, schöner Kamelienbaum, das ist dein neuer Name. Wer hat ihn dir gegeben?«

»Hirano«, antwortete ich.

Kokan nickte wie der Goingesama, sagte identische Worte: »Das ist ein wirklich schöner Name.«

Mir schien nicht, dass das abgesprochen war. Ich konnte mich also freuen. Es fühlte sich an wie ein Neubeginn, wie eine unerwartete Anerkennung. Der japanische Name gab mir Mut.

Ein paar Tage später kam Hirano zum Toyotaya; unter dem Arm trug er ein Paket. Darin eingepackt waren eine weiße Hose und eine Jacke.

»Es ist beim ersten Mal etwas schwierig, das anzuziehen«, sagte er.

Bislang hatte ich in einer Jogginghose trainiert, Kendō-Kleidung trugen nur die Kinder. Aber da ich nie einen Umkleideraum betreten hatte, wusste ich nicht, wie man diese Sachen trug.

»Zum Üben kannst du die Kendō-Hose über deine Hose ziehen, die du gerade anhast«, fuhr er fort.

Hirano freute es, dass er mich mit diesem Paket überrascht hatte. Ich packte also die Hose aus, und als ich sie in der Hand hatte, war ich mir nicht sicher, wie ich sie halten sollte. Ähnlich wie bei Cowboy-Hosen gab es keinen Bund. Man musste also in die weiten Beine einsteigen und das Ganze durch Bänder, die um die Taille gewickelt wurden, festbinden. Im oberen Bereich war die Kendō-Hose durch ein Stoffteil, in das eine leichte Platte eingenäht war, verstärkt. Rechts entdeckte ich auch ein kleines Detail, das mein Herz höherschlagen ließ: Mit einem roten Faden war mein neuer Name eingestickt. Doch was war vorne, was hinten? Dass die Beinkleider in Falten lagen, machte die Sache nicht leichter. Doch schließlich hatte ich es mithilfe von Hirano geschafft. Er hatte seine eigene Kendō-Ausrüstung mitgebracht, um mir das Anziehen besser zeigen zu können.

Wir standen die ganze Zeit über im Speisesaal. Hirano wollte auf keinen Fall den Eindruck erwecken, mit mir, einer jungen Frau, allein sein zu wollen, vor allem nicht bei einer so prekären Sache wie dem Anziehen von Kendō-Kleidung. In Sachen Etikette war er ein alter Hase.

Am einfachsten war es, die Jacke überzuziehen. Sie war aus dickem Baumwollstoff, hatte weder Knöpfe noch Reißverschluss und wurde leicht überlappend gebunden. Viele andere japanische Kleidungsstücke wurden auf ähnliche Weise getragen. Wichtig dabei war, dass die linke Seite über der rechten lag. Nur bei Toten wurde andersherum gebunden; diese Regel zu missachten, wäre einem schlimmen Omen gleichgekommen. (Man ist sehr abergläubisch in Japan.)

Nun wies Hirano mich an, die Hose noch einmal auszuziehen, denn sie wurde über der Jacke, die bis zur Mitte meiner Oberschenkel reichte, festgehalten. Die Beinkleider hatten auf der Seite einen Schlitz. Würde die Jacke darunter nicht so weit reichen, könnte man die nackte Haut sehen. Das musste verhindert werden.

Mit der Hose über der Jacke sah die Kendō-Uniform sehr elegant aus: der gerade Rücken durch die Verstärkung, die weiten Beinkleider, die streng gebundene Jacke. Hirano nickte anerkennend. Er gab mir noch den Tipp, unter der Jacke ein T-Shirt zu tragen, das mache man als Frau so.

Ich strahlte vor Freude, und Hirano ebenso. Ich konnte es kaum erwarten, die Kleidung beim Training zu tragen.

Bis der Rest der Ausrüstung, also der Brustpanzer, der Unterbauchschutz und die Handschuhe fertig waren, dauerte es noch eine Weile. Mein Schwert aber brachte Hirano zum nächsten Kendō-Termin mit, er hatte es im Kofferraum verstaut.

Diese Fahrt zur Turnhalle war anders als sonst: Ich trug meine Hose und meine Jacke, darunter auch ein T-Shirt, so wie es Hirano mir geraten hatte. Und mein Begleiter war gesprächig. Er erzählte mir von meinem Schwertkampftrainer: »Hiraoka-*sensei* hat den Kyu Dan, die neunte Stufe im Kendō erreicht. Es gibt nur wenige Männer in Japan, die derart weit fortgeschritten sind.«

Zum ersten Mal fragte ich Hirano, wie lange er selbst Kendō gelernt hätte. Ich hatte ihn das vorher nie gefragt, was aber mit unserer bisherigen Distanz zu tun hatte. Jetzt waren wir uns einen Schritt nähergekommen.

Meine Frage tat Hirano allerdings mit einer Handbewegung ab: »Ich habe seit Jahren kein Kendō mehr gemacht, ich kann das nicht besonders gut.« Mehr wollte er mir an diesem Tag nicht erzählen.

In der Turnhalle blickten die Kinder verstohlen zu mir hinüber. Die *henna gaijin* in einem weißen Kendō-Anzug! Aber keines der Kinder begrüßte mich. Ich war wohl immer noch die seltsame Frau aus der Fremde.

Nach dem Aufwärmen durfte ich zum ersten Mal zusammen mit den Jungen und Mädchen üben. Hiraoka-*sensei* stellte mich vor. Das reichte, um das Eis endlich zu brechen. Die Kinder schauten mich neugierig an, ein paar lächelten mir zu. Nach der Stunde fragten mich auch einige, woher ich käme und ob ich Englisch spreche. Nun gehörte ich dazu.

Laut Anweisung von Hiraoka-*sensei* hielten wir nun das Bambusschwert über unserem Kopf und schwangen es nach unten. Dabei drehten sich die Handgelenke nach innen, sodass in dem Moment, in dem das Schwert imaginär auf den Gegner aufprallte, ein zusätzlicher Schub entstand.

Nach diesen Trockenübungen schlugen wir auf einen ledernen Rammbock, immer in der Schrittfolge, die ich in den letzten drei Monaten geübt hatte. Es war wichtig, das Schwert im richtigen Moment herunterzuschwingen. Der Rücken musste dabei gerade bleiben, und die Kinder gaben in dem Augenblick, in dem sie mit dem Schwert zuschlugen, einen lauten Schrei von sich.

Mehrere Wochen vergingen so. Es war unglaublich, wie viel man bei einer anscheinend so leichten Übung falsch machen konnte. Aber Kendō ist ein stilisierter Schwertkampf, Körper und Geist werden dabei auf den Moment vorbereitet, in dem es notwendig sein würde, eine schnelle Entscheidung zu treffen. Dabei war es auch grundlegend, einen guten Stand zu haben. Um das zu garantieren, blieb man barfuß, auch wenn der Boden noch so kalt war.

Schließlich bekam ich die anderen Teile meiner Kendo-Ausrüstung, und die letzte halbe Stunde des zweistündigen Trainings übte ich in voller Montur. Dazu knieten sich alle der Reihe nach hin und zogen sich in einer fast feierlichen

Atmosphäre die Helme auf, die das Gesicht durch eine Gittermaske schützten, nach hinten aber offen waren. Bevor das passierte, wurde ein Tuch um den Kopf gelegt. Die Seiten des Helms standen wie zwei Flügel ab; sie sollten vor Schlägen, die auf den Hals abzielten, schützen. Den Brustpanzer anzulegen, war einfach, ebenso den Hüftgurt oder den Unterbauchschutz. Auf meinem stand genau in der Mitte mein neuer Name. Zum Schluss kamen die Handschuhe dran, steife Fäustlinge, die über den Handrücken und das -gelenk reichten.

Seit dem Tag, an dem meine Ausrüstung komplett war, durfte ich bei den Zweikämpfen mitmachen. Wir schlugen uns gegenseitig auf den Kopf, als wollten wir uns zweiteilen. Kurz bevor das Schwert aufprallte, wurde mit dem Handgelenk noch einmal Schwung ausgeübt.

Die ersten Male hatte ich Hemmungen, auf mein Gegenüber einzuschlagen. Einem Kind auf den Kopf hauen! Anfangs hatte ich gedacht, dass dies nicht wehtun würde. Dem war aber nicht so. Schläge auf den Kopf sind, trotz Maske, sehr unangenehm. Es fiel mir schwer, mich daran zu gewöhnen. Aber es hatte ja niemand gesagt, dass es einfach werden würde!

Nach weiteren Wochen schlugen wir uns auf die linke und rechte Schläfe, dort, wo das Gesichtsgitter in die Maske übergeht. Später zielten die Schläge auf den Brustschutz, die Arme, den Bauch.

Steckte ich in der Kendō-Ausrüstung, wirkte die Welt seltsam anonym und einsam. Fast alle Sinne wurden durch die Montur beeinträchtigt. Mein Blickfeld war eingeschränkt wie bei einem Pferd mit Scheuklappen: Ich konnte nur nach vorn sehen. Die Ohren waren durch die Maske bedeckt, die Hände durch die Handschuhe; die einzige direkte Verbindung zur Welt hatten die nackten Füße. Oft verstand ich Hiraoka-*sensei* nicht, denn ich hörte seine Befehle nur gedämpft, sodass ich ihren Sinn nicht erfassen konnte.

Ich dachte oft an *Gundam*, eine der erfolgreichsten japanischen Zeichentrickserien. Sie spielt zu einer anderen Zeit, auf einem anderen Planeten. Immer wieder kommt es zu Kämpfen, die mithilfe von riesigen, menschenähnlich gebauten Robotern ausgetragen werden. Bedient werden sie von jungen Männern und Frauen, die in kleinen Kammern im Kopf dieser Roboter sitzen. Sie sind geistig so mit ihm verwachsen, dass sie die monströsen Maschinen steuern, als seien die austeilenden Hände und Waffen Teile ihres Körpers.

Beim Kendō fühlte ich mich wie einer dieser Kämpfer, die im Innern der Kampfmaschinen saßen. Das Schwert trug ich nicht direkt in der Hand, sondern hielt es mithilfe von dicken Handschuhen. Die schmerzhaften Schläge, die ich erhielt, waren abgemildert. Es war eher, dass ich anfing, das zu tun, was ich erfühlte, als das, was wirklich passierte. Dadurch schien die eigentliche Welt weit weg zu sein. Ich sollte mich nicht auf sie konzentrieren, sondern auf ihre Schwingungen.

Einmal musste ich gegen Hiraoka-*sensei* kämpfen. Erst klopfte er mir auf den Kopf, danach auf die Hände, schließlich musste ich zuschlagen. Ich machte es nicht richtig, und er schrie mich an. Noch einmal zeigte er mir, wie ich es zu tun hatte, dabei haute er mit dem Schwert auf meine Hände, die in den Handschuhen steckten. Ich verstand noch immer nicht, was er mir sagen wollte. Er schlug weiter. Es fing langsam an zu schmerzen. Aber es war eher die Frustration, die mir Tränen in die Augen trieb. Frustration darüber, dass ich so hilflos dastand, meine Hände verprügelt bekam und nicht verstand, was ich besser machen konnte. Hiraoka-*sensei* hörte nicht auf zu schlagen, er trieb mich weiter. Er wollte damit erreichen, dass ich Kendō verstand: Ich musste meine Emotionen überwinden, mich selbst vergessen und reagieren.

Ein anderes Mal beschwerte sich Hiraoka-*sensei* bei mir, dass ich nicht schreie. Ich solle, so gab er mir zu verstehen, meinen Schrei finden und ihn im Moment des Zuschlagens herausschleudern. Ich schaffte es nicht. Obwohl ich für den Schrei nicht einmal Japanisch hätte beherrschen müssen, da er mein eigener Urschrei sein sollte, wollte er nicht raus. Es war mir schlichtweg peinlich.

An diesem Abend sagte Hirano auf dem Heimweg: »Du musst lernen zu schreien. Das ist eines der wichtigsten Dinge beim Kendō. Vielleicht ist es dir jetzt noch befremdlich, aber der Schrei muss aus dem Bauch herauskommen. Tief aus deinem Innersten. Du kannst das.«

Ich saß neben ihm und ließ die Lichter der Kleinstadt am Fenster vorbeitanzen. Ich hatte Angst vor meiner eigenen Stimme. Ich hatte keine Angst vor der Herausforderung mit dem Schwert. Ich hatte keine Angst vor den Schlägen, die wehtaten. Ich hatte Angst vor dem eigenen Ich.

Inzwischen war es Mai geworden, die Kirschblüten waren verblüht, es war warm und sonnig. Auch der Ginkgobaum trug wieder sein grünes Kleid. Im Kendō-Unterricht war der Boden der Sporthalle nicht mehr eisig kalt, im Gegenteil, unter der Rüstung wurde mir ziemlich warm. Durch das Schwitzen wurde ich allein vom Stehen in der Rüstung müde. Zum Glück war die Baumwolle der Jacke sehr saugfähig.

Eine Kendō-Ausrüstung fängt nach einiger Zeit stark zu riechen an. Das war mir schon bei Hiraoka-*sensei* aufgefallen, dieser strenge Geruch. Er erinnerte mich, auch wegen der Rüstung, an einen Hummer oder ein ähnliches Schalentier. Sein Gesicht – und sicher nicht nur das – war manchmal schweißnass. Ich wunderte mich über den Geruch, denn Sauberkeit hat bei den Japanern einen hohen Stellenwert. Wie ich schon im Kloster festgestellt hatte: Schön ist nur, was auch sauber ist. Und auch im Shintōismus spielte die Reinigung eine große Rolle. Aber hier, beim Kendō, schien eine dieser Inseln in der japanischen Kultur zu liegen, in der das anders gehandhabt wurde. Vielleicht gehörte es zur Tradition der Schwertkämpfer, dass der Mensch vornehmlich mit dem Geruchssinn wahrgenommen wird.

Ob ich mit der Zeit im Training besser wurde oder nicht, konnte ich kaum beurteilen. Es machte mir aber sehr viel mehr Spaß als am Anfang, und auf jede einzelne Stunde freute ich mich. Eines Abends sagte Hirano auf der Fahrt zum Kloster: »Ich will, dass du bei der nächsten Prüfung mitmachst. Den Ikkyu, den ersten Grad, ich glaube, du bist dafür bereit.«

Das spornte mich an. Ich trainierte zusätzlich jede Woche am Sonntagnachmittag, zusammen mit Hirano und Sakurai-san, einem Grundschullehrer, der regelmäßig in den Tempel kam. Hirano hatte ihn dazu überreden können. Wir trainierten im Freien auf einem Sportplatz in der Nachbarschaft; es war ein ganz neues Gefühl, den Wind zu spüren und die Füße auf dem Sandboden. Auch Hirano trug jetzt seine Kendo-Ausrüstung. Es stellte sich heraus, dass er nichts vergessen hatte und ein ausgezeichneter Kämpfer war. Durch diese Extrastunden mit den beiden ging es besser und besser. Aber Schreien, das schaffte ich immer noch nicht.

Eines Tages lud mich Hirano zu sich nach Hause ein. Seine Frau kochte, wir schauten auf seinen Garten. Langsam hatte ich mich daran gewöhnt, nicht viel mit ihm zu reden. Es war nicht wichtig, wir verstanden uns dennoch. Ich hatte angefangen, öfter mit seinen beiden Enkelinnen zu spielen. Ich kannte sie aus der Sonntagsschule, wo ich regelmäßig den von mir erwünschten Englischunterricht abhielt. Die beiden sechs- und achtjährigen Mädchen fehlten so gut wie nie. Es machte mir Spaß, mit ihnen hin und wieder nachmittags zum Spielplatz zu gehen. Mir fielen Spiele ein, die ich als Kind gern gespielt hatte. Meistens war ich der böse Drache und Hiranos Enkelinnen Piraten. Wir tobten und lachten viel. Manchmal sang ich ihnen ein englisches Lied vor, dass ich ihnen schon beigebracht hatte. Die beiden freuten sich immer sehr, mich zu sehen, und ich merkte, wie sich Hirano freute, dass ich mich so gut mit ihnen verstand.

Mit Hirano kommunizierte ich aber auf einer anderen Ebene als mit seinen Enkelinnen. Inwiefern die Zeit mit ihm mich den legendären Kämpfern nähergebracht hatte, es hatte auf einmal keine Bedeutung mehr. Vielleicht hatte ich gelernt, dass sie eben genau das sind, Legenden, und dass die

Wirklichkeit nicht aus ihnen besteht, sondern aus harter Arbeit und einem Durchhaltevermögen.

Am Tag der Kendō-Prüfung war ich sehr aufgeregt, aber es klappte alles. Ich bestand sie, auch wenn mein Schrei sehr bemüht war und nicht wirklich aus meinem Inneren kam. Hirano war während der Prüfung dabei. Als ich den Ikkyu erreicht hatte, schenkte er mir einen Siegelstempel mit meinem japanischen Namen.

Am Nachmittag meines Prüfungstags spielte ich mit den Mönchen Tischtennis. Es war das erste Mal seit vielen Jahren, dass ich wieder einen Schläger in der Hand hielt. Ich gewann. Die Kendō-Übungen hatten dazu geführt, dass ich schnell Entscheidungen treffen konnte, und ich merkte, wie das, was ich in den vielen Monaten gelernt hatte, mir auch in anderen Bereichen half. Und wenn es nur beim Pingpong war.

Als ich einige Jahre später meinen Sohn zur Welt brachte, hechelte ich in der Endphase der Geburt, wenn ich spürte, dass eine Wehe sich ankündigte. Ich musste dabei auf meinen Körper hören und den richtigen Moment abwarten. Bei der letzen Wehe schrie ich, tief. Der Schrei kam aus meinem Innersten. Ich merkte erst, dass ich geschrien hatte, als mein Sohn vor mir lag.

Ich hatte es geschafft, ich hatte meinen Urschrei gefunden.

yama = »Berg«

8 Ein Berg, eine dumme Idee und die Tengus

*»Auch jeden Abend nur den Sonnenuntergang suchen,
kann zur Erleuchtung führen.«*
Mari und Kawa, die zwei Alten vom Berg

I. In meiner Phantasie war ein Kloster auf einem Berg erbaut, von einer dicken Mauer umgeben, und wenn nicht gerade jemand vorbeikam, würde man nur den Wind durch die Bäume rauschen hören. Denn wo sonst, wenn nicht auf einem Berg, weit oben, sollte man zu klaren Gedanken gelangen. Man musste doch von allem getrennt sein, von oben herab auf die Welt schauen, um sich von ihr lösen zu können. Das machten die Taoisten so, Gary Snyder folgte ihnen darin, und selbst meine Eltern hatten sich in den Sechzigerjahren dem Alpenverein angeschlossen, um in der Bergwelt ihre Freiheit zu leben. Berge waren für mich das Schlüsselloch zu einem Tor, durch das ich schon spähen konnte, wozu mir der Schlüssel aber noch fehlte.

Einsamkeit plus Berg, plus der Wille, mehr verstehen zu wollen – für mein mathematisches Verständnis eine logische Gleichung mit einem positiven Ergebnis. Leider war ich in Mathe nie besonders gut.

Hinter der Stadt, zu der das Kloster gehörte, gab es einen kleinen Berg, den ich den Hausberg nannte. Wann immer es zwei oder drei Stunden gab, in denen nichts anstand, kletterte ich die steilen Waldpfade hoch bis zu seiner Spitze. Dort oben setzte ich mich neben einen verrosteten Kaffeeautomaten, den irgendwer auf diesem Gipfel abgestellt hatte, und schaute hinunter ins Tal, um schließlich, nach geraumer Zeit, wieder hinunterzuklettern. Es war nichts Spektakuläres, aber es tat gut, ab und zu dem Klosteralltag zu entfliehen, hinunterzublicken auf die fremde Welt da unten, die jetzt meine war. Nur ein einziges Mal traf ich in dieser Höhe auf einen anderen Menschen, einen *shakuhachi*-Spieler, der auf seiner japanischen Flöte eigenartige Lieder spielte. Ich hätte schwören können, dass die Krähen in der Luft zu seinen Tönen ihre Flügel bewegten. Ich selbst blieb in einigem Abstand zu dem Mann und entfernte mich irgendwann wieder von ihm, ohne ihn gegrüßt oder ihm überhaupt mitgeteilt zu haben, dass ich da war. Es war ein schöner Moment gewesen.

Die meisten der größeren japanischen Klöster hatte man tatsächlich auf Bergen errichtet. Auch in China, von wo aus der Buddhismus nach Japan gelangte, waren die wichtigsten Stätten dieser Art vor allem in einsamen Bergregionen zu finden und nicht inmitten der Städte.

Das Hauptkloster der esoterischen Shingon-Schule zum Beispiel steht auf dem Berg Kōya. Von Tokio aus ist man schneller auf Hawaii als in diesem Kloster, da es vollkommen versteckt in den Bergen der Präfektur Wakayama liegt. Dennoch lesen sich die Namen auf den Gräbern des Klosters wie ein *Who's Who* Japans. Die Entfernung zu menschlichen Siedlungen tat dem Einfluss dieses Klosters keinen Abbruch. Im Gegenteil: Die Reise dorthin war schon ein langsames Loslösen von den Lasten der Welt – und diese Erfahrung verbreitete sich.

Mein Kloster aber stand weder auf einem Berg noch in einer einsamen Landschaft. Es lag an einer Marktstraße, und täglich fuhren hupende Taxis am Haupttor vorbei. In der Stille der Dunkelheit konnte man den Zug vorbeirattern hören. Zum Leidwesen aller Klosterbewohner befand sich in einem Nachbarhaus auch noch eine Halle mit Glücksspielautomaten. Deren ewiges Geklicke war bis tief in die Nacht hinein zu hören.

Immer wieder kam ich ins Zweifeln, ob dieser Ort, diese Mischung aus Altersheim und Studentenwohnheim, für mich richtig war. Auch wenn ich hervorragenden Unterricht in den Traditionen Japans erhielt, ich hatte mir alles spiritueller vorgestellt, mehr auf Zen ausgerichtet. Im Geiste ging ich wieder und wieder all die Bücher und Autoren durch, die für mich immer eine Quelle der Inspiration gewesen waren. In Kerouacs *Gammler, Zen und hohe Berge* gibt es eine Szene, in der von Japhy Rhyder (Gary Snyder) erzählt wird. Rhyder/Snyder hatte einen Sommer lang in einem Feuerwachturm im Norden Kaliforniens zugebracht und dort Gedichte geschrieben. In der Stille und Abgeschiedenheit war er zu vielen Einsichten gelangt, die ihn sein Leben lang beeinflussen sollten. Auch der Norweger Knut Hamsun war viel in der Wildnis unterwegs gewesen und hatte sich durch seinen Lebensstil als Vagabund von allem gelöst. Ich erinnerte mich an den amerikanischen Philosophen Henry David Thoreau, der viel Zeit allein in einer Hütte zugebracht hatte, und sogar mein literarischer Guru J. D. Salinger soll die Abgeschiedenheit des Landlebens bevorzugt haben. Die Liste war noch nicht zu Ende: Der Japaner Kamo no Chōmei war um das Jahr 1000 n. Chr. von Kyōto aus in die Berge in eine kleine Behausung gezogen, um von dort aus über das Leben nachzudenken. Dabei entstand der Klassiker *Aufzeichnungen aus meiner Hütte*. Ich hatte eine große Sehnsucht nach einer ähnlichen Erfahrung. Stattdessen war ich tagtäglich von schürzetragenden Matronen umgeben, die darauf bedacht waren, dass das Essen pünktlich auf den Tischen stand – und diese hinterher wieder sauber waren. Ich selbst hatte mich bisher erfolgreich geweigert, eine solche Schürze tragen zu müssen.

Es wurde Herbst. Meine Freundin Anne sollte erst zum Ende des Winters kommen. Bis dahin schien es noch eine lange Zeit zu sein. Es war noch immer warm, aber die drückende Schwüle des Sommers war einer angenehmeren Luft gewichen. Über der kleinen Stadt leuchtete ein Himmel in einem Blau, wie es nur in Japan zu finden ist. Der Ginkgobaum im Garten vor dem Haupttempel färbte sich langsam gelb. Zum Nachtisch gab es jetzt öfter Khaki-Früchte, die orangefarben leuchteten. Die Blumengestecke am Eingang zum Speisesaal hatten eine deutlich herbstliche Anmutung: Astern und Gräser. Und wenn ich morgens durchs Haupttor trat, konnte ich nun folgenden Spruch lesen: »Das Buddha-Dharma ist Handeln und Übung. Du musst es mit deinem ganzen Körper lernen. Es reicht nicht, es auswendig aufsagen zu können oder es rein intellektuell zu erfassen.«

Es gefiel mir, dass sich langsam etwas veränderte, dass die Wandlungen in der Natur nicht vor den Klostertüren haltmachten. Es war ein Beweis dafür, dass die Zeit verstrich, und es wurde mir bewusst, ohne die Tage zählen zu müssen, dass ich schon eine Weile hier wohnte. Insgesamt drei Monate. Eigentlich war ich sogar stolz darauf, dass ich noch nicht aufgegeben hatte.

Bald würde ein großes Fest anstehen, das Herbst*hihan*, die Herbst-Wende, jene Zeit, in der Nacht und Tag genau gleich lang waren. Es sollte meine erste große Feier im Tempel werden, und es hieß, dass Anhänger von überall anreisen würden. Doch bevor es so weit war, wurde ein Ausflug geplant – in die Berge!

»Wir fahren zusammen fort, um die leuchtenden Herbstfarben zu sehen.« Jun, der Hausmeister, verkündete diese Nachricht, als ich wieder einmal zwischen den Kieselsteinen im Garten herumkroch und Unkraut jätete – wobei ich manchmal noch immer nicht das gewünschte Moos vom Unkraut unterscheiden konnte.

»*Tanoshiminishimasu*, ich freue mich«, antwortete ich lächelnd, denn ich wusste, dass dieses Wort immer gut ankam. Warum man irgendwohin fahren musste, um Herbstlaub zu sehen, war mir nicht ganz klar, aber hier im Kloster regelte sich früher oder später alles von selbst, das wusste ich schon.

Als ich mit dem Unkraut fertig war und in die Küche ging, um nachzusehen, ob ich dort helfen konnte, kam mir Ayumi entgegen. Ausnahmsweise lächelte sie mich an. »Wir werden gemeinsam Herbstblätter sammeln gehen«, sagte sie. Bei ihr war der Ausflug natürlich mit einer Aufgabe verknüpft. »Herbstblätter sammeln« klang jedenfalls arbeitsintensiver als »Herbstlaub betrachten«.

»*Tanoshiminishimasu*«, erwiderte ich mit einem Lächeln, diesmal aber mit einem aufgesetzten.

Als mir kurz darauf Frau Yoshida ausrichtete, dass sie sich auf den Klosterausflug freue, denn so könne man in der Gemeinschaft den Herbst genießen, meinte ich zum dritten Mal: »*Tanoshiminishimasu.*«

Es war höchste Zeit, Wado aufzusuchen, um herauszufinden, was eigentlich der Sinn dieser Tour war. Auf dem Weg zu ihm begegnete ich noch zwei weiteren Klosterbewohnern, die ebenfalls strahlten, weil sie bald mit mir bunte Blätter ansehen könnten.

Wado saß wie gewöhnlich im Büro an einem Computer. »*Ah, yokatta, ne*, das ist gut, oder?«, sagte er zu mir, als er mich sah. Ich blickte ihn etwas verwundert an. Aber natürlich wusste er schon, was jeder wusste.

»Was ist denn damit gemeint, wenn alle sagen, dass sie mit mir Herbstlaub ansehen wollen?«, fragte ich.

»Hast du es denn nicht mitbekommen? Heute bei der Morgenandacht? Soshin hat doch gesagt, dass jeder, der will, am Samstag zum Berg Hiko mitfahren kann, um dort Herbstlaub für das große *hihan* zu sammeln.«

Ich musste zugeben, dass ich im *otsutome* wieder auf Autopilot geschaltet hatte. Zu dieser frühen Morgenstunde war ein derartiger Wortschwall auf mich niedergeprasselt, dass ich irgendwann nicht mehr zuhörte. So hatte ich auch nur am Rande mitbekommen, wie mir plötzlich alle zulächelten. Erst jetzt wurde mir ihre Reaktion klar: Sie hatten sich alle für mich gefreut, dass ich die Gelegenheit bekommen sollte, in ihren japanischen Herbst eintauchen zu können. Ich sollte die bewaldeten Hügel zu sehen bekommen mit ihrem einzigartigen Farbspiel in Rot und Gelb.

Jetzt freute auch ich mich auf diesen Ausflug! Ein echter Farbklecks in meinem Klosterleben, und das nicht nur wegen der bunten Herbsttöne. Endlich durchbrach etwas den *Und-täglich-grüßt-das-Murmeltier*-Rhythmus. Statt nach dem Aufwachen zum Tempel zu gehen, hinzuknien, zu frühstücken und danach Aufgaben zu erledigen, winkte nun eine Abwechslung. Eine kleine Reise!

Wado gab mir noch ein paar Informationen: Das Kloster hätte auf dem Berg Hiko einen Ableger, dieser läge zwei Stunden Fahrtzeit mit dem Bus entfernt. Dort, so erklärte er weiter, würden Mari und Kawa wohnen, ein kinderloses Ehepaar. Als ich Näheres über die zwei Klostermitglieder wissen wollte, die allein dort oben wohnten und quasi eine religiöse Bastion hielten, schaute mich Wado verwundert an.

»Mari war heute Morgen im *otsutome*. Sie hat dich doch begrüßt«, sagte er.

Dunkel konnte ich mich daran erinnern, dass mir eine ältere Frau vorgestellt wurde, aber da ich im Kloster täglich Bekanntschaft mit neuen Leuten machte, passierte es leicht, dass die immer freundlichen Gesichter in meinem Geist miteinander verschmolzen. Halt, Wado hatte recht, da war eine Frau gewesen, die etwas Verschmitztes ausstrahlte, deren Augen etwas zum Ausdruck brachten, das mir gefiel. Und sie hatte nicht nervös oder aufgeregt gewirkt, wie es oft der Fall war, wenn man mich, die Fremde aus dem Westen, begrüßte. Aber ein richtig deutliches Gesicht hatte ich noch immer nicht vor mir.

»Mari hat früher die Ekaisama gepflegt. Jetzt kommt sie regelmäßig vorbei, um nach dem Rechten zu sehen«, erklärte Wado.

»Wie? Was heißt das: ›nach dem Rechten sehen‹?« Ich hatte angenommen, dass die Ekaisama, die damals das Gerücht in die Welt gesetzt hatte, dass ich oder jemand wie ich im Kloster erscheinen würde, schon längst tot sei.

»Na ja, nach der Ekaisama sehen.« Wado blickte mich immer noch verwundert an.

»Was muss denn da gemacht werden?« Mit dieser unbestimmten wie auch unbeholfenen Frage wollte ich vermeiden, in irgendein weiteres Fettnäpfchen zu treten.

»Sie wohnt doch da oben, im Toyotaya. Und nach wie vor ist ihr Besuch willkommen.«

Um Konkreteres zu erfahren, musste nun auch ich konkreter werden. »Wie, sie wohnt da oben? Du meinst doch nicht etwa …?«

»Klar, die Ekaisama lebt im obersten Stock des Toyotaya und bewacht von dort oben unsere Geschicke.« Wados Erstaunen war deutlich größer geworden.

»Aber ich dachte, sie sei längst tot!«

»Natürlich nicht. Es ist gut, dass sie noch hier ist, hier bei uns. Aber sie ist ziemlich schwach.«

In den nächsten Minuten erfuhr ich, dass Mari jahrelang so etwas wie die persönliche Dienerin oder Assistentin der Ekaisama gewesen war. Seit sie die Führung des Klosters an den Goingesama abgetreten hatte, hatte sie sich in den obersten Stock des Toyotaya zurückgezogen und wachte im Stillen über die Gemeinschaft. Ich stellte sie mir als zahnlose, selig lächelnde Frau vor, die in einer fast göttlichen Ruhe mit gebirgsbachklarem Verstand in einem Bett lag und von all dem wusste, was im Tempel passierte. Ich selbst sollte sie nie kennenlernen.

Mari, so erzählte Wado weiter, käme in regelmäßigen Abständen vom Berg Hiko angereist und würde die weise Ekaisama besuchen. Nicht viele Leute dürften das. Mari würde meist allein den Weg auf sich nehmen. Ihr Mann Kawa hüte dann das Haus und den Garten.

Später, beim Mittagessen, traf ich Mari wieder, und sobald ich sie sah – ein fremdes Gesicht unter den mittlerweile bekannten im Speisesaal –, wusste ich sie einzuordnen. Ich hatte sofort das Gefühl, sie zu mögen. Sie lächelte mir nur zu und sagte, dass sie sich auf meinen Besuch auf dem Berg freue. Diesmal sagte sie: »*Tanoshiminishimasu.*« Dabei blinzelten ihre Augen freundlich. Sie hatte eine lustige breite Nase, kurz geschnittenes, fast jungenhaftes Haar und einen etwas schiefen Mund – was ihr wohl dieses leicht schelmische Aussehen verlieh. Ein wenig sah sie aus wie jene Mumins aus den Kinderbüchern der Finnin Tove Jansson. Sie trug eine bequeme Hose mit Karomuster und ein dünnes Strickhemd mit einem sonderbaren Rüschenkragen.

Zu einem weiteren Wortwechsel kam es nicht zwischen uns. Aber langsam sehnte ich den anstehenden Ausflug regelrecht herbei.

Dann war es endlich so weit. Das Wetter hätte nicht schöner sein können. Kein Wölkchen war am Himmel zu sehen, und man musste nur hinaufschauen, in das leuchtende Blau, um ein Fünkchen Glück in sich zu verspüren.

Ein großer Bus war gemietet worden und wartete nach dem Frühstück vor dem Toyotaya. Aufregung lag in der Luft, auch alle anderen freuten sich auf den Ausflug. Ein paar der Damen liefen wie aufgescheuchte Hühner umher, weil sie glaubten, dies und jenes vergessen zu haben. Vielleicht gehörte ein solches Verhalten aber auch nur zu einem ereignisreichen Tag wie diesem dazu. Herrn Sato war aufgetragen worden, neben mir zu sitzen, um alles, falls nötig, auch auf Englisch erklären zu können. Er trug, passend zum Anlass (aus seiner Sicht), einen weißen Anzug und weiße Schuhe. Für mich sah er aus, als wolle er zu einem Poloturnier gehen.

Von den Mönchen kamen zu meinem Bedauern nur einige ältere mit. Wado und die anderen jüngeren Männer hatten keine Zeit, da sie bestimmte Pflichten erledigen mussten. Ich hatte insgeheim gehofft, dass der eine oder andere von ihnen an diesem Ausflug teinehmen würde und dass wir in ausgelassener Atmosphäre, im Angesicht der bunten Herbstfarben, auch ein paar lustige oder wenigstens ganz »normale« Worte miteinander wechseln könnten – so wie Gleichaltrige das tun. Zu gern hätte ich erfahren, was in ihren Köpfen vorging. Aber dieser Tag bot dazu offensichtlich keine Gelegenheit.

Während im Bus gleich nach dem Start ein fröhliches Geschnatter einsetzte, klärte Sato mich darüber auf, dass wir zunächst auf den Berg Hiko fahren und dort in dem Haus von Mari und Kawa zu Mittag essen würden. Danach könne man den Schrein des Shintō-Heiligtums besuchen oder aber im Garten Herbstblätter einsammeln und Blumen pflücken. Man würde auch Zweige der Kiefer schneiden, damit diese während des *hihans*, das eine Woche nach unserem Ausflug stattfinden sollte, frisch auf dem Altar stehen konnten. Vor der Abfahrt wolle man noch gemeinsam eine heiße Quelle besuchen und darin baden. So weit hatte ich Sato zugehört. Das Summen des Motors machte mich jedoch müde, und meine Augen fielen einfach zu. Ich glaube, Sato erging es nicht anders.

Als ich wieder erwachte, fuhren wir eine Bergstraße hinauf. Der Bus schaffte manchmal kaum die engen Kurven. Die Landschaft hier sah völlig anders aus als ich sie von der kleinen Stadt, in der ich jetzt wohnte, her kannte. Weiter unten im Tal hatte sich ein Fluss zwischen den bewaldeten Bergen ein Bett gegraben, die Hänge waren eine grüne Hölle, bedeckt mit dichtem Untergestrüpp. Das musste das Berggemüse sein, das man als Beilage zu den Sobanudelsuppen zu essen bekam. Sie hatten immer einen leicht bitteren Geschmack, waren aber voller Heilkräfte – so wurde mir jedenfalls versichert.

Immer weiter schob sich der Bus hinauf, und irgendwann waren wir oben angelangt. Mitten in dieser Wildnis gab es einen großen Parkplatz, auf dem wir hielten. Auf einigen gemalten Schildern erkannte ich die Schriftzeichen für »*hikosan*«, den Berg Hiko, und in der Ferne, zwischen hochgewachsenen Zedern, konnte ich auch ein großes Shintō-Heiligtum anhand eines markanten und riesigen Holzdachs ausmachen.

Als wir ausgestiegen waren, führte Kokan die Gesellschaft zu einem Haus, das versteckt zwischen hohen Gräsern, rot gefärbten Ahornbäumen und Rhododendronbüschen stand.

Geröllsteine, die rechts am geteerten Weg aufeinandergelegt waren und zwischen deren Ritzen viel Grünes hervorwucherte, riefen den Eindruck hervor, als ob man durch eine Schlucht auf das Haus zulaufen würde. Ein typisch japanisches Gartentor aus Holz und mit einem Strohdach versehen markierte den Eingang. Immer wieder hörte ich ein »Ah« und »Oh«, denn auf der kurzen Wegstrecke wurde jedes besonders hübsche Herbstlaub von den Mitgliedern der Reisetruppe bestaunt. Immer wieder schauten sie mich erwartungsvoll an, wollten in Erfahrung bringen, wie ich das alles empfinden würde. Da ich noch ganz verschlafen von der Fahrt war, bemühte ich mich, aufgeweckt zu erscheinen. »*Ii naa!*«, rief ich von Zeit zu Zeit aus. »Ist das schön!«

Bevor wir am Gartentor angelangt waren, wurde es von einem Mann geöffnet, der uns begrüßte. Das musste Kawa sein, Maris Mann. Er war klein, selbst für japanische Verhältnisse, und hatte eine ungewöhnlich gerade Haltung. Sein genaues Alter konnte ich in seinem Gesicht nicht ablesen, aber er war auf alle Fälle nicht mehr der Jüngste. Dieser lausbubenhafte Zug, wie ich ihn schon von Mari kannte, der war jedoch deutlich zu erkennen. Wenn Paare, die lange zusammen sind, sich immer ähnlicher werden sollen, dann konnte man Kawa und Mari als ein hervorragendes Beispiel anführen. Kawa trug eine dicke Brille, die im oberen Bereich einen dicken schwarzen Rand hatte (bei Chuck Berry hatte ich einmal eine solche gesehen), und einen Haarschnitt, wie ihn amerikanische Baseballspieler in den Sechzigerjahren bevorzugten – nur dass seine Haare mittlerweile grau waren. Er gefiel mir auf Anhieb. Kawa verbeugte sich und bat uns einzutreten, dabei hatte er ein Grinsen im Gesicht, das von einer Wange zur anderen reichte.

Das Haus war geräumig und erinnerte mich an eine japanische Version einer modernen Alpenvereinshütte. Es musste erst vor einigen Jahren gebaut worden sein, ein großer, weißer und schmuckloser Kasten inmitten herrlicher Natur. Mir war nicht ganz klar, ob sich hier Mitglieder des Klosters manchmal trafen, um Dinge zu besprechen, ohne dabei vom Alltag gestört zu werden, oder was genau die Funktion dieses Gebäudes war. Aber es war offensichtlich für die Übernachtung mehrerer Menschen konzipiert worden. Eine Antwort erhielt ich an diesem Tag nicht – erst viel später erfuhr ich von der Bedeutung dieses Hauses, in einem Gespräch mit einer Fürstin aus einem alten Adelsgeschlecht. Sie war eine Nachfahrin des Daimyōs, dessen gefallene Soldaten vom damaligen Priester des Klosters beerdigt worden waren. Ich begegnete ihr, als sie zum Dank dafür das Feuer des Vulkans im Kloster zum *hihan*-Fest vorbeibrachte. Sie erzählte mir, wie zur Meiji-Zeit (1868–1912) der Buddhismus in ganz Japan unterdrückt worden war, weil er als eine aufgesetzte Religion galt und nicht als so rein angesehen wurde wie die des Shintōs. Viele Klöster, vor allem die auf den Bergen gelegenen, wurden geschlossen; ihre Reichtümer zog der Staat ein. Die Vorfahren der Fürstin aber unterhielten heimlich diese kleine buddhistische Bastion auf dem Berg Hiko. Sie waren die *danna* für diese Einrichtung, die Geldgeber und Unterstützer. Das Haus war eine Manifestation des persönlichen Glaubens dieser Fürstin, die sich als vorläufig letztes Mitglied ihrer Familie dazu auserkoren fühlte, den Buddhismus auf diesem Berg weiterleben zu lassen.

Mari wartete auf uns im Eingangsbereich des Hauses. Als ich eintrat, lächelte sie mich an. Alle waren jetzt erst einmal damit beschäftigt, sich die Schuhe auszuziehen, und einer nach dem anderen schritt barfüßig an Mari vorbei und begrüßte sie. Ich blickte noch einmal zu den Treppenstufen vor dem Eingang. Fünfzig Paar Schuhe standen dort ordentlich nebeneinander. Meine waren leicht zu erkennen – ich trug jetzt nur noch halbhohe Schuhe zum Reinschlüpfen. Schuhe mit Schnürsenkeln vermied ich, sie waren mir zu umständlich. Bei anderen Veranstaltungen, denen ich außerhalb des Klosters beigewohnt hatte, hatte jeder Gast eine Nummer erhalten, die er sich an die Schuhe heften konnte, um sie wiederzuerkennen. Innerhalb des Klosters schien man anscheinend ohne eine solche Hilfe auszukommen, wenn sich auch einige Schuhe verdächtig ähnlich sahen. Ich musste in solchen Situationen immer an eine Geschichte denken, die ich in London gehört hatte. Als in Japan der erste Zug mit Passagieren vom Bahnhof in Tokio losfuhr, blieben am Bahnsteig Hunderte von Schuhen zurück. Die Japaner hatten sie ausgezogen, bevor sie die Waggons betraten. Als sie in Yokohama ankamen, standen sie alle auf Strümpfen da – wie diese Situation gerettet wurde, hat mir bisher leider niemand erzählen können.

Wir sammelten uns in einem langen Raum, der mit Tatami-Matten ausgelegt war und dessen eine Wand komplett aus Schiebefenstern bestand, die sich zum Garten öffneten. Am kurzen Ende des Saals war ein Schrein aufgebaut, ein schwarzer Kasten mit einer Goldverzierung, der wie eine Miniaturversion jenes Schreins erschien, der im Haupttempel des Klosters stand. Wir knieten uns nun vor dem Schrein nieder, ganz vorne saß Kokan und gleich hinter ihm ein paar der Männer, die auch im Tempel immer die vorderen Plätze einnahmen. Alle hatten ihre *ojuzu*, ihre Gebetsketten, herausgeholt und verbeugten sich. Kawa zündete ein Räucherstäbchen an, öffnete die Türen des schwarzen Kastens und kniete sich anschließend neben Kokan nieder. Auch in diesem Schrein war eine goldene Statue von Amida Buddha. Wieder verbeugten sich alle. Kokan schlug eine Messingschüssel an, wie es ebenfalls während der Zeremonien im Kloster getan wurde. Er erhob die Stimme und sang eine Sutra. Alle stimmten mit ein, ich ebenfalls. Es war gleichsam eine Begrüßung an das Haus, ein Zeichen dafür, dass wir angekommen waren, mithin ein Dankeschön. Kawa stand erneut auf und schloss die Türen des Schreins.

Nachdem er das vollbracht hatte, drehte sich Kokan zu uns um und hielt eine kleine Ansprache. Dass es jetzt wieder Herbst sei, dass wir alle hierhergekommen seien, um den Tag zusammen zu genießen, an diesem Ort, der eine so wichtige Tradition hätte. Weiterhin sagte er, er freue sich, dass ich mit dabei sein könne, und wie dankbar wir alle sein sollten, hier bei Mari und Kawa Gast zu sein. Danach sprach er ein »*Namanda*«, und alle stimmten ein. Von überall her kam dieses kleine, dankbare »*Namanda*«, mit dem ich mich noch immer schwertat.

Nachdem das letzte »*Namanda*« verhallt war, wurde es plötzlich lebendig. In einer Ecke des Raums hatten kleine, flache Klapptische zusammengefaltet an der Wand gestanden, daneben waren Kissen gestapelt. Jeder half mit, die Tische aufzustellen und daraus lange Reihen zu bilden. Im Handumdrehen war aus dem Ort des Gebets ein Speisesaal geworden. Einige Frauen waren in die Küche gehuscht und kamen mit schwarzen Holzkästen zurück – natürlich auch zum Stapeln –, darin befand sich unser Mittagessen. Jeder praktisch veranlagte Mensch hätte seine Freude daran gehabt.

Die Kästen wurden auf den Tischen platziert sowie auch Gläser und große blecherne Teekannen, die mit *mugicha*, einem gerösteten Getreidetee – nicht unähnlich dem deutschen Nachkriegs-Muckefuck – gefüllt waren. Die Männer knieten sich zuerst auf die vor den Tischen ausgelegten Kissen. Ich half mit, wo ich nur konnte. Endlich saßen alle, und mit den bekannten »Ohs« und »Ahs« wurden die Deckel von den Kästen gehoben. Das war Obento – japanisches Essen in einer Lunchbox – vom Feinsten! In verschiedenen kleinen Kästchen, die sich in den großen Kasten einfügten, waren die Speisen angeordnet worden. In einem lag ein gewickeltes Ei, in einem anderen ein Stückchen gebratener Lachs, ein Würfel Tofu mit frischem Ingwer in einem dritten Kästchen, eine graue, gekochte Bergkartoffel daneben, darüber etwas Spinat mit Sesam bestreut. Weiterhin entdeckte ich Wurzelgemüse in Streifen geschnitten und zwei Scheiben Lotuswurzel. Mitten in dem Kästchenensemble ruhte ein rotes Ahornblatt, frisch gepflückt.

Es war Mari gewesen, die sich diese ganze Mühe gemacht hatte. Um sie zu unterstützen, war vorher eine Frau aus dem

Kloster zu ihr gereist. Die beiden mussten bestimmt zwei Tage damit zugebracht haben, um dieses Mahl vorzubereiten. Dabei sah es so aus, als hätte nie jemand auch nur einen Finger dafür krumm gemacht, als sei keine Arbeit damit verbunden gewesen, als wäre einfach alles so geschehen.

Wie üblich sprachen die Japaner beim Essen wenig, doch nachdem man es beendet hatte, fingen sie zu reden an. Frau Sato, die neben mir saß, versuchte auch etwas zu sagen: »Tofu aus den Bergen ist so köstlich.«

»Warum?«, fragte ich. Die richtige Antwort wäre *so desu ne* gewesen, »ach ja«. Aber ich hatte diese Angewohnheit, alles zu hinterfragen.

Frau Sato schaute mich irritiert an; diese Wendung des Gesprächs hatte sie nicht erwartet. Vielleicht bereute sie es schon, überhaupt eines mit mir angefangen zu haben. Doch am Ende entschied sie, dass sie es wohl mit einer Person zu tun hatte, die es genau wissen wollte. Also antwortet sie: »Weil das Wasser in den Bergen so klar ist. Es gibt Gegenden, die berühmt sind für ihren Tofu.«

Für mich war bis dahin Tofu einfach nur Tofu gewesen, aber sie hatte recht. Dieser Bohnenquark hier war wirklich gut. Und seit diesem Mahl in den Bergen achtete ich auf den Geschmack der weißen Sojamasse – und konnte tatsächlich markante Unterschiede feststellen. Den Tofu, den man in Deutschland zu kaufen bekommt, ist nicht mit den japanischen Varianten zu vergleichen. Das ist, als würde man abgepackten Gouda mit französischem Camembert vergleichen wollen. Selbst der einfache Tofu, der in Japan in Supermärkten angeboten wird, ist ein Gaumenschmaus, wenn man ihn dem deutschen Tofu gegenüberstellt.

Ich beobachtete, wie Kawa nun mit einer Flasche Sake durch die Reihen ging und jedem eingoß, der ihm sein Glas entgegenhielt. Der Reiswein war von einer örtliche Brauerei, und Sato, der sich zu uns gesetzt hatte und von seiner Frau eine Zusammenfassung unserer Konversation über den Tofu erzählt bekam, erklärte mir, dass das Bergwasser auch für

Sake besonders gut sei. Ich kostete einen Schluck – und empfand ihn als leicht und würzig.

Da ich merkte, wie mich das Essen träge machte, half ich den Frauen, die Obento-Kästen wieder einzusammeln und in die Küche zu tragen. In dieser stand eine jener Thermoskannen, die in Japan zu jeder Gemeinschaftsküche und auch in jeden Haushalt gehören. Man kann in ihnen Wasser elektrisch aufheizen, das dann auch warm bleibt. Mit diesem heißen Wasser rührte ich mir einen Kaffee an. Wie überall in Japan entdeckte ich auch hier eine Dose Nescafé, Milchpulver und Zucker, alles portionsweise verpackt.

Als ich wieder in den größeren Raum zurückkam, waren sämtliche Tische schon wieder zusammengeklappt und die Kissen gestapelt. Unsere Reisegruppe wurde jetzt aufgeteilt: Die einen blieben bei Kawa und Mari im Garten, um Herbstlaub für die Tempeldekoration zu sammeln, während die anderen sich, geführt von Kokan, den Schrein anschauen wollten. Es war keine Frage: Ich musste, von Sato begleitet, zum Schrein.

Schreine in Japan sind immer ein Erlebnis. Sie gehören zur Shintō-Religion, und allein ihr Betreten durch das große rote Tor ist eine zeremonielle Handlung. Es ist dieses Tor ohne Türen, das viele Reiseführer über Japan ziert. Ein runder Zedernstamm auf jeder Seite, oben von zwei eckig geschnitzten Stämmen abgeschlossen, von denen der eine über die Standstämme hinausschaut. Obwohl ich schon über drei Monate im Kloster lebte, war es das erste Mal, dass ich einen Schrein besuchen sollte. Dabei gab es in der Umgebung des Klosters viele der kleinen Nachbarschaftsschreine, kaum größer als ein Sicherungskasten der E-Werke, die in Deutschland manchmal am Rande einer Straße stehen. Solche Schreine waren mitunter schon vor Jahrhunderten aufgestellt worden, ähnlich der Kapellen und Wegkreuze in katholischen Gegenden, und erinnerten daran, dass hier, an dieser Stelle, eine Gottheit, eine japanische *kami*, wohne. War ein solcher Nachbarschaftsschrein gepflegt, konnte man davon ausgehen, in einer guten Umgebung zu sein. War er es nicht, gruselten sich Japaner oft davor und machten, dass sie schnell weiterkamen. Jetzt befand ich mich aber vor einem der großen Schreine, der einer großen Gottheit gewidmet war, der *kami* des Berges Hiko.

»Komm hier herüber.« Sato, mein persönlicher Kommentator, winkte mir zu.

Zusammen mit den anderen ging ich zu einem überdachten Platz, in dessen Mitte sich ein eingefasster Brunnen befand, aus dem frisches Wasser sprudelte. Sato schritt zu dem Brunnen, nahm eine dort herumliegende Wasserkelle in die linke Hand, tauchte sie in das Wasser ein und übergoss mit dem Nass seine rechte Hand. Danach wechselte er die Kelle in die andere Hand und wusch damit die linke. »So macht man das«, sagte er zu mir, und es klang wie eine Aufforderung, ihm darin zu folgen.

Was ich auch sogleich tat.

»Stopp, stopp!«, rief Sato.

Ich hielt augenblicklich inne. Irgendetwas schien ich falsch gemacht zu haben.

Er zeigte es mir noch einmal. Aha, so war das gemeint. Ein kleiner Schönheitsfehler meinerseits. Sato hielt beim Waschen seine Hände außerhalb des Brunnens, während ich meine über ihm gesäubert hatte. Wie ich später lernen sollte, war das auch kein kleines Missgeschick, sondern ein ziemlich großer und grober Fehler. Das Waschen der Hände symbolisiert die rituelle Reinigung, der sich jeder zu unterziehen hat, bevor er den Schrein betritt. Mit einem Waschen meiner Hände über dem Brunnen hatte ich das Wasser für alle schmutzig gemacht. Das war wieder eines der vielen kleinen Dinge, die ich als Mensch aus dem Westen übersah, obwohl ich mich bemühte, genau hinzuschauen.

Beim zweiten Anlauf machte ich es richtig, dies verriet die Tatsache, dass Sato seinen Fotoapparat hervorholte und ein Bild von mir aufnahm, wie ich das Wasser über meine Hände goss. Ich musste die Prozedur noch drei-, viermal wiederholen, weil andere Mitreisende auch Aufnahmen von mir in dieser Situation machen wollten. Kokan klatschte nur in die Hände und lachte. Haha.

Er führte uns nun durch ein weiteres Tor, und kurz danach standen wir auf dem Hauptplatz, direkt vor dem Schrein. Das Gebäude war beeindruckend. Er war vollkommen aus Holz gebaut und hatte ein langes, tief nach unten gezogenes Dach. Alles war rot lackiert. Kokan erläuterte mir in seinem Stakkato-Japanisch, dies sei einst auch ein buddhistischer Ort gewesen, ein Pilgerort sogar, jetzt aber rein shintōistisch. Er wusste einfach immer alles. Ich konnte nur nicken und »*Omoshiroi*, interessant« sagen

Ein Zaun aus dicken Holzbalken verlief an der Vorderseite des Schreingebäudes. Man konnte dennoch hineinsehen – Stufen führten hinauf zu einer Art Tisch, auf dem ein Schwert und ein runder Spiegel lagen. Noch vor dem Zaun, aber auf gleicher Achse wie Tisch, Schwert und Spiegel, stand eine große Truhe. Sato winkte mir zu. Er zog eine Geldmünze aus seiner Tasche und warf sie in den Kasten. Danach verbeugte er sich zweimal, wünschte sich etwas und klatschte zweimal in die Hände. Zum Schluss verbeugte er sich ein weiteres Mal. Als er diese Geste beendet hatte, gab er mir eine Münze.

»Mit dem Klatschen zeigst du den Shintō-Göttern, dass du da bist«, sagte Sato.

»Hmm.« Ich nickte erneut. Irgendwie war das ein feierlicher Moment.

»Mein Großvater kannte Lafcadio Hearn, den irisch-griechischen Schriftsteller, der in der Meiji-Zeit in Japan lebte und viel über diese schrieb. Ich habe ein Buch von ihm gelesen, darin erklärt er dieses Klatschen. Er sagt, dass das ganze Leben ein Traum sei. Nur in dem Moment des Klatschens wachen wir kurz auf und sind in der Realität. Danach versinken wir wieder in unseren Traum.«

Kokan war derweil scheinbar ziellos auf dem Gelände herumgeirrt, als suche er etwas. Schließlich schien er es gefunden zu haben, denn er sagte zu Sato und mir: »Kommt mit.«

Es war wieder einer dieser Kokan-Befehle, denen man gehorchen musste. Eben weil er Kokan war.

Er führte uns in ein Gebäude, das als *hakobutsukan*, als Museum, ausgeschildert war. Im Innern war es ziemlich dunkel, rechts und links entdeckte ich Schaukästen. Es erinnerte mich an ein deutsches Heimatkundemuseum. Alles wirkte etwas verstaubt; wild zusammengewürfelte Urkunden waren in den Vitrinen ausgestellt, aber auch mir unbekannte Gegenstände, die nur mit Nummern versehen waren. Kokan winkte mich zu sich. In einem Glaskasten stand eine Schaufensterpuppe. Sie trug seltsame Gewänder und hielt eine große Muschel am Mund, auf der sie – angedeutet – wie auf einer Trompete blies. Auf dem Kopf hatte man ihr eine Art Hütchen aufgesetzt, das viel zu klein war. Als Schuhe dienten Sandalen aus gebundenem Stroh.

»*Yamabushi*«, sagte Kokan. Noch wusste ich nicht, was er mit diesem Wort meinte. Doch in der folgenden Stunde öffnete er erneut ein verbales Fass, diesmal mit Fabeln, Legenden und Tatsachen, die meine Phantasie anregten. Es war, als sei der Staub auf den Vitrinen Sternenglimmer, den Kokan mir ins Gesicht pustete, um mir Bilder zu schenken und Einblicke zu geben, die ich lange zu finden gehofft hatte.

Ich bekam zu hören, dass es in Japan einen buddhistischen Zweig gibt, der sich auf die Kraft der Berge beruft. Noch heute existieren jene Mönche, die Yamabushi, die sich früher noch viel zahlreicher in den hügeligen Regionen Japans herumtrieben. Die Muschel, die auch jene Schaufensterpuppe in der Hand trug, hatten sie stets dabei, um mit ihr einen seltsamen Laut zu produzieren, der von den Berggipfeln herab weit in die Täler reichte. Die entsprechende Religion nennt sich Shugendō und wurde um 700 n. Chr. von einem Asket, dem sagenumwobenen En-no-Gyōja, gegründet. Kokan führte mich zu einem weiteren Schaukasten, in dem die holzgeschnitzte Figur jenes Asketen stand. Er war dargestellt als ein magerer Mann mit einem langen Bart. Meiner Meinung nach sah er nicht sehr vertrauenswürdig aus.

Shugendō ist mit »Weg des Trainings« zu übersetzen; diese Religion beruft sich auf taoistische, buddhistische, mystische und esoterische Wurzeln. Ihre Anhänger müssen einige Zeit allein in den Bergen leben und meditieren. Berge sind Kraftorte, und die Aufgabe der Shugendō-Gläubigen war und ist es, diese Energie auf sich wirken zu lassen, sie in sich aufzunehmen und sich zu eigen zu machen. Sie wissen von Pflanzen mit bewusstseinserweiternder Wirkung, von entsprechenden Pilzen und Beeren, und nicht immer mussten diese »Trips« das reinste Vergnügen gewesen sein. Manche der Bergasketen waren davon überzeugt, fliegen zu können – und ließen sich im Drogenrausch von Felsen herunterstürzen.

Zur Askese gehörten das tagelange Rezitieren von Sutras, im Winter unter einem Wasserfall zu stehen, langes Fasten, Gewaltmärsche und Barfußlaufen über glühende Kohlen. Je extremer die Situation, desto größer der erlernte Wert. Später fand ich heraus, dass es sogar eine Gruppe von Asketen gegeben hatte, die sich in *sokushinbutsu*, in Mumien, verwandelten. Ungefähr drei Jahre soll dabei die Transformation gedauert haben. Im ersten Jahr durfte der Asket einzig vegetarisch essen, im zweiten nur noch Gräser und Baumrinde. Wenn er so schwach war, dass er nur noch aus Haut und Knochen bestand, weil alle Organe eingetrocknet waren, hockte er sich in ein Sandloch und hatte ein Glöckchen in der Hand zu halten. Von diesem Zeitpunkt an trank er nur noch aufgebrühte Baumrinde, die auch das letzte Fett aus seinem Körper spülen sollte. Atmete er, läutete das Glöckchen, verstummte es aber, so war das ein Zeichen, dass das letzte Leben aus ihm gewichen war. Er wude danach im Sand eingegraben und nach einer gewissen Zeit wieder herausgeholt. In dieser Hockstellung brachte man ihn dann zu einem Tempel, kleidete ihn in kostbare Gewänder, erklärte ihn als heilig und stellte ihn aus. Wer ihn besuchen komme, so hieß es, würde seinen Segen erhalten.

Ich war damals im Norden von Japan unterwegs und konnte in einem Tempel eine solche Mumie sehen, die zu diesem Zeitpunkt schon knapp hundertfünfzig Jahre alt war. Auffällig war jedoch vor allem der Priester, der diesen heiligen Ort leitete. Er trug Goldkettchen an den Armgelenken, und in der Auffahrt sah ich einen Mercedes stehen. Auch unter Asketen schien Geld eine Rolle zu spielen. Die Tempel dieser *sokushinbutsu* oder ähnlich seltsamer Praktiken befinden sich meist auf dem Land und werden von Familie zu Familie weitergegeben. Einen Priester zu heiraten, der einen solchen leitete, bedeutete für viele Frauen Japans heute wie damals finanzielle Sicherheit.

Kokan erzählte weiter. Ich erfuhr, dass es in Japan eine Reihe von heiligen Bergen gibt, die es schon waren, bevor sich der Buddhismus in diesem Land ausbreitete. Nach Shintō-Tradition wohnen nämlich die Götter und Ahnen dort, und zu bestimmten Jahreszeiten oder Festen kommen sie von ihrem Götter- oder Ahnensitz herunter. Auch der Regen, der wichtig ist für eine gute Reisernte, kommt aus den Bergen. Der buddhistische Einfluss auf den Berg Hiko begann schließlich im Jahr 538 n. Chr., als er von einem chinesischen Mönch aufgesucht wurde, der dort eine Einsiedelei errichtete und einem ortsansässigen Jäger die Lehre des Nicht-Tötens beibrachte. Daraus entwickelte sich eines der wichtigsten Zentren des Shugendō; sehr viel später lebten angeblich 3800 Yamabushi-Mönche auf dem Berg Hiko.

Nach Kokans Ausführungen war ich hellwach. Auch wenn es furchtbar anstrengend war, in diesem halbdunklen Museum seinem Redefluss zu folgen, faszinierte es mich, was er erzählte. Mir schien es ein Ansatz zu sein für eine neue Erfahrung, eine extreme Erfahrung. Es kribbelte richtig in mir. Plötzlich wurde mir bewusst, was mich so störte: Ich war nicht interessiert an dieser lauwarmen Religiosität, wie sie in meinem Kloster gelebt wurde. Ich wollte den Buddhismus am eigenen Leib spüren. Es ging mir nicht um *tariki*, um die Kraft des anderen. Durch meine eigene Kraft wollte ich lernen! Das frühmorgendliche Aufstehen wies schon in die richtige Richtung, dachte ich, doch müsste es auf diese Weise den ganzen Tag weitergehen, damit ich etwas über das Leben verstehen würde. Und hier, auf diesem Berg, hatte sich für mich endlich ein Bogen geschlagen, der Berge, Mystik, Buddhismus und mein Kloster umfasste. Ein Plan machte sich in mir breit: Ich wollte die Bomorisan fragen, ob ich eine Zeit lang auf dem Hiko wohnen dürfte. Das Singen im Tempel war nicht mein Ding. Auch dieses ständige Umgebensein von Menschen, das fand ich in diesem Moment nur anstrengend. Es schien mir, als hätte ich eine Lösung für all meine Probleme gefunden. Dabei ging es im Grunde um nichts anderes als um eine Sehnsucht nach Abwechslung, nach neuem Input.

Der Rest des Tages verlief spirituell eher lauwarm, nicht zu vergleichen mit den Schilderungen von Kokan. Schließlich gingen wir zum Bus zurück, wo wir auf jene Klosterbewohner trafen, die herbstliche Blumen und Laub gesammelt hatten. Wie alle aus meiner Besichtigungsfraktion bewunderte ich auch die schönen Herbstboten und die fleißige Arbeit mit gehörigen Ahs und Ohs.

Der letzte Programmpunkt stand an: »Baden in einer heißen Quelle«, und so fuhren wir geschlossen zu einer solchen am Fuße des Berges. Dort teilten wir uns wieder in zwei Gruppen auf, diesmal in Männer und Frauen. Wir Frauen badeten nackt in einem für uns vorgesehenen Becken; ich konnte die Blicke der anderen auf meinem Körper spüren. Ich selbst machte auch keinen Hehl daraus, dass ich neugierig war, wie japanische Frauen ohne Kleidung aussahen. Ihre Haut war tatsächlich pfirsichfarben, so wie ich es immer wieder gelesen hatte. Insgesamt war es lustig, gemeinsam im heißen Wasser zu sitzen und zu schwitzen. Wir kicherten viel, und ich hatte fast das Gefühl, mit Schulmädchen im Bad zu sitzen und nicht mit über fünfzigjährigen Damen. Kleine Äpfelchen hüpften auf der Oberfläche des Wassers herum. »Das hält die Haut jung«, sagte Frau Sato lachend, und ich glaubte ihr sofort.

Nach dem Baden versammelten sich Männer und Frauen

im Aufenthaltsraum der Badeeinrichtung. Es wurden kleine Gebäckstücke verteilt, dazu konnte man sich einen Tee aus dem *jidohanbaiki*, dem heißen Getränkeautomaten, holen. Die Männer fragten die Frauen, wie es denn mit mir im Wasser gewesen sei, woraufhin diese als Antwort meist kicherten. An einem Stand mit lokalen Köstlichkeiten wurde so viel eingekauft, dass auch diejenigen, die im Kloster zurückgeblieben waren, später etwas von dem Ausflug hatten.

Nach einer Ruhepause verabschiedeten wir uns von Kawa und Mari, die mit uns gebadet hatten, stiegen in den Bus und fuhren zurück zum Tempel. Das Abendessen hatte man für uns aufgehoben, es war – lauwarm.

Als ich im Bett lag, ließ ich den Tag Revue passieren. Ich musste an das denken, was ich über Pilgerreisen in diesem Land wusste. Im japanischen Mittelalter gab es selbst in den kleinsten Dörfern sogenannte Pilgerkollektive. Das Jahr über zahlte jeder einen kleinen Betrag in eine entsprechende Pilgerkasse, und zu einem bestimmten Datum wurde ein Los gezogen, das darüber entschied, wer aus der Gemeinschaft sich auf Pilgerfahrt begeben durfte. Pilgern, das bedeutete, nicht nur einen Ort aufzusuchen, an dem es etwas Spirituelles zu erleben gab, sondern es bedeutete auch, für eine bestimmte Zeit aus dem Alltag aussteigen zu können. Pilgern war eine Art Belohnung. Man ging auf Reisen, begegnete neuen Menschen und Situationen, erlebte eine Auszeit. Und jeder Pilgerort verkaufte seine individuellen Devotionalien. Laut Kokan war auch der Berg Hiko einst ein Pilgerort gewesen. Hier war es eine kleine Glocke aus Lehm, die angeblich beim Bepflanzen der Felder ihre Kraft entwickelt, die man den Daheimgebliebenen mitbrachte. Sato hatte sie mir in einem der Souvenirläden auf dem Schreingelände gezeigt. Der Ausflug an diesem Tag war ein wenig wie eine mittelalterliche Pilgerfahrt gewesen. Wir hatten uns zwar bequem mit dem Bus zum Berg bringen lassen und waren nicht zu Fuß gegangen, aber die kleine Reise bedeutete eine Unterbrechung des üblichen Lebens. Wir hatten für die im Kloster Zurückgebliebenen etwas gekauft – und konnten nun wieder mit neuen Gedanken in den Alltag einsteigen. Und in meinem Fall hatte ich sogar einen Entschluss gefasst.

Ich spürte eine angespannte Erwartung für den nächsten Tag. Wie würde die Bomorisan auf meine Anfrage reagieren, eine Zeit lang auf den Berg Hiko ziehen zu wollen? Würde sie bei Mari und Kawa anrufen und sich erkundigen, ob dies möglich sei? Aber durfte ich überhaupt eine solche Bitte äußern? Ein leichtes Unbehagen machte sich in mir breit. Bislang hatten die Menschen im Kloster immer versucht, mir alle Wünsche zu erfüllen. Sie hatten mir ihre Traditionen gezeigt, ich erhielt sogar Kendō-Unterricht. Jeder in der Gemeinschaft war ein Stückchen zur Seite gerutscht, damit ich zwischen ihnen Platz hatte, Platz, der nur für mich da war. Und jetzt wollte ich sie mit einem Ansinnen konfrontieren, das alles über den Haufen schmeißen würde.

Aber warum wollte ich zum Berg Hiko? War es Flucht? Wollte ich bestimmte Dinge nicht an mich heranlassen? Warum fand ich den Alltag im Kloster langweilig? Warum brauchte ich immer Aufregung, um glücklich zu sein, ständig neue Erfahrungen, anstatt die einmal gemachten in Ruhe zu durchleben, damit sie Teil meiner selbst wurden und nicht aufgesetzt erschienen? Ich hatte mich nach Stille gesehnt – aber war nicht der Alltag im Kloster mit seinen vielen Facetten eine Art Stille?

In diesem Moment konnte ich mein Dasein in dieser Umgebung aber noch nicht so sehen, es nicht als eine Form von Meditation begreifen. Ich registrierte nur den Ablauf des Tages, der immer identisch war, die Menschen, die mehr oder weniger immer gleich blieben. Ich hatte das Gefühl, als hätte man mein Leben angehalten. Mein Alltag im Westen war so ganz anders: Kaum verließ ich das Haus, entwickelte der Tag seine eigene Dynamik. Im Bus konnte ich jemanden treffen und mich in ein Gespräch verwickeln lassen, auf der Straße eine spontane Verabredung eingehen. Das hatte mir bislang gefallen, aber lernte ich mich dabei selbst kennen?

Nicht eher nur als Mensch, der in bestimmten Situationen agierte? Aus diesem Grund suchte ich die Stille, und Stille setzte ich mit einem Ort gleich, der weit weg von einem städtischen Umfeld war, an dem ich allein und asketisch leben konnte.

Erst später begriff ich, dass es an mir lag, ob ein Tag gut oder schlecht wurde. Die Situationen, die um mich herum passierten, spielten dabei keine Rolle. Ich allein war verantwortlich für meine Mundwinkel. Aber noch suchte ich nach einer Wahrheit, die mit einem Knall daherkam. Eine langsame und geradezu unauffällige Entwicklung zu dieser, das kam mir viel zu unbedeutend vor.

Es würde nicht richtig sein, Bomorisan zu fragen, ob ich auf dem Berg Hiko leben könnte. Und ich wusste auch, dass es nicht richtig sein würde, wenn sie mir den Gefallen täte. Und dennoch wollte ich sie fragen. *Wagamama* – die Egoistin in mir war stärker.

Ich hatte Schwierigkeiten einzuschlafen.

Am nächsten Morgen wurden während der Andacht verschiedene Leute, die an dem Ausflug zum Berg Hiko teilgenommen hatten, gebeten, von ihren Erlebnissen zu erzählen. Diejenigen, die auf dieser kleinen Reise nicht dabei sein konnten, sollten sich ein Bild von ihr machen können. Auch ich wurde gefragt, sagte aber nur, dass es mir sehr gut gefallen hätte.

Sobald die Morgenandacht vorbei war, ging ich hinüber zum Bürogebäude. Die Bomorisan blieb während der *otsutome* meistens allein dort, um aufzupassen, und hörte alles über Lautsprecher mit. Für sie waren es die einzigen Minuten am Tag, wo nicht jemand kam und etwas von ihr wissen wollte.

Sie empfing mich mit einem Lächeln.

»Na, wie war es denn gestern auf dem Berg?«

»Sehr schön«, sagte ich. »Es war wirklich toll, und Mari mag ich gern.« Ich druckste ein wenig herum. »Kokan hat mir auf dem Berg ein Museum gezeigt, in dem etwas über die

Shugendō-Religion ausgestellt war. Mich hat das fasziniert. Ich würde gern mehr darüber erfahren.«

Von Bomorisan kam keine Reaktion, also fuhr ich fort: »Es ist nämlich so, dass man in Europa noch nicht viel darüber weiß.«

»*Sō desu ka*«, sagte die Bomorisan schließlich. Es war eines dieser japanischen Füllwörter, die man äußert, um zu zeigen, dass man zuhört. Damit forderte sie mich auf, in meiner Rede fortzufahren. Sie spürte sofort, wenn jemand etwas auf dem Herzen hatte, ließ es einen aber immer selbst aussprechen.

»*Eto* ...« Jetzt benutzte ich ein Füllwort, es bedeutet so viel wie »also ...«. Da ich zum schwierigen Teil meiner Frage kam, brauchte ich eine gewisse Zeit, um die richtigen Worte zu finden. »*Eto* ...«, sagte ich erneut, doch dann sprudelte es aus mir heraus: »Und so dachte ich, dass ich vielleicht eine Zeit lang bei Mari und Kawa wohnen könnte ...«

Wie frech von mir. In dem Augenblick, in dem ich meinen Wunsch ausgesprochen hatte, wurde mir bewusst, wie unreif ich mich verhielt. Besaß ich denn keinen Anstand mehr? Ich hätte genauso gut meine Füße auf dem Tisch ausstrecken können. Aber ich wollte unbedingt eine intensive Erfahrung machen, und die würde ich nur auf einem Berg haben, da war ich mir sicher.

Bomorisan schaute mich an, in ihrem Blick lag etwas Trauriges. Sie war nicht gekränkt – ich glaube, dieses Gefühl existierte im Kloster nicht. Aber sie war betrübt darüber, dass mir das Leben hier so schwerfiel. Und sie war traurig für mich. Nicht wegen mir. Sie hätte sich gewünscht, ich würde meine Veränderungen innerhalb der Klostermauern spüren.

»*Sō desu ka*«, wiederholte sie. Diesmal hatte es aber etwas Finales. »Ich werde mit dem Goingesama darüber reden.«

»*Hai.*« Ich verbeugte mich und ging hinüber in den Turm, um im Speisesaal zu frühstücken. Danach putzte ich alles so blitzblank, dass Ayumi mich schon verwundert ansah.

Als ich am späten Vormittag nach dem Zeitunglesen mit Sato zufällig Kokan im Büro traf, löcherte ich ihn mit Fragen über die Yamabushi. Er spürte meinen Drang, schien aber nicht besonders glücklich mit der Wahl meines Interesses.

»Die Anhänger der Shugendō-Religion waren nicht immer beliebt in Japan«, sagte er. »Es muss zwar einige gegeben haben, die sich in der Kräuterheilkunde so gut ausgekannt hatten, dass sie besonders der Landbevölkerung bei Blutvergiftungen und anderen Krankheiten helfen konnten. Aber viele von ihnen waren auch gefürchtet. Es gibt in der japanischen Mythologie ein Fabelwesen, den *tengu*, kennst du es?«

Bevor ich antworten konnte, zog Kokan ein Buch aus einem Regal und zeigte mir das Bild dieses mythischen Wesens. Ich hatte ein solches schon im Museum auf dem Berg Hiko gesehen. Ein *tengu* besaß die Gestalt eines Menschen, nur im Gesicht war eine lange, gekrümmte Nase zu erkennen. Es trug rote Kleidung, und zum Teil war diese mit Federn versehen. Den Kopf zierte derselbe kleine Hut, den ich an der Yamabushi-Figur im Museum entdeckt hatte. Die gesamte Erscheinung hatte etwas Lächerliches an sich, gleichzeitig strahlte sie auch etwas Gemeines aus.

»In jeder Bergregion Japans existieren Geschichten mit *tengus*«, erklärte Kokan weiter. »Sie leben in den Bergen, tauchen aus dem Nichts auf und lassen sich immer neue und immer bösere Streiche einfallen, um die Bauern zu ärgern. Manchmal geht es über einen dummen Spaß hinaus, zum Beispiel wenn die *tengus* Kinder entführen. In diesen Fällen schließen sich die Bauern zusammen, um die *tengus* zu verjagen.« An dieser Stelle machte Kokan eine Pause. »*Tengus* sind Yamabushi, die in den Bergen durchgedreht sind.«

Ich war sprachlos, als ich das hörte. Mit einer solchen Wendung hatte ich nicht gerechnet.

In diesem Moment rief Megumi nach Kokan. Unser Gespräch war damit beendet.

Von der Bomorisan oder dem Goingesama hörte ich an diesem Tag und auch an den folgenden nichts. Stattdessen überraschte mich Kokan mit einem roten Buch, das er vor mir auf den Tisch im Speisesaal legte, während ich auf dem letzten Bissen kaute. Ich schluckte ihn schnell hinunter. Das Buch war mit vielen Fotos ausgestattet, und ich las die Schriftzeichen auf dem Titel: *Shugendō*.

»Ich halte nicht viel von dieser Religion«, sagte Kokan. »Aber wenn du unbedingt mehr darüber wissen möchtest, so liefert dir dieses Werk viele Erklärungen.« Er schob es mit Nachdruck noch näher zu mir hin. »Wenn du danach noch Weiteres in Erfahrung bringen willst, kann ich dir gern noch andere besorgen. Aber fang erst einmal damit an.«

Ich war wieder einmal gerührt. Kokan war tatsächlich an einem freien Nachmittag in die Stadt gefahren und hatte mir dieses Buch besorgt. Es hatte die Anmutung eines Bildbands und war mit vielen farbigen Fotos ausgestattet. Die einzelnen Kapitel waren nicht sehr lang und in einem einfachen Japanisch geschrieben – alles in allem war die Aufmachung etwas aufreißerisch, aber es schien genau das Einstiegswerk zu sein, das ich brauchte, um eine Übersicht zu erhalten.

Nach dem Abendgebet ging ich in mein Zimmer, um mich mit meinem Shugendō-Buch zu beschäftigen. Dazu zündete ich sogar ein Räucherstäbchen an, so feierlich war mir zumute. Ich blätterte alle Seiten durch, schaute mir die Bilder an, las einige Bildunterschriften. Als ich damit beginnen wollte, ein Kapitel zu lesen, versank ich bald in Gedanken. Ich stellte mir vor, bei den Yamabushis zu leben. Ich sah mich in einer Höhle wohnen, unter einem eiskalten Wasserfall stehen und Vorbeiziehende mit weisen Worten begrüßen. Und ich war überzeugt: Durchs Fasten würde ich zu neuen Einsichten gelangen und abgehärtet werden. Ja, dann würde es bei mir mit der Erleuchtung klappen. Alles machte auf einmal Sinn. Ich war zu diesem Kloster gekommen, weil von hier der Weg weiterführte. Direkt auf den Berg Hiko!

Am nächsten Morgen freute ich mich regelrecht auf das *otsutome*. Während des Sutrensingens versuchte ich in eine Trance zu fallen, so angetan war ich von meinem neuen Weg, den ich bestimmt bald vertiefen konnte.

Später traf ich mich mit Sato zum Zeitunglesen. Diesmal

brachte ich das Shugendō-Buch mit – ich wollte wissen, wie ein Japaner, der in Sachen Buddhismus nicht so gelehrt war wie Kokan, über diese Religion urteilte.

»Was hast du denn mit zum Unterricht gebracht?«, fragte er skeptisch, als wir uns begrüßt hatten. Das dicke rote Werk war nicht zu übersehen.

»Das Buch hat mir Kokan gegeben. Ich möchte mehr über Shugendō erfahren, und er meinte, dass es mir dabei helfen könnte.«

»So, so …«, sagte Sato nur. In seinen Augen konnte ich keine Begeisterung entdecken.

Den Rest der Stunde blätterten wir gemeinsam in dem Buch. Ich hatte ein paar Stellen, die mir am Vortag interessant erschienen waren, die ich aber nicht verstanden hatte, mit Post-its versehen. Ohne die Passagen zu kommentieren, ging Sato sie mit mir durch, während ich mir fleißig Notizen machte.

Am nächsten Tag brachte Sato einen Zeitungsartikel über Shugendō mit; vor einem Jahr war er veröffentlich worden. Wir lasen ihn zusammen durch. In dem Beitrag hieß es, dass der Berg Omine in der Präfektur Nara, einer der wichtigsten Shugendō-Zentren Japans, weiterhin für Frauen gesperrt sei. Der Bericht war sogar mit einem Foto des Schilds versehen, das am Fuß der Wanderstrecke zur Bergspitze hinauf angebracht war. Darauf stand: »Zugang für Frauen verboten. Die Bestimmungen dieses heiligen Berges Omine verbieten es, Frauen durch dieses Tor weiteren Zutritt zu gewähren. Dies ist im Einklang mit den religiösen Regeln. Der Tempel Ominesanji.«

Bei jedem anderen Ort in Japan wäre ich empört gewesen über ein solch diskriminierendes Schild, doch in diesem Fall redete ich mir ein, dass dies eine jahrtausendalte Tradition sei, und das müsse man eben respektieren. Es war ja auch der einzige Shugendō-Berg Japans, der für Frauen gesperrt war; überall wo sonst war das Verbot aufgehoben worden. Ich wollte die Welt in Rosa sehen.

Sato hatte noch eine Adresse aufgetrieben, und zwar die der Shugendō-Organisation für Südjapan. Ich bat ihn, mir beim Aufsetzen eines Briefes zu helfen, um mehr Informationen anzufordern. Noch am selben Nachmittag steckte ich ihn ein.

Noch immer hatte ich keine Antwort von der Bomorisan erhalten. Ich dachte schon, sie würde das Thema umgehen, indem sie es einfach nicht wieder ansprechen würde. Aber da hatte ich sie und den Tempel falsch eingeschätzt. Sie hatte gemerkt, dass es mir eine wichtige Angelegenheit war, und im Tempel werden wichtige Angelegenheiten ausgesprochen, nicht totgeschwiegen. Als sie mich dann aber zu sich rief, war ich dennoch überrascht.

»Entschuldige bitte, dass ich vorher keine Zeit hatte, aber wir hatten so viel mit den Gästen zu tun, die zum *hihan* angereist waren, dass deine Angelegenheit warten musste.«

Das Herbst-*hihan*, die Herbsteklipse. Ich war derart mit mir selbst beschäftigt gewesen, dass dieses Fest fast vollkommen an mir vorbeigegangen war. Zu allen wichtigen zeremoniellen Terminen war ich pflichtschuldigst erschienen, aber in meiner Phantasie nahm ich schon an Shugendō-Festen teil, bei denen es *wirklich* etwas zu erleben galt – wie etwa ein Laufen auf glühenden Kohlen oder ein Einhalten eines tagelangen Schweigens. Das Herbst-*hihan* bestand für mich aus stundenlangem Herumsitzen, aus lächelnden Menschen, die von weit her angereist waren, um Sutren zu singen. Es hatte regelrechte Knie-Marathons gegeben, die ich abspeicherte unter: »Übungen, um lange Schmerzen auszuhalten.« Durch das Fest war es nur zu verständlich, dass die Bomorisan anderes zu tun hatte, als sich um meine Befindlichkeiten zu kümmern.

Sie fuhr fort: »Wir glauben, dass es keine gute Idee ist, wenn du jetzt zum Berg Hiko gehst. Es wird bald Winter, und es ist dann sehr kalt dort oben. Man darf die Berge nicht unterschätzen. Ich denke, wenn der Frühling kommt, können wir noch einmal darüber reden.«

Ich spürte, wie mir plötzlich die Tränen herunterliefen. Ich entschuldigte mich augenblicklich und verließ den Raum, um mich in mein Zimmer zurückzuziehen. Ich fühlte mich eingesperrt. Ein Gespräch – und alle Träume aus und vorbei. Doch nach einer Weile konnte ich den Entschluss der Bomorisan verstehen. Ich hatte mit Kendō begonnen – man hatte sich im Kloster wirklich bemüht, mir diese Erfahrung zu schenken. Ich hatte Stunden in Ikebana, in Kalligrafie und in Teezeremonie gehabt. Der Tempelalltag wurde zu einer Wirklichkeit, zu einem Teil von mir. Auch mein Japanisch machte Fortschritte: Ich verstand immer mehr von dem, was um mich herum gesprochen wurde. Langsam, für mich viel zu langsam, aber für jemanden wie die Bomorisan, die ein Menschenleben als Ganzes wahrnahm und nicht nur Stationen davon, war zu erkennen, dass ich in der neuen, unbekannten Erde Wurzeln schlug. Waren äußerlich noch keine Knospen zu sehen, die Bomorisan wusste jedoch, dass sie eines Tages sichtbar sein würden, wenn meine Wurzeln noch etwas tiefer in die Erde eingedrungen waren. Sie wusste, dass es mir nichts brachte, wenn ich zu diesem Zeitpunkt auf dem Berg Hiko meine Zelte aufschlüge. Anstatt es mir aber zu verbieten, hatte sie vorgeschlagen, dass ich im Frühling dorthin gehen könne. Bis dahin hätte ich mich bestimmt viel weiter eingelebt, hätte meine erste Verwirrung abgelegt. Bis dahin blühte mein Lebensbäumchen vielleicht schon, und ich könnte mir dann überlegen, wie es weitergehen solle und wie wichtig es mir noch sei, auf dem Berg zu wohnen.

Ich erkannte – und ich verstand. Aus diesem Grund suchte ich noch einmal das Bürogebäude auf. Die Bomorisan entdeckte ich in der Küche, wo sie mit einer Haushaltshilfe etwas besprach. Ich wartete an der Tür. Als sie mich bemerkte, kam sie zu mir. Ich verbeugte mich und sagte: »*Wakarimashita*, ich habe verstanden.«

Die Bomorisan lächelte. Sie hatte dieses warme Lächeln, das zum Ausdruck brachte, dass sie nun verstand, dass ich verstanden hatte. Sie sagte: »*Yokatta*, das ist gut so.«

Als ich an diesem Abend meine Post abholte, war darunter auch ein Brief von der Shugendō-Organisation, die Antwort auf meine Bitte nach weiteren Informationen. Es war ein großer Umschlag, und darin befand sich ein kurzes, höfliches Anschreiben, zusammen mit zwei Broschüren. Die eine war ein billig produziertes Heft, auf dem Niveau eines deutschen Gemeindeblattes, gedruckt auf grauem Recycling-Papier. Unter der Rubrik »Termine« standen Veranstaltungen wie »Feuerlaufen«, »Gemeinschaftswanderung« oder »Einweihung eines neuen Schreins«. Es lastete etwas von Vereinswesen und Stammtisch auf diesen Seiten. Ein paar grobkörnige Schwarz-Weiß-Fotografien von Männern, die über Kohlen liefen oder auf Sitzungen halb konzentriert auf Stühlen saßen, verstärkten den Eindruck. Mich beschlich das Gefühl, als würde es sich hierbei um eine Beschäftigungsmaßnahme für Mönche im Ruhestand handeln.

Die andere Broschüre war eher ein Bestellkatalog für Shugendō-Utensilien. Natürlich auf Hochglanzpapier gedruckt und mit farbigen Fotos: Geschäft ist Geschäft, und das Geschäft mit der Religion läuft immer gut. Man konnte Muschelhörner ordern, um sie sich um den Hals zu hängen. Es gab aber auch die seltsamen Hütchen, unzählige Varianten von Räucherstäbchen, kleine Glöckchen, Taschen, Sandalen – kurz alles, das man für die Verkleidung zum Bergasket braucht. Die Sachen waren nur für Männer gedacht, in zwei Wochen per Post lieferbar. Eine solche Farce!

Schon am nächsten Tag kam die Bomorisan auf mich zu. »Michaela«, sagte sie, »Kokan muss Mitte November, also in knapp einundhalb Monaten, für ein Wochenende auf den Berg Hiko. Er hat angeboten, dass du mitkannst – wenn du willst. Und Mari wiederum würde sich freuen, dich wiederzusehen.« Sie lächelte dabei, und ich spürte, wie sie sich freute.

Sofort sagte ich zu.

Diese neue Wendung war – wenn man mit dem Umgang im Kloster vertraut war – eigentlich nicht weiter erstaunlich. Da ich begriffen zu haben schien, dass mein Platz an diesem

Ort und nicht in einer Höhle auf dem Berg Hiko war, wurde ich eingeladen, Kokan dorthin zu begleiten. Zwei Tage lang. Das war ein Geschenk, eine Anerkennung. Und ich war zutiefst dankbar dafür.

An dem verabredeten November-Wochenende gingen Kokan und ich am Nachmittag zum lokalen Bahnhof der kleinen Stadt. Nach knapp zwei Stunden Zugfahrt waren wir an einer Station am Fuße des Berges Hiko angekommen. Kawa wartete schon mit seinem Auto am Ausgang auf uns.

Kokan und ich waren auf dem Berg die einzigen Gäste. Der Mönch wollte in aller Ruhe ein paar Verträge durchgehen und juristisch prüfen. Im Kloster war das Tagesgeschäft immer so präsent, dass er nicht dazu kam. Hier hoffte er, die Zeit dafür zu finden.

Wieder knieten wir nach der Ankunft vor dem Schrein und begrüßten das Haus und die Gastfreundschaft von Kawa und Mari, danach wurde uns ein Essen aus Bergtofu und Reis serviert. Mari lächelte über meinen gesunden Appetit. Obwohl wir nicht viel miteinander redeten, war die Atmosphäre entspannt. Der Abend wurde schließlich mit einer Andacht vor dem Hausschrein beendet. Danach verzog ich mich in das Zimmer, das man mir zugewiesen hatte, und dank der frischen Bergluft schlief ich schnell ein. Ich war sogar zu müde, um vor dem Schlafengehen noch im Gemeinschaftsbad zu baden.

Ich hatte mir vorgenommen, in den zwei Tagen viel in den Bergen herumzuwandern, auf der Suche nach den Spuren der Yamabushi. Kokan sagte, er habe die meiste Zeit zu tun, ich solle mir alles alleine ansehen. Wenn ich Fragen hätte, würde er mir gern weiterhelfen.

Am nächsten Morgen erwachte ich vom Klang einer Glocke. Ausgeruht sprang ich regelrecht aus dem Bett. (Ich hatte tatsächlich schon wieder in einem soliden Bett geschlafen, nicht auf einem Futon. Wo gab es die denn noch in Japan?)

Ein Blick auf die Uhr verriet mir, dass ich an der Morgenandacht teilnehmen konnte, wenn ich mich beeilte. Nach dem Anziehen strich ich mir schnell die Haare aus dem Gesicht und band sie zu einem Pferdeschwanz zusammen, anschließend stürmte ich, ohne die Zähne zu putzen, nach unten. Gerade noch rechtzeitig bremste ich mich, um ehrwürdig ins Schreinzimmer einzutreten. Kokan, Kawa und Mari knieten schon auf Kissen. Ein freies lag neben Mari, in gebückter Haltung huschte ich zu diesem hin. Danach begann derselbe Ablauf, wie ich ihn aus dem Kloster kannte – nur wurden die Sutren diesmal einzig von vier Personen gemurmelt.

Beim Frühstück wollte Kokan wissen, ob ein Yamabushi die Nacht über an meinem Bett gesessen hätte. Oder gäbe es einen anderen Grund, weil ich so spät zur Morgenandacht gekommen sei? Ich lachte und sagte, dass ich sehr gut geschlafen hätte.

Bevor ich meine Bergtour startete, packte mir Mari selbstgeformte *onigiri*, Reisküchlein, ein. Kokan zog aus einem Ärmel seiner Mönchskleidung eine Karte, die »Pilgerkarte des Berges Hiko«. Auf dieser waren lauter Wege eingezeichnet, die zu verschiedenen Pilgerstätten im Wald führten. Ich war begeistert. Kokan breitete sie vor mir aus und zeigte mir ein paar Orte, die er für wichtig hielt. Das waren ein Friedhof sowie eine alte Zeder, *oni-sugi* genannt, Teufelszeder.

Beim Abschied versprach ich, gegen fünf Uhr wieder zurück zu sein. Kokan rief mir noch nach: »Wenn es donnert, verstecke deinen Bauchnabel.« Was auch immer das zu bedeuten hatte, es klang seltsam und schön zugleich. Mari begleitete mich noch bis zur Haustür und winkte mir nach, bis ich außer Sichtweite war. Ich fühlte mich so frei wie schon lange nicht mehr. Ein ganzer Tag lag vor mir, ganz allein mit mir.

Ein Blick auf die Karte – und ich vergewisserte mich, dass ich mich rechts halten musste. Ja, da war tatsächlich ein Weg aus alten Steinen, der in den Wald hineinführte. Überall wuchs Moos, und zum Glück hatte es in letzter Zeit nicht geregnet, denn sonst wären diese Steine sehr rutschig gewesen. Sie sahen aus wie aus einer anderen Zeit – was auch zutraf, da sie vor mehr als dreihundert Jahren an diesen Ort verlegt worden waren. Ich folgte diesem Pfad, und nach ein paar hundert Metern kam ich zu einem Platz mit Grabmälern: Aus grauen Steinen waren schlichte Säulen errichtet worden, die mir bis zur Brust reichten. Sie standen auf Stufen und wurden von Dächern abgeschlossen, die wie Hütchen aussahen. Das waren wohl die Gräber der Yamabushi. Auf manchen Säulen waren wunderschöne Schriftzeichen in Sanskrit zu entdecken, ein Indiz für eine esoterische Variante des Buddhismus, in der noch viele der Mandala-Symbole und Texte in dieser Sprache der klassischen indischen Kultur geschrieben wurden. Es war etwas unheimlich, allein auf diesem Platz der Toten zu stehen – da ungefähr stellte ich mir Angkor Vat vor. Alles war mit Moos überwachsen, und wo sich der Wald ausbreiten konnte, so tat er das auch. Dicke Wurzeln ragten aus dem Boden und schoben die Steine zur Seite, abgefallene Äste lagen hier und da verstreut herum, und im Geäst hörte ich ein paar Krähen. Das Herbstlaub war inzwischen fast gänzlich abgefallen und deckte alles zu. Es schien aber ab und zu jemand vorbeizukommen, denn an manchen Stellen war das Laub mit einem Besen zur Seite gefegt worden. Außer mir sah ich aber in diesem Augenblick niemanden. Das sollte auch weiterhin so bleiben.

Laut meiner Karte musste von diesem Platz aus eine Treppe weiterführen zu den Yamabushi-Pfaden. Nach einigem Suchen fand ich sie, durch die vielen heruntergefallenen Blätter war das nicht ganz einfach gewesen. Die steinernen Stufen hafteten sehr locker auf der Erde, der Hang rechts von mir wurde mit großen Quadern abgestützt. Auch hier wucherte es überall. Viele Hunderte von Metern führte der Weg nach oben, und da die Stufen vielfach schief waren, mal ganz fehlten, mal umgekippt herumlagen, konnte ich in keinen Laufrhythmus fallen. Immer wieder kam ich an steinernen Statuen vorbei, die am Wegesrand aufgestellt waren. Sie symbolisierten den Donnergott *(Fudō Myō-Ō)* oder *Emma-Ō*, den Gott der Hölle.

Es war seltsam still, und ich merkte, wie Wald und Berg

langsam zu einem Ort wurden, von dem Wissenschaftler im Zusammenhang mit Shugendō und anderen Naturreligionen immer sprechen: einem Ort, der Ehrfurcht einflößt, einem *mysterium tremendum*. Die fast kahlen Bäume reckten ihre Äste in den Himmel, der klar und blau über mir war. Irgendwann, vielleicht nach zwanzig Minuten, war ich auf einem Bergkamm angelangt. Drei Pfade hatte ich nun zur Auswahl, die in drei verschiedene Richtungen führten. Ich wollte zuerst zur Teufelszeder, von der Kokan mir erzählt hatte. Interpretierte ich meine Karte richtig, musste ich den Bergkamm nur noch ein wenig nach oben wandern und würde dann an eine Stelle kommen, von der aus es nicht mehr weit sein konnte. Gedacht, getan. Ich fühlte mich voller Abenteuerdrang und genoss die frische, klare Morgenluft, das Alleinsein und diesen wundervollen Wald.

Nach einer Weile entdeckte ich eine weitere Gabelung. Auf einem halbverwitterten Holzschild konnte ich die Schriftzeichen für »Schrein« ausmachen, und da der Tag gerade erst begonnen hatte, beschloss ich, einen kleinen Abstecher zu unternehmen. Der schmale Weg führte an Felsen vorbei, und ich musste mich ziemlich nah an ihnen halten. Zwar ging es nicht steil bergab, aber hinunterfallen wollte ich dennoch nicht. Nach einer scharfen Biegung befand ich mich vor einem an den Berg gebauten Schrein; wie ein Baumhaus klebte er am Felsen. Er war klein, aus Holz und sehr schlicht. Eine überdachte Veranda diente als Unterschlupf, falls man von einem Unwetter überrascht werden sollte. Ich vergewisserte mich, dass das Holz nicht morsch war, anschließend betrat ich die Veranda. Von hier hatte ich einen herrlichen Blick über Baumkronen. Wie ein Meer erstreckte sich der Wald unter mir, und eine Krähe zog darüber ihre Kreise. Ich drehte mich zum Schrein um und verbeugte mich, weil ich das Gefühl hatte, dass das jetzt richtig sei. Es war ja keiner da, der mich beobachtete.

Durch einen Spalt konnte ich ins Innere des Schreins blicken; es schien sich dort eine Höhle zu befinden. Für mehr Einsichten reichte aber das Licht nicht aus. Ob hier Devotionalien aufbewahrt wurden oder nicht, konnte ich jedenfalls nicht feststellen. Die Tür war außerdem verschlossen. Die Bedeutung dieses Schreins war mir unbekannt. Vielleicht hatte hier einmal ein Yamabushi gelebt; mit dieser Aussicht war es ein guter Ort zum Meditieren.

Um mein nächstes Ziel anzusteuern, musste ich wieder zum Hauptpfad. Doch der Rückweg war schwieriger, als ich es angenommen hatte, da es bergauf ging. Als ich endlich auf dem Bergkamm angelangt war, hatte ich großen Hunger. Picknickbänke finden sich auf Bergwegen, die von Asketen benutzt werden, in der Regel nicht. Also suchte ich mir ein sonnenbeschienenes Plätzchen auf dem Waldboden, wo ich mich hinsetzte. Danach holte ich meine Reisküchlein aus den Seitentaschen meiner Windjacke hervor. Sie waren etwas verdrückt, sahen aber noch immer appetitlich aus. In ihre Mitte hatte Mari ein Stück gebratenen Thunfisch gelegt; sie schmeckten köstlich. Als ich alles aufgegessen hatte, saß ich noch eine Weile einfach da und blinzelte in die Sonne, bis ich genug geruht hatte und weiterwandern wollte.

Der Bergkamm zog sich länger hin, als ich gedacht hatte, und die Sonne war um einiges weitergewandert, als ich endlich an der Kreuzung ankam, von der aus es nur noch wenige Schritte bis zur Teufelszeder sein sollten. Leider war meine Karte nicht sehr genau, und es war mir nicht ganz klar, in welche Richtung ich jetzt weiterzugehen hatte. Ich wählte einen Pfad, der vom Bergkamm wegführte und der sich in den Wald hineinzuschlängeln schien. Ich lief einige Zeit. Schließlich tauchten vor mir Felsformationen auf. Um einen der Felsen war ein weißes Papierband mit Fransen gewickelt, was ihn als heilig kennzeichnete. Im Shintō können Felsen, Bäume oder Wasserfälle Sitz einer Gottheit sein. Wird dies erkannt, wird es durch ein weißes Band manifestiert.

Die Felsen neben dem mit dem weißen Papierband hatten ein solches nicht, also kletterte ich übermütig auf einen hinauf. Ich musste an Kokans Worte denken: »Wenn es donnert, verstecke deinen Bauchnabel!« Ich konnte nur darüber lachen, denn ich fühlte mich stark und voller Tatendrang. Von meiner Aussicht sprang ich zum nächsten Felsen und schaute von dort, wohin der Pfad weiterführen würde. Er ging immer tiefer in den Wald hinein. Da ich keinen besseren Plan hatte, folgte ich dem Weg. Ich kam an einer Quelle vorbei, an der schaurige Steinfiguren standen; darunter erkannte ich einen Gott der Unterwelt. Leise schlich ich mich daran vorbei. Schon mehrere Stunden war ich ohne Begleitung im Wald unterwegs, und die Figuren entwickelten eine etwas unheimliche Präsenz. Als ob sie jeden Moment lebendig werden könnten. Ich lief schnell weiter, bis ich aus dem Wald ins Freie trat. Wieder ragten Felsen vor mir auf, und ich merkte, dass ich mittlerweile die Orientierung verloren hatte. Also überlegte ich, dass ich den Rückweg sicher finden würde, wenn ich einfach nur denselben Weg einschlagen würde, den ich bislang gegangen war. Im Notfall konnte ich ja immer noch meinen Bauchnabel mit der Hand bedecken, auch wenn der durch meine Bekleidung schon verborgen war.

Die Zeder zu finden, hatte ich schon fast aufgegeben; ich konnte sie auch am nächsten Tag suchen. Hier herumzuirren, immer den Weg einzuschlagen, der gerade vor mir lag, war für heute Abenteuer genug. Nach einiger Zeit gelangte ich zu einer Felsnische. Ich blickte hinein. Sie führte noch weiter in den Fels, wo sie zu einer kleinen Höhle wurde. Das musste bestimmt eines von diesen Schlupflöchern sein, in denen die Yamabushi manchmal hausten! Einen kurzen Augenblick zögerte ich, doch schließlich betrat ich die Nische. Vorsichtshalber verbeugte ich mich vorher. Mir kam der Gedanke, was ich tun würde, sollte ich auf ein Skelett stoßen. Vielleicht hatte einer der Asketen seine Askese übertrieben und war vor Erschöpfung gestorben? An den Wänden waren wieder verschiedene steinerne Statuen aufgestellt; ich dachte kurz an Michel von Lönneberga, eine Astrid-Lindgren-Figur, der immer kleine Holzfiguren schnitzte, wenn er im Schuppen eingesperrt war. Ich brüllte in die Höhle hinein: »Wie heißt der Bürgermeister von Wesel!« Das tat ich immer, wenn ich im Gebirge war. Ein alter Witz von meinem Vater. Anstatt eines Echos kam aus dem Dunkel der Höhle aber eine weiße Gestalt auf mich zu. Ich blinzelte und legte instinktiv die Hände über meinen Bauchnabel. Panik überfiel mich trotzdem. Ich wich zurück zum Ausgang und hoffte, dass der Spuk vorübergehen würde, sobald ich wieder im Tageslicht stand. Die Figur jedoch schritt immer weiter auf mich zu, während ich weiter in Richtung Licht ging. Eigentlich hätte ich mich umdrehen und rennen sollen. Doch dann erkannte ich einen jungen Mann mit sauberen, nach hinten gekämmten und geölten Haaren. Er trug das weiße Kostüm eines Shintō-Priesters, eine Art Kimono, der um die Hüften gebunden wird. Langsam wurde ich etwas ruhiger. Das hielt aber nicht lange an, denn der Mann war jetzt so nah, dass ich seinen Gesichtsausdruck erkennen konnte. Deutlich war ihm anzusehen, dass er den Namen des Bürgermeisters von Wesel nicht kannte, sonst hätte er sicher freundlicher ausgeschaut. Ich hatte den Mann eindeutig gestört. Einen Moment lang fragte ich mich, was ich tun könnte, wenn er gewalttätig werden würde. Zum Glück sind die meisten Japaner einen Kopf kleiner als ich, und ich hatte die Hoffnung, dass mir dieser Größenunterschied helfen würde, ihm mit längeren Schritten zu entkommen.

Ich zwang mich, an etwas anderes zu denken, vielleicht war er des Gedankenlesens mächtig. Ob er es war oder nicht – jedenfalls blickte nun auch er etwas verdutzt. Aller Wahrscheinlichkeit nach hatte er nicht erwartet, dass jemals eine Frau aus dem Westen diese Höhle betreten würde, noch dazu allein. Also reagierte er darauf mit einer der beiden Möglichkeiten, mit denen Japaner in einer solchen Situation immer reagieren: Er ignorierte mich von einem Moment auf den nächsten und stapfte zurück in seine Höhle. Die andere Reaktion wäre gewesen, mich auf Japenglisch zu fragen: »Do you speak english? It is nice weather, no?« Das hatte er zu meiner Erleichterung aber nicht getan. Dann hätte ich nämlich geglaubt, mich in einem Buch von Haruki Murakami zu befinden – und weitere Panik wäre dann vielleicht angebracht gewesen.

Für einen Moment überlegte ich, ob ich ihn nach dem Weg zur Teufelszeder fragen sollte. Zum Glück hatte ich die Eingebung, es doch besser zu unterlassen. Der Mann hatte sich hierher zurückgezogen, um alleine zu sein, nicht um Wanderern den Weg zu weisen. Schließlich hatte ich es geschafft – ich war wieder auf dem Pfad vor der Felsnische.

Ich beschloss, nach diesem Abenteuer den Rückweg anzutreten. Zwar hatte ich keine Ahnung, wie spät es war – eine Uhr hatte ich nicht bei mir –, aber in Japan wird es abends immer früh dunkel, und dann wollte ich nicht unbedingt im Wald sein. Ich schlug den Weg ein, den ich gekommen war. Als ich die Quelle erreichte, war ich wieder bemüht, leise zu sein. Der Gott der Unterwelt stand da wie vorher – er hatte sich nicht bewegt. Gut so. Danach gelangte ich zu den Felsen, auf denen ich herumgesprungen war. Doch plötzlich taten sich vor mir zwei Wege auf. Ich hatte diese Gabelung auf meinem Hinweg nicht bemerkt, da war ich immer nur geradeaus gelaufen. Dass an dieser Stelle ein anderer Pfad dazugestoßen war, daran konnte ich mich nicht mehr erinnern. Beide sahen gleich aus, und auf meiner Karte war keiner von ihnen eingezeichnet. Ich überlegte kurz, dann entschied ich mich für den rechten Weg. Nachdem ich aber eine gefühlte halbe Stunde durch den Wald gegangen war, gab es nur eine Erkenntnis: Ich hatte falsch gewählt. Mir wurde mulmig zumute. Ich war aber auch wirklich leichtsinnig gewesen. Mein Tatendrang verwandelte sich innerhalb von Sekunden in Angst. Was, wenn ich mich verlaufen würde? Hier kam so selten jemand vorbei. Wege gab es im Überfluss: Als vor dreihundert Jahren über dreitausend Yamabushi auf dem Berg lebten, hatte sich jeder seinen Pfad geebnet – es musste also hier oben ein richtiges Wegelabyrinth geben. Außerdem war der Berg Hiko an seiner höchsten Stelle 1200 Meter hoch, nachts würde es bestimmt verdammt kalt werden. Und welches wilde Getier in der Dunkelheit herumkriechen würde, das wollte ich mir gar nicht erst ausmalen. Eine dumme Idee war es gewesen, allein in den Wäldern herumzustrolchen. Auch der Hunger meldete sich, und ich bekam zittrige Knie. Ich konnte jetzt nur weiterwandern und sehen, was passieren würde, oder umdrehen und wieder die Felsen aufsuchen. Ich entschied mich für letztere Variante. Der andere Weg musste ja der richtige sein.

Er war es auch, und schließlich erreichte ich die Kreuzung auf dem Bergkamm. Als ich mich endlich auf dem Hauptpfad wiederfand, stand die Sonne schon sehr tief. Langsam ging es mir jedoch wieder etwas besser, trotz des Hungers. In einer Hosentasche entdeckte ich ein Bonbon, das Mari mir am Morgen zugesteckt hatte, ein *kuroame* (»schwarzer Regentropfen«), eine Art Malzbonbon. Es gab mir etwas Kraft und Energie – fast rannte ich den Berg hinunter. Als ich den Yamabushi-Friedhof erreichte, hörte ich von irgendwo eine Glocke läuten – das musste die sein, die sich vor dem Haus von Mari und Kawa befand. Als ich das Gebäude sehen konnte, ging in dem Augenblick die Sonne unter. Mari stand im Garten und blickte in Richtung des roten Feuerballs. Als sie mich sah, leuchteten ihre Augen und sie sagte: »Auch jeden Abend nur den Sonnenuntergang suchen, kann zur Erleuchtung führen. Manchmal braucht man nicht mehr als das.«

Ich war froh, wieder an einem sicheren Ort zu sein, nicht in irgendeiner Höhle auf dem Berg übernachten und auf Gräsern kauen zu müssen. Mari sah so sanft aus, so großmütterlich und lieb, und obendrein roch es aus der Küche ziemlich gut.

Nachdem ich drei Schalen mit Reis gegessen hatte, wurde ich gesprächig. Alle wollten natürlich von meinen Erlebnissen hören, und ich erzählte, wie viel Spaß es mir gemacht hatte, auf den Pfaden zu wandeln, und wie begeistert ich von den vielen Ruinen der Yamabushi sei, die überall noch zu finden waren. Dass ich mich zwischendurch fast verlaufen hätte und dass ich einen Yamabushi getroffen hatte, erwähnte ich nicht. Kawa holte nach dem Essen noch eine Flasche Sake aus dem Küchenschrank, und ich trank ein Glas mit. Danach war ich so müde, dass ich mich verabschiedete und regelrecht ins Bett fiel. In der Nacht hatte ich wirre Träume von *tengus*, die am Fenster vorbeiflogen und krähten, als würden sie mich rufen: »Komm zu uns, komm zu uns. Krah, krah.«

Die Hausglocke weckte mich wieder, und wie schon tags zuvor rannte ich nach unten, gerade noch rechtzeitig für das *otsutome*. Nach dem Frühstück blieb ich noch lange bei Mari in der Küche und half ihr beim Aufräumen und bei den Vorbereitungen fürs Mittagessen; die Männer hatten sich zurückgezogen. Ich hätte noch einmal losziehen können, um die Teufelszeder zu finden, doch hatte ich fürs Erste genug vom Herumirren in fremden Wäldern. Es war schön, bei Mari zu sein, und ich hatte das Gefühl, dass auch sie es mochte, mich in ihrer Nähe zu wissen. Wir mussten nicht viel miteinander reden – und verstanden uns dennoch. Sie erzählte mir kaum etwas von ihrem Leben, auch stellte sie nur wenige Fragen, aber sie, die kinderlos war, hatte mich einfach in ihr Herz geschlossen. Wir begegneten uns auf eine Art und Weise, die so innig war, als sei sie wirklich meine Großmutter. Manchmal kam sie zu mir und drückte mir einfach nur die Hand. Oder sie lächelte mir zu. Ansonsten schnippelten wir in Eintracht Gemüse und zerlegten Hühnerschenkel.

Am Nachmittag wollten Kokan und ich wieder zurück zum Kloster fahren. Vorher wollte er mit mir noch einmal zum Hauptschrein gehen, um mir dort ein paar Dinge zu zeigen, die ich beim letzten Mal nicht zu Gesicht bekommen hatte.

Als wir dorthin aufbrachen, passierten wir die Statue von einem *tengu*. Erneut versuchte ich unser Gespräch auf die Yamabushi zu lenken und auf die ihnen nachgesagten übermenschlichen Kräfte, die sie in den Bergen entwickelten. Wie er das denn einschätze?, wollte ich von ihm wissen. Diesmal wurde Kokan fast wütend.

»Warum interessieren dich diese Yamabushi? Was ist gut an ihnen? Für wen tun sie all diese Askese? Für sich! Solche

Egomanen. Was ist Erleuchtung, wenn man sie nicht mit anderen teilen kann? Ich halte nichts von ihnen, gar nichts!« Einmal in Rage, redete er weiter: »Denk daran, was ich dir über die *tengus* erzählt habe, durch sie zeigt sich der wahre Charakter der Yamabushi. Nur wer über seinen eigenen Ursprung nachdenkt, wird einen Weg vor sich erkennen.«

Ich muss gestehen, dass ich von Kokans Standpauke etwas eingeschüchtert war – wenn es denn eine solche war. Sonst reagierte er nicht so emotional, aber irgendetwas an meinem Verhalten, an meiner Sichtweise, schien in ihm diese Wut provoziert zu haben.

»Es ist nicht die Ferne von den Menschen und der Welt, die dich zu einem besseren Menschen macht, sondern die Nähe zu ihnen«, setzte Kokan nach.

Was auch immer er mir beim Schrein hatte zeigen wollen, ich weiß es nicht mehr. Wir kehrten an dem Abend zurück zum Kloster, und mein Leben dort ging weiter, langsam, fast im Schneckentempo. Dennoch verstand ich aber jeden Tag ein wenig mehr, worum es an diesem Ort ging.

Bis heute ist mir Kokans Ärger in Erinnerung geblieben. Er, der jeder Religion mit Respekt entgegentrat und mehr über die Auslegung der Bibel wusste als ich, für ihn war der Weg der Yamabushi keiner, den er mir empfehlen wollte. Im Nachhinein muss ich ihm recht geben, damals aber dachte ich: Der kennt mich nicht gut genug. Wenn der wüsste, was ich alles begreifen würde, sollte ich mich erst der Askese zuwenden!

Während der Wintermonate gab es keine Gelegenheit, ein weiteres Mal auf den Berg Hiko zu gehen. Mari und Kawa besuchten oft das Kloster, aber wenn sie da waren, hielt sich Mari meist bei der Ekaisama auf. Wir trafen uns höchstens morgens nach dem *otsutome* auf den Stufen vor dem Tempel und wünschten uns gegenseitig einen guten Morgen. Doch einmal sagte sie, dass es jetzt sehr kalt auf dem Berg sei, sie sich aber darum kümmern werde, dass ich im Frühling kommen könne.

II. Ende Februar kam meine Freundin Anne aus London, um die nächsten sechs Monate mit im Kloster zu wohnen. Sie hatte bis Dezember ein Praktikum bei einem Plattenlabel in London gemacht und wollte nach Weihnachten zwei Monate in Indien verbringen, bevor wir uns in Japan treffen sollten. Ich hatte ihr in Briefen viel von meinem Leben im Kloster erzählt – und ihr auch nicht abgeraten, diese Reise anzutreten.

All die vergangenen Monate, die ich in Japan war, hatte ich sie herbeigesehnt, um mit jemandem meine Erfahrungen teilen zu können. Und als es nun so weit war, freute ich mich zwar sehr auf ihren Besuch, aber ich hatte das Gefühl, dass er jetzt nicht mehr so notwendig war wie am Anfang. Mein letztes halbe Jahr hätte ich auch allein durchgestanden. Vorher gab es da einige Zweifel.

Ich holte Anne vom Flughafen ab. Sie sah toll aus! Von ihrem langen Zwischenstopp in Indien war sie braun gebrannt. Sie trug bunte Kleider und war überschwänglich wie immer. Es tat gut, einen Menschen zu sehen, der mit seinen Gefühlen nicht haushaltete, sondern sich offen und frei ausdrückte. Wir fielen uns in die Arme, und sie war neugierig, von mir zu erfahren, wie sich die nächste Zeit für sie gestalten würde. Ich sagte ihr, dass wir in den kommenden Tagen noch viel Zeit hätten, dies zu klären, nur so viel: es sei anstrengend, aber auch lohnend. Es seien ständig Leute um einen herum, die sich in alles einmischten, was man tat, dass das aber auch seine Berechtigung hätte, denn schließlich lebte man in einem Kloster und nicht in einem Mädcheninternat.

Anne warf sich ins Klosterleben mit einem Charme, den ich mir manchmal auch für mich gewünscht hätte. Innerhalb kürzester Zeit hatte sie alle Bewohner kennengelernt, und dank meiner Erzählungen, fand sie sich viel schneller zurecht als ich vor sechs Monaten. Niemand hatte mir damals Erklärungen gegeben – es wusste ja auch keiner, was für mich besonders fremd war.

Wir wohnten nun zu dritt in dem Apartment, zusammen

mit Shu-chan, die wir allerdings fast nur an den Wochenenden zu Gesicht bekamen. Anne und ich, wir traten als Doppelpack auf und bestritten fast alles gemeinsam. In Satos Zeitungsleseunterricht schlichen sich seit ihrer Ankunft englische Themen ein, und die Diskussionen, die nun von drei Meinungen getragen wurden, waren eindeutig lebhafter. Im Kalligrafieunterricht war Anne genauso stolz auf ihre Zeichen wie ich anfangs auf meine gewesen war, und wenn ich mich abends ins Bürogebäude verzog, um dort in Ruhe uralte chinesische Schriftzeichen zu üben, so leistete sie mir Gesellschaft und malte ihre eigenen Versionen. Sie beschloss jedoch, dass Ikebana und Teezeremonie ihr nichts brachten. Diese Zeit nutzte sie, um japanische Flöte, *shakuhachi*, zu lernen.

Es war Anfang April; längst war es wieder warm geworden, da bat die Bomorisan Anne und mich zu sich und sagte: »Kokan muss wieder auf den Berg Hiko. Wollt ihr ihn für drei Tage begleiten?«

Ich hatte Anne schon viel vom heiligen Berg und seinen Geheimnissen erzählt, und sie brannte regelrecht darauf, dorthin zu fahren und endlich Neues kennenzulernen. Mittlerweile war es so, dass sie die Ungeduldige von uns beiden war. Nach einem halben Jahr in der Fremde hatte ich – endlich – den Klosteralltag zu schätzen gelernt, hatte meinen Platz gefunden und akzeptiert, dass ich nicht plötzlich zur Erleuchtung käme. Wenn ich also auch keine extremen Erfahrungen machte, befand ich mich dennoch in einem Kloster, dennoch in Japan. Ich hatte in den vergangenen Monaten Momente absoluter Innigkeit erlebt, hatte viel Zeit gehabt, über mich und mein Leben nachzudenken, hatte Menschen gefunden, mit denen ich ein gemeinsames Band spürte. Und im Kendo durfte ich mein eigenes Schwert, mein *kata*, schwingen. Anne war für mich wie ein Spiegel – sie suchte ihren Weg noch, ähnlich musste ich bei meiner Ankunft im Kloster gewirkt haben.

Als die Bomorisan uns diese Nachricht mitteilte, sagten wir wie aus einem Mund: »*Tanoshiminishimasu!*«

Anne hatte auch einen Plan für unseren Bergaufenthalt: »Lass uns fasten, wenn wir dort oben sind. Dadurch soll man klare Gedanken bekommen. Und wenn wir das auch noch an einem Ort machen, der als Kraftzentrum gilt – was glaubst du, was wir da alles erleben werden!«

Ich hatte zwar noch nie gefastet, es aber stets vorgehabt. Bei Annes Worten musste ich an Kokan denken und was er über die Yamabushi gesagt hatte, dass sie einzig auf der Suche nach immer stärkeren Erfahrungen seien, Erleuchtung nur für sich selbst suchten. Mit anderen Worten: Sie waren Konsumenten der körpereigenen Endorphine. Durch Annes Formulierungen verstand ich ein wenig, was Kokan befürchtete, als ich ihm von den Yamabushi vorschwärmte. Dennoch war ich neugierig geworden.

Obwohl die Temperaturen gestiegen waren, gab man uns zu verstehen, dass es auf dem Berg Hiko trotzdem sehr kalt sei. Also packten Anne und ich unsere dicken Jacken ein. Und tatsächlich: Auf dem Berg herrschte noch tiefster Winter. Die Bäume reckten kahl ihre Äste gen Himmel, und trotz gefütterter Jacken mussten wir, wenn wir draußen waren, immer in Bewegung bleiben, sonst fingen wir zu frieren an. Mari und Kawa begrüßten uns mit einem breiten Grinsen, und auch Kokan freute sich, mit uns hier zu sein. Er sang ein Lied über Alt-Heidelberg vor sich hin.

Kurz nach unserer Ankunft winkte Kawa Anne und mich zu sich, wir sollten ihm folgen. Mit Maris Mann hatte ich bislang nur wenige Worte gewechselt. Ich nahm an, dass er, weil er meine Sprache nicht beherrschte, es zweifelhaft fand, dass ich seine verstand – weshalb er nur kurze Sätze von sich gab und diese dazu überlaut und überdeutlich artikulierte. Oder er sagte, wie in diesem Fall, gar nichts und gestikulierte stattdessen wild herum. So wie man es bei Ausländern gern machte. Dass mein Japanisch mittlerweile sehr gut geworden war, das hatte er wohl nicht mitbekommen.

Anne und ich gingen nun mit ihm auf den kleinen Hügel vor dem Haus, auf dem an einem Holzgerüst eine große Glocke hing, nicht vergleichbar mit Maris und Kawas Hausglocke. Es war kurz vor halb sechs, und mit dem Voranschreiten des Zeigers auf seiner Armbanduhr nahm Kawa einen Schlägel in die Hand, der einem mittelalterlichen Rammbock glich. Er gab gerade noch rechtzeitig mit den Händen zu verstehen, dass wir uns die Ohren zuhalten sollten – und schon schlug er mit dem massiven Schlegel gegen die Glocke. Jetzt begriff ich, warum er sich nur durch Gesten mit uns verständigt hatte: Er hatte natürlich Watte in den Ohren. Der dumpfe Ton der Glocke war laut genug, dass man ihn selbst im Tal hören musste. (Ihn hatte ich auch gehört, als ich mich bei meinem letzten Aufenthalt auf dem Berg verirrt hatte.) Uns, die neben der Glocke standen, ging der Klang buchstäblich durch Mark und Bein. Kawa grinste nur, während Anne und ich bei jedem Schlag zusammenfuhren.

Als der letzte Ton verhallt war, legte Kawa die Handflächen vor seinem Körper aneinander und sagte laut und deutlich: »*Namanda.*« Nach einer kurzen Pause fuhr er fort: »Jeden Abend läute ich diese Glocke und denke dabei an die Menschen, die sie aufgestellt haben. Alle, die diese Glocke bewusst wahrnehmen, stehen im Glauben zusammen. Ein einziger Ton schafft diese tiefe Verbindung.«

Wir gingen zurück ins Haus, und vor dem Schrein fand die Abendandacht statt. Mari hatte sich gemerkt, dass ich gern Bergtofu aß, und so servierte sie ihn uns. Bei dessen Anblick beschlossen Anne und ich, heute noch das Essen zu genießen, ab morgen aber, so erklärten wir Mari, würden wir fasten. Dabei nickten wir ernsthaft mit dem Kopf. Im Kloster hatten wir schon den Mönchen von unserem Vorhaben erzählt, und vor allem Wado hatte uns dabei schräg angeschaut und gemeint: »*Nani?* Wie bitte?«

Maris Reaktion auf unsere Mitteilung war eine andere: »Na, wenn ihr wollt.« Danach füllte sie uns noch etwas Reis in die Schalen.

Nach dem Essen zeigte sie uns unser Zimmer, in dem es ziemlich kalt war. Die Isolierung von Häusern ist in Japan so gut wie unbekannt, auch findet man in hiesigen Wohnungen kaum Zentralheizungen. Im Winter benutzt man einfach ein paar Decken mehr, das war es auch schon. Wir beredeten, wie wir beim Fasten vorgehen sollten, merkten aber schnell, dass wir zu frösteln anfingen. Es fehlte die Wärme, die beim Essen von Maris Küche ausgegangen waren. Also beschlossen wir, ins Bett zu steigen und von diesem aus das Gespräch fortzusetzen. Anne meinte, dass es wohl am besten sei, am nächsten Tag nur Tee zu trinken und mittags vielleicht einen Joghurt zu essen – denn so viel wussten wir: Mit dem Fasten sollte man langsam beginnen. Als wir das Licht ausmachten, war ich noch nicht müde, und so hörte ich noch lange zu, wie der Wind gegen die Fenster blies.

Am nächsten Morgen erwachte ich voller Lebenslust und fühlte mich frisch und erholt – bereit zum Fasten. Ha, wie gut es tat, nichts zu essen! Das Gefühl hielt aber nur so lange an, bis wir nach der Andacht, zu der wir pünktlich erschienen, mit Kawa und Mari und Kokan am Frühstückstisch saßen. Anne und ich erklärten noch einmal laut und deutlich, dass wir jetzt fasten würden und darum nur Tee tränken – mehr nicht, wirklich nicht. Die drei nickten uns nur zu und meinten, na, wenn das unser unbedingter Wille sei, dann würde man uns nicht davon abhalten. Dabei zerlegten sie mit ihren Stäbchen den gegrillten Fisch auf Daikon-Rettich und schlürften ihre Misosuppen. Anne und ich hielten uns tapfer an den Tee. Wir tranken Mengen davon. »Ja«, redeten wir uns ein, »das ist gar nicht so schwer!« Wir waren aber heilfroh, als die Tafel aufgehoben wurde und wir die benutzen Teller von Mari, Kawa und Kokan abspülen konnten.

Den ersten Tag, das hatten wir gestern Abend noch besprochen, wollten wir im Zimmer verbringen, um keine unnötigen Kalorien durch Bewegung zu verbrennen. Ich hatte mir zu diesem Zweck ein paar Predigten und Abhandlungen von Meister Eckhart, dem christlichen Mystiker, mitgenommen, die ich nun lesen wollte. Anne setzte sich ihre Kopfhörer auf und hörte Trance-Musik. Die Zeit schien nicht verstreichen zu wollen. Immer wieder schaute ich auf die Uhr, wann denn endlich Mittag sei, denn dann gäbe es einen Joghurt. Um die Stunden bis dahin zu überbrücken, ging ich hinunter in die Küche und bereitete dort eine große Kanne Tee zu. Aus den Augenwinkeln sah ich, wie Mari Lotuswurzeln schnitt und in einem Teig wälzte. Ich versuchte nicht darüber nachzudenken, wie gut das schmecken würde. Anschließend quälte ich mich mit der Teekanne die Treppen hoch zu unserem Zimmer, wo Anne sich nur schwach über das Getränk freute. Wieder saßen wir da, stumm, sie mit ihren Kopfhörern, ich mit meinem Buch. War das langweilig! Nach über acht Monaten im Kloster war mein Körper auf pünktliches Essen trainiert worden, gleichsam wie ein pawlowscher Hund. Musste ich durch Termine einmal eine Mahlzeit aussetzen, nagte der Hunger so an mir, dass ich an nichts anderes mehr denken konnte.

Noch eine halbe Stunde bis zum Mittagessen. Laut sagte ich zu Anne: »In dreißig Minuten bekommen wir einen Joghurt.« Sonst fiel mir nichts mehr ein, was konversationstauglich war, zu sehr dachte ich an Lotuswurzeln und andere Köstlichkeiten. »Oh, hab ich Hunger!«, stöhnte Anne.

Die nächste halbe Stunde wollte nicht verstreichen. Als sie endlich um war, sprangen wir beide wie auf Kommando auf und rannten die Stiegen nach unten. Mari hatte schon den Tisch gedeckt, und der Reiskocher dampfte. Ah, dieser Duft, dachte ich und machte mir mental eine Notiz: »Wenn man fastet, riecht das Essen noch besser.«

Mari, Kawa und Kokan schmatzen vor sich hin, während Anne und ich vor einem Schälchen Joghurt saßen. Wir aßen so langsam wie möglich und versuchten jeden Löffel zu genießen. Dennoch waren unsere Schalen lange vor denen unserer japanischen Gastgeber leer. Es blieb uns ja noch der Tee.

Als alle ihre Essstäbchen auf den Tisch gelegt hatten, räumten wir sofort das Geschirr weg. Kokan schaute uns dabei nur verwundert zu. Anschließend entschuldigten wir uns und verschwanden wieder in unser Zimmer, rechtzeitig, bevor Kekse zum Nachtisch angeboten wurden.

Der Nachmittag war genauso öde wie der Vormittag. Ich begann, an unserem Entschluss, fasten zu wollen, zu zweifeln. Ein leerer Magen trug kaum zu einer gehobenen Stimmung bei. Wir saßen in unserem Zimmer wie in einer Zelle, und unsere Gedanken drehten sich wie in einer Endlosschleife nur ums Essen. Von tiefen Einblicken ins Wesen der Welt keine Spur. Eher machte sich Gereiztheit breit.

Aber wir wollten ja meditieren. Also legten wir einige unserer Decken nebeneinander auf den Boden und setzten uns im Lotussitz darauf. In meinem Kopf passierte nichts, außer dass ich noch intensiver ans Essen dachte. Wir hatten uns einen Wecker gestellt, der nach genau zwanzig Minuten läuten sollte. Meine Augen wanderten immer wieder hinüber zum Zifferblatt – ich musste mich vergewissern, dass er nicht stehen geblieben war. Es dauerte Ewigkeiten, bis das erlösende Läuten einsetzte.

Die Meditation hatte zu nichts geführt. Ich schlug jetzt vor, eine Methode anzuwenden, auf die auch die Surrealisten zurückgegriffen hatten, um neue Ideen zu finden und tiefer in ihr Sein einzusteigen. Jede von uns erhielt ein Blatt Papier, auf dem wir einige Sätze oder den Anfang einer Geschichte schreiben sollten. Dann würden wir die Zettel tauschen und auf dem der anderen weiterschreiben.

Anne begann ihr Blatt mit folgender Geschichte: »Es war schwarz, und überall flog dieser protonfarbene Staub herum. Wie konnte sie diesen Staub berühren und dennoch am Leben bleiben? Und wenn sie ihn nicht berührte, wie könnte sie dann weiterleben?« Meine Antwort darauf: »Es gab viele Situationen, die weitaus gefährlicher waren. Ich glaube, ich könnte auf der Stelle mindestens hundertzweiundsechzig solcher beschreiben, die als ›weitaus gefährlicher‹ eingestuft werden können. Eine davon ist, in fluoreszierenden Stiefeln auf der Hauptstraße des Planeten Warklungh herumzuspazieren.« Es war alles völlig unsinnig, was wir in den nächsten

Stunden produzierten. Zum Glück beobachtete uns niemand dabei.

Nachdem wir eine Weile so weitergeschrieben hatten, versuchten wir es wieder mit Meditation. Irgendwie mussten wir ja die Zeit totschlagen. Auf einmal klopfte es an unsere Tür. Es war Mari, die davorstand und sagte: »*Yūshoku*, Abendessen.«

Insgeheim verfluchten wir unseren Vorsatz, enthaltsam und asketisch leben zu wollen. Es gab bestimmt bessere Orte, ein solches Vorhaben durchzuführen, als in einer Berghütte mit Japanern, die Fasten als »egoistischen Weg zum Glück« einstuften. Dass sie uns aus Höflichkeit zu den Mahlzeiten einluden, half auch nicht wirklich weiter. Aus ähnlichen Höflichkeitsbezeugungen konnten wir das Angebot keineswegs ablehnen, zumindest mussten wir uns mit ihnen an den Tisch setzen. Das taten wir dann auch – und stellten demonstrativ zwei Kannen Tee vor uns hin.

Zuvor hatte sich Kawa noch vor uns hingestellt, mit Wattebällchen in den Händen, und uns aufgefordert, mit ihm die Glocke zu läuten. Wir waren ihm erneut gefolgt, wobei die Wattebällchen in den Ohren nicht viel halfen. Immerhin ging mir dabei doch ein Licht auf: Kawa musste schwerhörig sein!

Da wir nach dem Abwasch keine Lust verspürten, zurück auf unser Zimmer zu gehen, setzten wir uns mit Kawa und Mari in die Küche. Kokan wollte noch unbedingt etwas in Ruhe nachlesen und war deshalb früh in seinem Raum verschwunden. Es war das erste Mal, dass ich abends mit diesem älteren Ehepaar zusammensaß. Es war eine völlig andere Stimmung als tagsüber – sämtliche Arbeit war erledigt, und die beiden genossen die stillen Stunden. Kawa löste ein Sudoku, Mari versuchte sich an einer komplizierten Häkelarbeit. Anne und ich wiederum studierten die Inneneinrichtung der Küche. Nach einer Weile stand Kawa auf und ging ins Nachbarzimmer.

»Was macht er denn dort?«, fragte Anne. Eigentlich war es nicht sehr höflich, Mari so direkt anzusprechen.

»Seine Abendgymnastik. Du kannst ihn gern dabei beobachten.«

Natürlich waren wir neugierig und wollten wissen, wie es aussah, wenn Kawa herumturnte.

Das Nachbarzimmer war ein kleiner Raum mit ein paar Büchern an den Wänden und einem Teppich auf dem Boden. Darauf saß Kawa mit ausgestreckten Beinen. Er war dabei, mit seiner Nase das eine Knie zu berühren – und er schaffte es. Sein weiteres Programm: Rumpfbeugen, andere Dehnübungen und Liegestütze. Alles absolvierte er souverän mit seinen knapp achtzig Jahren. Anne und ich staunten nur. Kawa hatte seine Brille abgelegt und uns offensichtlich nicht gesehen – gehört schon gar nicht. Erst als er fertig war, schien ihm bewusst zu werden, dass wir im Raum waren. Ein beschämtes Lächeln glitt über sein Gesicht, wie bei einem kleinen Jungen, der gerade bei einer heimlichen Handlung erwischt worden war. Anne und ich lächelten zurück und fragten, ob er das jeden Tag mache, denn diese Elastizität, die er hier bewies, war sensationell.

»Ja, jeden Abend«, erwiderte er. »Nicht nur der Geist muss wach sein, auch der Körper.«

Wo er denn diese Übungen gelernt habe, wollten wir nun von ihm wissen. »In der Schule.« Dann lachte er und fragte, ob wir morgen Abend mitmachen wollten.

»*Tanoshiminishimasu.*«

Zurück in unserer »Zelle«, konnte ich vor Hunger nicht einschlafen. Nur noch einen Tag und eine Nacht, dann würden wir wieder zurück zum Tempel fahren. Und da durften wir wieder essen! Ich hörte, wie sich Anne in ihrem Bett hin und her wälzte. Irgendwann atmete sie ruhig, während ich noch immer ins Dunkle starrte.

Als ich am nächsten Morgen erwachte, war Annes Bett leer. Ich schaute auf den Wecker, es war noch eine halbe Stunde bis zur Morgenandacht. Da ich Durst verspürte, zog ich mich an und ging hinunter in die Küche. Ich hörte Musik, dazu eine männliche Stimme, die freundlich Anweisungen gab. Es klang wie Hans Rosenthal auf Japanisch. Diesmal war es Mari, die am Küchentisch Gymnastik zu den Anweisungen eines Radiomoderators machte. Anne stand neben ihr und folgte ihren Übungen. Beide lächelten mir zu. *Itch, ni, san, shi* – eins, zwei, drei, vier. Super. Ich zählte mit, beugte mich ebenfalls nach vorne und ließ die Arme baumeln. Davon musste ich unbedingt meinen Großeltern schreiben!

Kokan kündigte sich mit einem »Hoho!« an, und Kawa streckte kurz darauf seinen Kopf durch die Tür und hatte wieder dieses spitzbübische Grinsen im Gesicht. Wir alle mussten lachen.

Gemeinsam gingen wir zum Andachtsraum und sangen die Sutren, was mir an diesem Morgen besonders gut gefiel. Meine Gedanken wanderten in alle Richtungen, ich versuchte nicht, ihnen hinterherzurennen und sie einzufangen. Ich ließ sie einfach ziehen und schaute ihnen nach, wie ich es schon kannte.

Die Tortur, nichts essen zu dürfen, überstand ich an diesem Morgen auch viel besser als am gestrigen Tag. Anne aber sagte, dass sie unbedingt frischen Obstsaft trinken müsse. Mari meinte daraufhin, dass sie Orangensaft im Kühlschrank hätte. Meine Freundin hatte richtig Durst und schaffte drei Gläser. Ich nur eines, und das war mein Glück. Denn als wir wieder im Zimmer waren, setzten bei Anne Bauchschmerzen ein. Die Säure des frischen Safts war zu aggressiv für die Magenwände, die sonst nichts anderes zu verdauen hatten. Sie legte sich mit Krämpfen ins Bett. Ich fragte, ob ich etwas für sie tun könne, doch sie stöhnte nur und bat darum, ein wenig allein sein zu dürfen. Ich beschloss, in den Wald zu gehen. Mari gab ich Bescheid, eine kleine Wasserflasche steckte ich in meine Winterjackentasche, anschließend ging ich wieder in Richtung Yamabushi-Friedhof. Es war keine weite Strecke bis dorthin, aber ich war fix und fertig, als ich endlich auf der Lichtung stand, auf der sich die Gräber befanden. Wieder hörte ich das »Krah-Krah« der Krähen über mir in der Luft, konnte aber keine einzige ausmachen. Anstatt die Stufen in Richtung Bergkamm zu steigen, wollte ich diesmal eine andere Strecke einschlagen. Gleich hinter dem Friedhof, das hatte ich entdeckt, begann ein Bambuswald. Und Bambuswälder gehören mit zum Schönsten, was Japan zu bieten hat. Diese geraden Stämme, die dicht an dicht stehen, diese schmalen Blätter, die viel Licht durchlassen. Für mich strahlten sie etwas Urasiatisches aus. Geheimnisvoll, rätselhaft, rein.

Ich folgte dem Weg, der sich durch diesen seltsamen Wald schlängelte, und bald war ich von allen Seiten von Bambus umzingelt. Ich hatte das Gefühl, in einem Labyrinth zu sein, aus dem es nur ein Entkommen gab, wenn man von oben darauf blicken konnte. Ich müsste mich in einen Vogel verwandeln können, dachte ich, dann könnte ich mich ganz frei fühlen.

Schon wieder ertönte ein »Krah-Krah« direkt über meinem Kopf. Und wieder entdeckte ich keinen Vogel, der diesen Laut von sich gegeben haben könnte. Körperlich war ich erschöpft, und nach nur einem Tag Fasten war auch mein Geist feinfühliger als sonst. Meine Gedanken stöberten in Ecken meines Bewusstseins, die ich lange verdrängt hatte. Ich erinnerte mich, wie ich als Kind immer Angst vor dem Kuckuck gehabt hatte. Meine Großeltern erzählten mir, wie sie mit mir zum Wandern unterwegs waren, als ein solcher Vogel über mir flog und direkt über meinem Kopf seinen Kuckucks-Laut ausstieß. In Japan glaubt man daran, dass der Kuckuck ein Überbringer von Botschaften aus anderen Welten ist, dass er mit verschiedenen Welten kommunizieren kann. Wer weiß, vielleicht hatte ich diesen Ruf schon als Kind verstanden und deshalb die Entscheidung getroffen, mich mit der japanischen Kultur auseinanderzusetzen? Danach fiel mir ein, was ich einmal in einem japanischen Buch über Berge gelesen hatte: Sie würden den Menschen zu einer Einsamkeit führen, die einen schmerzhaft daran erinnerte, wie die Welt wirklich sei. Einsamkeit, das war auch das Gefühl, das ich gerade empfand.

Ich hatte aber auch von *tsuchigumos* gelesen, von Spinnenmenschen mit langen Beinen, die im Gebirge wohnten. In meinem leicht verwirrten Zustand verfiel ich auf die Idee, dass diese vielleicht gerade hier leben könnten, auf diesem einsamen Berg, in einer der vielen Höhlen. Mir wurde langsam unheimlich zumute. Da krähte es schon wieder über mir, und der Wind wehte durch den trockenen Bambus. Irgendwo in meiner Nähe raschelte es sehr sonderbar. Und wieder konnte ich kein Tier ausmachen. Dennoch fühlte ich mich beobachtet. Ich begann mir vorzustellen, dass es die Seelen der verstorbenen Yamabushi waren, die sich einen Streich mit mir erlaubten. Sie saßen im Geäst und lachten über mich und meine Askese. »Krah-Krah«, wirklich, es klang wie Gelächter. Und plötzlich krähte es von allen Seiten. Langsam wurde ich wütend und schrie in den Wald hinein: »Selbst schuld, dass ihr hier hockt und herumkräht. Egoistisch war das, was ihr gemacht habt. Weit seid ihr nicht gekommen, ihr blöden Yamabushis. Und jetzt hört auf, euch über mich lustig zu machen!«

Aufgeschreckt durch meine lauten Worte, erhoben sich an die hundert Krähen aus dem Bambus und flogen davon. Ich schaute ihnen zu, als hätte ich Wurzeln geschlagen. Als ich mich aus meiner Erstarrung gelöst hatte, rannte ich los und hielt nicht an, bis ich den Friedhof erreichte. Dort angelangt, drehte ich mich noch einmal um in Richtung Bambuswald. Still und friedlich schien alles zu sein. Nur der Wind spielte mit den trockenen Blättern. Mehr war da nicht.

Ich kehrte zurück ins Haus von Mari und Kawa. Auf dem Weg kam mir Kokan entgegen.

»Ah, da bist du ja«, sagte er. »Ich habe mir Sorgen gemacht und dachte, ich schaue mal nach, wo du bleibst. Aber es scheint ja alles in Ordnung zu sein. Und was hast du dir angesehen?«

Ich erzählte ihm nichts davon, dass ich das Gefühl hatte, beobachtet worden zu sein. Es war ja auch absurd. Das waren reine Fasten-Phantastereien, die durch einen veränderten

Stoffwechsel hervorgerufen worden waren. Aber ich muss wohl länger im Wald geblieben sein, als ich angenommen hatte. Das Mittagessen von Kokan, Mari und Kawa hatte ich verpasst, und es war schon bald wieder Zeit, die große Glocke zu läuten. Ich schaute nach, wie es Anne ging. Sie saß auf den Decken und meditierte. Den ganzen Tag hatte sie viel Wasser getrunken, um den Orangensaft in ihrem Magen zu verdünnen. Nun ging es ihr schon viel besser.

Als wir nach unten stiegen, war niemand in der Küche. Mari stand stattdessen auf der Veranda und schaute in den Sonnenuntergang. Die letzen Strahlen spiegelten sich in ihren Augen. Sie murmelte »*Namanda*«, danach ging sie wieder ins Haus hinein.

An diesem Abend setzte ich mich nach der Andacht an den kleinen Tisch in unserem Zimmer und begann einige Gedanken aufzuschreiben, die mir in den Kopf gekommen waren:

Jeder Mensch trägt bei der Geburt einen Ton in sich, der einen ureigenen Rhythmus anschlägt. Zu Beginn ist er noch schwach, eher wie ein Plätschern. Zuerst erkennt der neue Erdenbürger den Rhythmus der Eltern. Dieser wird vertraut, und die Angst wird genommen vor der großen Welt, in der alles eine einzige Kakofonie zu sein scheint. Allmählich nimmt der neue Mensch andere Rhythmen wahr. Irgendwann hört er ähnliche heraus und entdeckt dabei diejenigen, die er schön findet, und andere, die verzerrt klingen oder gegen den eigenen steuern. Danach erkennt er, dass sogar Bäume und Pflanzen ihren eigenen Rhythmus haben – wie alles in der Welt. Soll er deswegen aufgeregt oder ängstlich werden? Oder lachen und sich freuen über die Vielfalt, sich öffnen und sie in sich hineinfließen lassen? Vielleicht schlägt das Herz deshalb, um zu zeigen, dass jeder Teil dieses Orchesters ist, das die Welt zum Klingen bringt. Der Atem formt die Klangwellen, die hinausgleiten in die Welt, immer und immer wieder.

Auch an diesem Abend hatte ich Schwierigkeiten einzuschlafen. Mir schien es, als spähten die Yamabushi wieder durchs Fenster zu mir hinein. Doch ich ignorierte sie.

Der nächste Morgen brach an. War er mein letzter auf dem Berg Hiko? In vier Monaten würde ich das Kloster verlassen. Und ob ich noch einmal Gelegenheit bekommen würde, hierher zu reisen, das wusste ich nicht. Aus diesem Grund fiel der Abschied schwer. Noch einmal gingen wir mit Kawa hinauf zur Glocke und ließen uns vor ihr fotografieren, danach fuhren wir zum Bahnhof. Auf dem Rückweg gelangten Anne und ich zu der Erkenntnis, dass Fasten keine lustige Angelegenheit sei und beim nächsten Mal besser vorbereitet werden sollte.

Im Kloster aßen wir abends nur eine Misosuppe – danach aber wieder die üblichen Speisen, die aufgetischt wurden.

Seit dieser kleinen Reise versuchte ich, jeden Abend den Sonnenuntergang zu sehen. Manchmal fuhr ich in den letzten Minuten des Sonnenlichts mit einem Fahrrad, das man mir zur Verfügung gestellt hatte, aus der kleinen Stadt hinaus, um von einem Hügel in die untergehende Sonne zu blicken. Es war ein angenehmes und ruhiges Gefühl, die letzten Strahlen in sich aufzunehmen.

Der Goingesama machte mich später darauf aufmerksam, dass Amida Buddha im Westen wohne, dort, wo die Sonne untergeht. Im Westen erstrecke sich sein grenzenloses Reich, in dem jeder Zuflucht finden könne. Dieses Paradies sei aber nicht real, sondern eine Vorstellung, damit die Menschen einen Ort hätten, eine Projektion für ihre Gedanken. Es gehe allein um die reinen Gefühle, die Erkenntnis. Und wie man letztlich dazu käme, sei völlig egal. Wenn das Bild eines Paradieses dabei helfen würde, es zu spüren, dann sei das ein Schritt in die richtige Richtung.

Ich schrieb in dieser Zeit einen Brief an meine Großeltern, in dem ich ihnen von Kawa und Mari erzählte und dass die beiden in diesem fernen Land so etwas wie meine japanischen Großeltern geworden wären. Meine deutschen Großeltern schrieben daraufhin einen Brief an Kawa und Mari:

Liebes Großmütterlein und Großväterchen,

wir sind die Großeltern von Michaela und würden euch gern treffen. Leider verstehen wir aber eure Sprache nicht, und so muss unsere Enkelin übersetzen.
Wir kommen aus einem kleinen Dorf im Westen von Deutschland, das in einer herrlichen Landschaft eingebettet ist. Wir lieben Bäume und Blumen, und so pflegen wir einen Garten vor unserem Haus. Elisabeth, die Großmutter, kommt aus Österreich, Richard, der Großvater, aus Deutschland. Die Grenze der beiden Länder wird von einer Bergkette bestimmt. Auf der deutschen Seite liegt die knapp dreitausend Meter hohe Zugspitze. Vor fünfundfünfzig Jahren verbrachten wir beide auf diesem Berg unseren ersten gemeinsamen Urlaub. In einer kleinen Hütte begann unsere Liebe füreinander. Seitdem stehen die Berge für uns symbolisch für die Liebe.
Ihr Lieben, Michaela hat uns geschrieben, dass ihr euch wirklich rührend um sie kümmert. Wir glauben, dass sie dank euch so eine große Begeisterung für Japan und alles Japanische verspürt. Wir möchten euch daher von Herzen für eure Fürsorglichkeit danken.

Mit freundlichen Grüßen,
Richard und Lilly

Zwei Monate vor meiner Abreise nach Deutschland gab es noch einmal eine Möglichkeit, auf den Berg Hiko zu gelangen. Diesmal fuhren Mari und ich gemeinsam dorthin. Sie war im Kloster gewesen, um die Ekaisama zu besuchen, und ich begleitete sie auf ihrem Heimweg. Der Berg war jetzt grün, Blumen blühten am Wegesrand, und die Sonne schien warm vom Himmel herunter. Ich wollte dieses Mal die Teufelszeder finden.

Mari packte mir wieder selbstgemachte Reisküchlein ein, und ich schritt wie beim letzten Mal dieselben Stufen zum Bergkamm hinauf. Als ich an der Weggabelung ankam, wo ich damals die falsche Abzweigung gewählt hatte, machte ich eine Pause. Ich hatte meine Mundharmonika mitgenommen, und diese holte ich nun aus meiner Tasche und spielte eine Melodie. Anschließend schaute ich mir alle Pfade, die von dieser Stelle wegführten, genau an und folgte dem, der aussah, als wäre er am meisten benutzt worden. Und tatsächlich, es dauerte nicht lange und ich stand vor dem Baum. Er war mächtig. Keine vier Menschen hätten seinen Stamm umgreifen können. Und kerzengerade wuchs er in den Himmel, eine Manifestation der Natur. Mir kam ein *»Namanda«* von den Lippen, und ein Glücksgefühl stieg in mir auf, ganz leicht, aber aus dem tiefsten Innern.

Am Nachmittag übergab ich den Brief meiner Großeltern Kawa und Mari. Ihnen liefen Tränen über die Wangen, als sie meine Übersetzung lasen. Anschließend nahm Mari meine Hand und führte mich auf die Terrasse. Die Sonne ging gerade unter. Zusammen standen wir da und blickten in die letzten Strahlen, hinein ins Paradies von Amida Buddha, das da vielleicht war – oder auch nicht. Wichtig war diese Wärme, die nicht von der Sonne ausging, sondern zwischen mir und Mari existierte.

kokoro = »Herz«

9 Mondgeflüster, Schattendasein und ein Orakel

»Das Leben ist wie ein Fluss, es fließt und fließt. Wenn man den Fluss nicht reinigt, wird er dreckig.«
Joshin und Roshin, die Brüder

Bei meiner Ankunft im Kloster lebten dort nur vier junge Mönche, von denen drei, dazu gehörte auch Wado, verheiratet waren und Kinder hatten. Der Jüngste von ihnen hieß Hiro, er ging noch ohne Ehefrau durch die Welt. Hiro war sehr liebenswert, aber ein Tollpatsch. Immer wieder vermasselte er während der Zeremonien seine Auftritte, und zwar wegen seiner Schusseligkeit. Es konnte ihm passieren, dass er zu Beginn des *otsutomes*, beim Betreten des Tempelinneren, über sein Gewand stolperte und vor versammelter Gemeinde hinfiel. Oder dass er vorbeten musste und ihm vor lauter Aufregung die Worte nicht mehr einfielen. Er hatte dann eine Art an sich, hilflos die Augen nach oben zu richten, den Mund in Trichterform zu bringen und die Stirn in tiefe Falten zu ziehen. Was natürlich alles nichts nutzte. Erst wenn ihm die Worte souffliert wurden, hellte sich Hiros Gesicht wieder auf, und das Ritual konnte fortgesetzt werden. Die älteren Mönche zogen ihn deswegen auch immer wieder auf, was ihn nicht unbedingt selbstbewusster machte.

Einmal war ich mit allen vier Jungmönchen unterwegs,

und die drei Verheirateten tuschelten so laut, dass Hiro und ich es hören konnten: »Hiro hat sich heute aber besonders schick gemacht.« Mir war das nicht aufgefallen, denn alle vier Mönche trugen Gewänder, die vollkommen gleich aussahen. Hiro lief dennoch knallrot an. Da die Röte bis zum Haaransatz reichte, registrierte ich endlich, dass seine Frisur an diesem Tag nach hinten gegelt war. Und ich konnte auch ein Duftwässerchen riechen, das ihn ziemlich penetrant umhüllte.

Für Hiro war klar, dass er durch alle Frotzeleien hindurchmusste. Er wollte ein Mönch sein, und die Intensität seines Wunsches machte alle kleinen Fehler wett. Zweifel schien er nie zu haben, der Glückliche. Schon vor langer Zeit hatte er beschlossen, Mönch zu werden; der Weg vor ihm war schon geebnet, er musste nur noch lernen, geradlinig darauf zu gehen und dabei nicht auf die Nase zu fallen. Er strahlte die Gewissheit aus, dass es im Leben nichts Besseres für ihn gab, als zu einem Kloster zu gehören.

Alle jungen Mönche, die ich kennenlernte, wussten, dass sie nie etwas anderes sein wollten. Ich bewunderte sie, weil ihnen dieses Bewusstsein eine innere Stärke verlieh. Gleichzeitig waren sie aber richtig gute Kumpels. Ich fand sie viel witziger als die wenigen gleichaltrigen Mädchen im Kloster, mit denen ich so gut wie gar nichts anfangen konnte. Sie luden mich manchmal ein, mit ihnen Karaoke zu singen, dann saßen wir in unseren Karaoke-Boxen und trällerten den Queen-Song: »Another One Bites The Dust« – oder ich gab »Dschinghis Khan« auf Deutsch zum Besten. Richtig näher kamen wir uns dadurch jedoch nicht.

Wenn ich nichts zu tun hatte, suchte ich lieber die Mönche im Büro auf. Im Umgang mit den Jüngeren unter ihnen hatte ich nur eines zu beachten: Ich durfte nicht allein mit einem gesehen werden. Kam es vor, dass ich doch einmal mit einem auf dem Tempelgelände plauderte, außer Hörweite von anderen, so tauchte mit Sicherheit nach kürzester Zeit Ayumi auf, der Hausdrache, oder eine der anderen kochenden und putzenden Matronen aus der Küche. Sie trugen dann dem Mönch auf, dass er sich dringend, wirklich dringend, im Büro zu melden habe. Nichts entging ihnen. Dabei hatte ich nie Absichten, die über ein Gespräch hinausgingen. Ich definierte mich während meiner Zeit im Kloster als sexuelles Neutrum, und außer unkontrollierten Kicheranfällen kam ich damit gut zurecht.

Dass man mich nicht immer als Neutrum wahrnahm, wurde mir erst bewusst, als ich von einem der älteren Mönche das Go-Spiel lernte. Mit den betagteren Mönchen durfte ich allein in einem Zimmer sein. Da gab es keine Regeln zum Wohle beider Parteien. Der alte Mann stammte aus einem der befreundeten Tempel und wohnte eine Weile bei uns im Kloster. Wenn ich seine persönliche Geschichte richtig verstanden hatte, so rühmte sich seine Familie damit, dass vor über tausend Jahren einer seiner Vorfahren einen Drachen erlegt hatte. Was man auch immer davon halten mochte, immerhin schien er tatsächlich ein begnadeter Go-Spieler zu sein. Da mich das Spiel faszinierte, fragte ich, ob er Zeit hätte, mir die Spielregeln beizubringen. Er wollte mir erst mein Interesse nicht abnehmen, als ich aber darauf beharrte, mehrmals sagte, ja, mich würde das Spiel wirklich begeistern, bot er an, dass ich zu ihm ins Zimmer kommen könne. Das Ganze wurde offiziell abgesegnet, und an dem besagten Tag beglückwünschten mich alle, dass ich dieses strategische Spiel von diesem Meister lernen durfte.

Der Mönch war um die achtzig Jahre alt und sah entfernt wie eine Schildkröte aus. Er hatte einen kleinen und kahlen Kopf mit freundlichen Augen. In seinem Raum setzten wir uns an einen quadratischen Holzblock, auf dem das Spielfeld aufgemalt war, und er erklärte mir die Regeln. Ich hörte aufmerksam zu, wir spielten eine Weile, dann musste der Mönch auf die Toilette. Weil er aber mit einer jungen, westlichen Frau in einem Zimmer war, seinem Zimmer, war er so aufgeregt, dass er nicht die Schiebetür öffnete, die auf den Flur führte, sondern die zum Wandschrank. Sie sahen sich zum

Verwechseln ähnlich. Erst als er einen Schritt vorwärtstrat und gegen die Schrankrückwand knallte, drehte er sichtlich verwirrt um, schritt aus dem Schrank heraus und nahm nun die richtige Tür. Dabei murmelte er beruhigende Worte, deren Bedeutung ich nur erahnen konnte. Zurückgekehrt, lernte ich die Grundzüge des Spiels und durfte noch bei ein oder zwei anderen Gelegenheiten mit ihm spielen. Ansonsten hieß die goldene Regel im Kloster: nie allein mit einem der Mönche Zeit verbringen, schon gar nicht mit den jungen Mönchen.

Eine große Überraschung war es deshalb, als mich das Kloster im Januar nach Kyōto reisen ließ und mir dort ein junger Mönch in Ausbildung namens Joshin die Stadt zeigen durfte. Fast allein! Es war sogar geduldet, dass ich sein Zimmer betrat. Die Kyōto-Reise war geplant worden, damit ich die japanische Kultur dort, wo die prächtigsten Tempel und Paläste standen, erleben konnte. Joshin war weder ein Tollpatsch noch verheiratet – und dazu sah er noch richtig gut aus.

Mein erster Eindruck: Aus welchem Grund wird ein Mann wie er Mönch? Die Älteren, die ich kannte, blickten auf ein langes Leben als Ordensmänner zurück, und so war es für mich nur schwer nachzuvollziehen, warum sie diesen Weg gewählt hatten. Sicher waren sie in ihrer Jugend voller Tatendrang, voller Leidenschaften und vielleicht auch voller Zweifel gewesen. Heute gingen sie auf einer gut ausgebauten Straße durch ihr Leben, einer Straße, auf der sich kaum noch neue Weggabelungen auftaten, die direkt in den Buddha-Himmel führte und die es ihnen erlaubte, auch die Bündel anderer mitzuschleppen. Aber das war bestimmt nicht immer so gewesen. Nur: Ich kannte ihre Vergangenheit nicht. Für mich waren sie starke Charaktere mit einem ausgeprägten (Selbst-)Bewusstsein. Die jungen Mönche aus dem Kloster, die verheiratet waren, hatten immerhin für sich schon einen ordentlichen Trampelpfad angelegt, da konnte eigentlich auch nichts mehr schiefgehen. Außerdem brachten sie allein durch ihre Familiensituation ein ziemlich gefestigtes Leben mit.

Joshin, der junge Mönch, aber war so alt wie ich. Er hatte wahrscheinlich noch viele Sehnsüchte. Dennoch hatte er dasselbe Ziel wie die alten Mönche – und musste folglich viel Disziplin aufwenden, um nicht von seinem Weg abzukommen. Er war groß und schlank und hatte eine tiefe Stimme. Man sah ihm an, dass er wusste, wie er auf Frauen wirkte. Wäre er kein Mönch, hätte aus ihm ein Frauenschwarm werden können. Aber so standen wichtigere Erfahrungswerte auf seiner To-do-Liste. Als wir uns im Kloster in Kyōto begegneten, hatte ich das Gefühl, dass er genauso erfreut war, mich zu treffen, wie ich ihn. Schnell stellten wir fest, dass wir beide im Jahr der Bergratte zur Welt gekommen waren. Bei ihm löste die Feststellung große Begeisterung aus, half es ihm, meine Koordinaten zu verstehen. In Japan geht man davon aus, dass bestimmte Charaktermerkmale auf bestimmte Jahrgänge zutreffen. Mädchen, die im Jahr des Pferdes geboren werden, gelten als unbeugsam und schwierig. Ich aber hatte einen Menschen vor mir, der mir dadurch, dass er auch im Jahr der Bergratte zur Welt gekommen war, ähnlicher war als alle anderen Menschen, die ich bisher in Japan kennengelernt hatte. Wir waren mit ähnlichen Filmen und Liedern groß geworden; es gab durch unser gleiches Alter viele Gemeinsamkeiten. Nur hatte dieser Mensch den spirituellen Weg gewählt. Zwar lief er noch nicht hundertprozentig darauf entlang, aber er hielt mit seinem ganzen Willen daran fest.

Joshin war stolz Mönch zu sein, und immer wenn er darüber sprach, wählte er einen ernsten Tonfall. Ansonsten scherzte er gern und lachte viel. Ich hätte mich in ihn verlieben können! Aber es passierte nicht, denn wir sahen uns gegenseitig als Weggefährten, schlugen uns beide durch das Dickicht des Lebens. Unser jeweiliges Ziel konnten wir nur erreichen, wenn wir einen klaren Kopf behielten.

Insgesamt blieb ich eine Woche in Kyōto. Das Kloster in der alten kaiserlichen Residenz war viel kleiner als das, in dem ich meine letzten Monate zugebracht hatte. Einst war es eine Pilgerherberge gewesen, von denen es in dieser Stadt früher unzählige gab. Die Ekaisama, die Vorgängerin des Oberabts, hatte beschlossen, aus dieser Herberge einen Ableger des Klosters zu machen, denn Kyōto war ein wichtiger Ort im buddhistischen Leben Japans. Kyōto war mehr als eine Stadt, Kyōto war eine unstillbare Sehnsucht nach dem alten Japan. Emyo, mein Teemeister, kam oft in die ehemalige Pilgerherberge und lud hohe Gäste zu seinen Zeremonien ein. Und Joshin lebte hier, seit er auf einer der besten buddhistischen Universitäten des Landes Jōdo-Shinshū studiert hatte, die heute zweitgrößte Konfession des japanischen Buddhismus. Zu der kleinen Klostergemeinde gehörten noch sieben Frauen und Männer; durch die kleine Gruppe war alles sehr familiär.

Kyoto war die Stadt der alten Künste. Hier gingen sie ein und aus, die *ningen kokuhō*, die »lebenden Nationalschätze«; und nur in Japan kann ein Mensch zu einem »Nationalschatz« werden. *Ningen kokuhō* waren jene Personen, die besondere handwerkliche Fähigkeiten besaßen. So lernte ich einen Schwertschmied kennen, der noch immer sagenumwobene *katas* anfertigte. Das Schmieden dieser Schwerter war vergleichbar mit einer religiösen Zeremonie, zu der er sogar Priester einlud. Der Handwerker bevorzugte Metallerze von Meteoriten. Er erklärte mir, dass das Erz durch seinen Flug durchs Weltall von besserer Qualität sei, eine besondere Mischung habe. Im alten Ägypten dachte man ähnlich, lehrte er mich weiter. Es sei auch viel leichter zu erschließen, man müsste sich dafür nicht in Berge hineinbuddeln.

Auch ein Holzbildhauer wurde mir vorgestellt, der sich darauf spezialisiert hatte, buddhistische Statuen zu fertigen. Er erzählte mir, dass aus der Zeit der Shintō-Götter das Bewusstsein stamme, dass diese in den Bäumen lebten. Wenn man nun einen solchen Baum fällte, so war die Seele des Gottes noch immer darin, und darum sei die Arbeit mit dem Holz eine so heilige Aufgabe. Leider schien das nur für japanische Hölzer zuzutreffen. Tropenhölzer aus Indonesien und den Philippinen wurden ohne zu zögern verheizt.

Die Traditionen spiegelten sich auch im täglichen Leben wider. So war es in Kyōto noch üblich, das Gepäck in sogenannte *furoshikis* einzuwickeln, farbige Tücher, die an den Enden zusammengebunden wurden. An der Art der Färbung konnte man erkennen, ob jemand eine dem Alter entsprechende Farbe gewählt hatte, ob jemand Handwerker oder Gelehrter war.

Joshin bewegte sich ohne Schwierigkeiten in diesem Umfeld. Er nahm alles wahr und entwickelte sein eigenes ästhetisches Bewusstsein. Er selbst stammte aus einer Familie von Soba-Produzenten. Soba sind traditionelle japanische Buchweizennudeln, die in einer dünnen Suppe geschlürft werden. Das Berggemüse, das man oft darin als Beilage findet, hatte ich am Berg Hiko wachsen sehen. Oft wird Soba in der Nähe von Bahnhöfen angeboten; Soba-Suppen geben ein schnelles Frühstück oder Mittagessen für den *salariman*, den japanischen Angestellten, ab. Sobas können aber auch ganz delikat zubereitet werden, und Joshins Familie besaß ein gut gehendes Soba-Restaurant im Zentrum jener kleinen Stadt, in der das Hauptkloster war. Er war auch stolz darauf, das merkte ich sofort, als er mir davon erzählte. Joshin besaß nämlich die Angewohnheit, Dinge, die ihm wichtig waren, eher beiläufig zu erzählen. Wenn man dies wusste, konnte man die von ihm erhaltenen Informationen besser einordnen. Joshins Eltern wohnten zwar nicht im Kloster, aber in einem Haus in der Nähe. Häufig erschienen sie zu den Andachten, und seine Mutter war mir aufgefallen, weil sie großen Wert auf ihr Aussehen legte. Unter all den gepflegten Damen dieser Gemeinschaft war das eine Herausforderung. Kurz vor meiner Abreise nach Kyōto war sie auf mich zugekommen und hatte mir mitgeteilt, dass ich in der alten Kaiserresidenz ihren Sohn treffen würde. Ich merkte, wie sehr sie ihren Sohn bewunderte. Ich hatte schon mitbekommen, dass das Prestige einer Familie stieg, wenn sich ein Sohn dazu entschloss, Mönch zu werden.

Joshin erzählte mir seine Geschichte an meinem zweiten Abend in Kyōto: »Mit sieben Jahren sah ich zum ersten Mal bewusst einen Mönch. Ich konnte erkennen, wie die Mönche aus ihrem Herz heraus sprechen, um andere genau dort zu berühren. Ich wusste in diesem Moment, dass das auch mein Leben sein sollte. Meinen Entschluss behielt ich aber für mich, und als ich das nächste Mal im Tempel war, bat ich, mit dem Goingesama reden zu dürfen. Ich war ja noch so jung, aber er nahm sich die Zeit. Ich erzählte ihm von meiner Entscheidung, und er sagte: ›Dann soll es so sein.‹ Noch im selben Jahr wurde ich zum Mönch geweiht.«

Wir saßen in seinem Zimmer, zusammen mit Shu-kun, unserem Alibi. Shu-kun war ein junger Masseur, der von seinen Eltern ins Kloster geschickt worden war, damit man besser auf ihn aufpassen konnte.

»Und du hast es nie bereut, ein Mönch zu sein?«, fragte ich Joshin. »Immerhin haben deine Eltern ein Restaurant, das du eines Tages übernehmen könntest.«

»Nein«, antwortete Joshin. »Im Gegenteil. Jeden Tag bin ich dankbar, diese Entscheidung so früh getroffen zu haben.«

Ich blickte mich in seinem Zimmer um. Nach einer Mönchszelle sah es nicht aus. Ein Regal war gefüllt mit japanischen Pop-CDs, an einer Wand hing ein Pin-up-Kalender.

»Was aber bedeutet es für dich, wenn du eine Frau triffst, die du magst?« Ich wusste inzwischen, dass Mönche verheiratet sein durften, aber ich wollte wissen, wie Joshin dazu stand.

»Dann werde ich sie ehelichen, denn man lernt auch durch seine Frau und seine Kinder. Shinran Shonin, der Begründer des Jōdo-Shinshū, hatte eine Tochter. Sie hat später die Memoiren ihres Vaters aufgeschrieben.« Joshin wurde auf einmal sehr ernst. »Doch ist jetzt nicht die Zeit dafür. Ich muss noch viel lernen, bevor ich dazu bereit bin.« Danach setzte er sein umwerfendstes Lächeln auf.

»Und wie sieht es bei dir damit aus?« Shu-kun besaß keine Hemmungen, das hatte ich schon festgestellt, wenn es darum ging, seine Neugierde zu befriedigen.

Da gäbe es schon jemanden, den ich mag, berichtete ich ihnen. Vier Tage vor meiner Abfahrt nach Japan hatte ich einen Mann kennengelernt, und vom ersten Moment an war in mir das Gefühl, dass ihn und mich etwas Besonderes verband. Was es war, das konnte ich noch nicht benennen. Ich wusste nur, dass ich mehr von ihm in Erfahrung bringen wollte.

»Ah, dann haben wir morgen eine wichtige Aufgabe zu erledigen. Wir werden mit dir zu einem kleinen Schrein gehen, wo du das Orakel in Sachen Liebe befragen kannst«, sagte Joshin augenzwinkernd. In diesem Augenblick war er mehr Charmeur als Mönch.

Gesagt, getan. Am nächsten Tag zogen Joshin und Shukun mit mir nach dem Frühstück los. Erst zeigten sie mir alte Handwerksgassen, in denen kleine Häuser aus Holz dicht nebeneinanderstanden. Überall wurden Tee und Süßigkeiten angeboten. Aber da den beiden vom Kloster aufgetragen worden war, mir auch das touristische Kyōto zu zeigen, führten sie mich anschließend zum Goldenen Pavillon, einem der berühmtesten Tempel der Stadt. Er war symmetrisch angelegt, und sein Dach zierte ein goldener Phönix. Vor ihm befand sich ein Teich, in dem sich das Gebäude spiegelte. Der ganze Komplex war ohne Zweifel wunderschön, aber mir war er etwas zu sehr aufgeputzt. Ich wollte lieber Orte sehen, die versteckt lagen und von weniger Bekanntem erzählten. Das hatte ich auch meinen beiden jungen Begleitern zu verstehen gegeben (wären sie älter gewesen, hätte ich mich höflich zurückgehalten). »Ah«, meinte Joshin nur, »ich weiß, was du meinst. Kommt mit, wir müssen ein wenig zu Fuß gehen.«

Wir spazierten erneut durch kleine Straßen; immer wieder musste ich kurz anhalten, um eine kunstvolle Schnitzerei an einem Haus länger zu betrachten. Schließlich kämpften wir uns einen steilen Berg hinauf und standen auf einmal vor einem Bambushain. Joshin schaute erst, als ob er etwas suche, dann nickte er kurz und bedeutete uns, ihm weiter zu folgen. Etwas weiter links führte ein schmaler Trampelpfad durch den Bambus. Nach einer Weile tauchte vor uns ein kleines

Gebäude auf, das wie ein japanisches Hexenhaus aussah. Es schien kurz vor dem Verfall zu stehen – oder war es nur so gestaltet, dass es derart wirkte? Manchmal konnte ich das in Japan nicht eindeutig unterscheiden. Am Eingang des Gebäudes war ein Schild befestigt, darauf stand: »Bambusklause.« Joshin erklärte: »Dieses Haus ließ ein Adliger für seine Geliebte errichten. Weil er ständig Sehnsucht nach ihr hatte, sperrte er sie hier ein, um sie jederzeit besuchen zu können. Sie ertrug dieses Dasein als Gefangene aber nicht und brachte sich um. Nach ihrem Tod bezog der Adlige das Haus, in dem er den Duft seiner Geliebten noch immer wahrzunehmen glaubte. Davon inspiriert, malte er. Mit der Zeit wurde er verrückt, aber seine Bilder, so sagt man, seien die eines Genies. Heute ist dieser Ort ein Museum.«

Wir betraten das Haus, und tatsächlich, am Eingang saß jemand, der Eintrittskarten verkaufte. Wir schienen die einzigen Besucher zu sein. Langsam gingen wir von Raum zu Raum, und jedes Zimmer erschien mir düsterer als das vorherige. Die Wände waren in Dunkelgrün und in Ockertönen gehalten, an manchen Stellen bröckelte die Farbe herunter. An ihnen hingen die Rollbilder, die der Adlige in seinem Schmerz gemalt hatte. Darauf tummelten sich die sonderbarsten Gestalten in bunter Tusche. Ich erkannte eine Frau mit einem langen Hals, der sich wie der einer Giraffe nach oben streckte. Gehörnte kleine Dämonen schauten ihr böse zu. Auf einem anderen Bild hüpfte eine Nase auf zwei Füßen umher. Lange stand ich vor einer Rolle, auf dem ein *umi-bozu* aufgepinselt war, ein Geist, der aus dem Meer heraussteigt. Auf den ersten Blick handelte es sich um eine ruhige Uferszene, ein Fischerboot lag vor Anker, ein paar Schilfhalme streckten sich dem Abendhimmel entgegen. Doch ein Schatten lag über dem Bild, der die Umrisse eines Menschen hatte. Sein Auge war der Mond, und dieser Schatten beugte sich gerade über das Schiff. Es war ein unheimliches Bild, weil es mit der Wahrnehmung spielte. Das nächste zeigte einen Geist, der einen Säugling an sich nahm.

Shu-kun ertrug diese eigenwilligen Wesen nicht, er wollte draußen vor der Tür auf uns warten. Ich dagegen liebte diesen Ort! Joshin hatte wirklich verstanden, was ich sehen wollte. Einen Ort jenseits des überall angepriesenen Disney-Kyōtos, einen Ort, der genauso viel über die Stadt erzählte wie die großen Architekturdenkmäler. Dass er mich zu diesem Haus geführt hatte, bestärkte auch meinen Glauben, dass wir uns tatsächlich auf derselben Wegstrecke im Leben befanden.

»Wie hast du denn diese Baumbusklause entdeckt?«, fragte ich.

»Manchmal gehe ich einfach nur gedankenverloren spazieren, und eines Tages stand ich davor.«

Als wir das Museum verließen, führte er Shu-kun und mich erneut durch das verwinkelte Kyōto, bis zu einem weiteren kleinen Hügel. Wir mussten ein paar steinerne Treppen hinaufsteigen; oben angekommen wurden wir von zwei kleinen Steinlöwen begrüßt – der eine hatte das Maul aufgesperrt, bei dem anderen war es verzogen. »Die stehen vor fast jedem Schrein und machen A und O«, erklärte Joshin. »Kokan hat mir einmal erklärt, dass diese Buchstaben aus dem Griechischen stammen, Alpha und Omega, Anfang und Ende. Alexander der Große brachte die Kunst, Statuen anzufertigen, die in Griechenland zu diesem Zeitpunkt weit entwickelt war, nach Indien. Dort hat man viel von diesem Wissen übernommen, und über die Seidenstraße gelangte diese Fertigkeit bis nach Japan. Jedes Mal, wenn ich diese Löwen sehe, muss ich auch A und O machen.« Shu-kun und ich schauten uns an, und wie auf Kommando versuchten wir abwechselnd den A- oder den O-Löwen nachzuahmen. Wir mussten viel lachen.

Noch etwas weiter oben gelangten wir zu einem kleinen Schrein. Joshin sagte: »Das ist der Schrein der Liebenden und des Schicksals. Hier können wir ein *omikuji* ziehen, ein Los, das uns verrät, wie es mit unserer Liebe steht.« Dieses Orakel war das eigentliche Ziel unserer Mission gewesen, nun hatten wir es erreicht.

Orakel sind nicht gerade meine Sache, aber angespornt von Joshin warf ich 100 Yen in eine kleine Holzkiste, die vor dem Schrein stand, klatschte einmal in die Hände, verbeugte mich und zog danach aus einer Messingschale ein zusammengefaltetes Stück Papier – das *omikuji*. Ich solle, so beschwor mich Joshin, jetzt ganz intensiv an den Mann denken, von dem ich wissen wolle, wie sich das gemeinsame Schicksal entwickeln würde. Also dachte ich an jenen Mann, den ich vier Tage vor meiner Abreise nach Japan kennengelernt hatte. Ich fokussierte meine Gedanken auf ihn, stellte mir vor, wie er im Licht eines Sonnenstrahls saß, wie er gerade einen Moment Pause machte und die Wärme Erinnerungen an mich auftauen ließ.

Anschließend faltete ich mein *omikuji* auseinander, inzwischen doch etwas neugierig geworden, was wohl darauf stand. Ich las: »Kleines Glück.« – »Ach, das ist nicht so schlimm«, sagte Shu-kun. »Es gibt ›sehr großes Glück‹, ›großes Glück‹, ›mittleres Glück‹, ›kleines Glück‹, ›gar kein Glück‹ und sogar verschiedene Flüche. Da fängt es dann an, wirklich schlimm zu werden. Lass sehen, was steht denn noch darauf?« Ich reichte ihm den Zettel, auf dem in winzigen japanischen Buchstaben mein »kleines Glück« näher definiert wurde. Shu-kun las laut vor: »Du bist lange Zeit von deinem Angebeteten getrennt und wirst viele Aufs und Abs haben. Nur wer ehrlich ist und sich bemüht, wird vielleicht das finden, was er gesucht hat.«

Da schaute ich doch etwas verdutzt. Vielleicht hätte ich an jemand anderes denken sollen, dann stünde ich jetzt nicht vor einem Berg von Arbeit. Ich überdachte meine Lage. Diesen Mann fand ich spannend. Spannender als jeden anderen Mann, den ich bisher getroffen hatte. Er war kein einfacher Mensch, aber etwas war da, ein starkes Gefühl, vielleicht sogar so etwas wie Vertrauen. Seit ich in Japan angekommen war, hatten wir uns viele Briefe geschrieben. Ab und zu konnte ich im Büro der Mönche auch E-Mails von ihm lesen. Ihm zu schreiben, war jedoch nicht einfach, denn ich kannte ihn kaum. Ich wollte nicht überschwänglich verliebt klingen, da ich noch nicht einmal wusste, ob wir uns wiedersehen würden. Gleichzeitig wollte ich auch nicht gefühllos erscheinen, sondern ihn wissen lassen, dass ich ihn interessant fand.

»Du kannst das *omikuji* auch an den Baum da binden, dann ist es nicht gültig«, rief mir Shu-kun zu, der sah, dass sich meine Stirn in Falten kräuselte. Er zeigte zu einem Baum, an dessen Zweigen überall *omikujis* geknotet waren.

»Du kannst aber auch ein Fünf-Yen-Stück in den Kasten werfen. Das heißt, dass du das Schicksal annimmst.« Das riet mir Joshin.

Ich überlegte nicht lange, warf fünf Yen in die Kiste und steckte das Orakel in meine Tasche. Das *omikuji* hatte schon recht, alles andere wäre eine Lüge. Diesen Mann kennenzulernen, das würde Arbeit, Auseinandersetzung und wahrscheinlich auch ein hohes Maß an Ehrlichkeit bedeuten. Meine Gefühle zu ihm waren erst einmal nur ein »kleines Glück«, das eines Tages vielleicht mehr werden konnte.

Joshin zog nun auch ein *omikuji*, aber er verriet uns nicht, was darauf stand. Welchen Wunsch er wohl im Herzen trug? Ich traute mich aber nicht, ihn danach zu fragen. Er lachte kurz auf, als er sein Los gelesen hatte, und band es danach mit einem Achselzucken an einen Zweig des Baumes. Shu-kun hatte abgewehrt, als ich ihn fragte, ob er auch ein Los ziehen wollte. »Ich habe heute Morgen mein Horoskop gelesen, das reicht«, antwortete er.

Wir mussten noch etwas einkaufen, denn ich hatte versprochen, an diesem Abend zu kochen. Ich wollte einen Kartoffelauflauf machen. Es ist nicht einfach, Zutaten für ein deutsches Gericht in Japan zu finden, aber Kartoffeln und Eier konnte ich ohne Mühen auftreiben, ebenso Zwiebeln und Käse – wenn man bereit war, dafür Unsummen auszugeben. Ich war etwas nervös, denn von der Konsistenz würde das Essen anders sein als die hiesige Küche, deftig eben, und eigentlich auch nicht besonders einfallsreich.

Dennoch kam der Kartoffelauflauf gut an. Während der

gesamten Zubereitungszeit hatte die Klostervorsteherin neben mir gestanden und ständig nachgehakt, was ich denn nun tue. Manchmal rief sie laut: »Kartoffeln, Kartoffeln!« und klatschte dabei in die Hände. Einmal fragte sie: »Und das ist tatsächlich ein deutsches Essen? Aber erzähle, wie sehen die Kartoffeln bei euch aus?« Meine Antwort: »Braun und knollig.« Sie wieder: »So wie hier auch!« Erneut klatschte die Klostervorsteherin vor lauter Aufregung in die Hände. Unter japanischen Frauen war es gerade angesagt, neue und vor allen Dingen ausländische Rezepte auszuprobieren.

Auch wenn es geschmeckt hatte – selbst mir lag das Essen schwer im Magen. Er war es nicht mehr gewohnt, so viel Stärke, Fett und Milchproteine auf einmal zu verdauen. Ich glaube, den anderen erging es ähnlich, jedenfalls verabschiedeten sich alle zeitig, um ins Bett zu gehen. Vor dem Einschlafen dachte ich noch über den Mann in Deutschland nach – an unserem ersten gemeinsamen Abend hatten wir Kartoffelklöße mit Jägersoße gekocht. Friedlich schlief ich ein.

Joshin und Shu-kun nahmen sich auch in den nächsten Tagen Zeit, mir noch mehr von Kyōto zu zeigen. Sie liehen sich ein Auto aus und fuhren mit mir auf einen Berg im Nordosten der Stadt, auf dem sich ein altes Kloster befand. Es hatte Joshin in seinem Entschluss bestärkt, Mönch zu werden. Ein solcher hatte es vor über tausend Jahren bauen lassen. Zeitweise lebten bis zu dreitausend Mönche an diesem Ort, die ihren Glauben im Zweifelsfall mit Waffen verteidigen konnten. Eine richtige Armee aus Mönchen. Und so war es für mich nicht verwunderlich, dass wir in einem hinteren Teil der Klosteranlage eine alte Kendō-Halle fanden, umgeben von Zedern, in der noch immer trainiert wurde. Wir hörten die berühmten Schreie und den Klang von Bambusschwertern, die aneinanderschlugen.

»Früher habe ich auch mal Kendō gelernt«, sagte Joshin. »Aber ich bin nicht besonders gut.« An der Art, wie er das sagte, wusste ich sofort, dass er untertrieb.

»Kannst du es noch?«, fragte ich.

»Wenn man es einmal gelernt hat, bleibt es mit einem.«

Diese Aussage kannte ich von meiner Großmutter, nur bezogen aufs Fahrradfahren. Sie hatte stets verkündet, dass man es nie verlernen würde. Als sie dann zum achtzigsten Geburtstag ein Fahrrad erhielt, kippte sie damit erst einmal um. Anschließend stellte sie es in eine Ecke, da blieb es stehen. So viel dazu. Aber sie beteuert noch immer, dass sie auf dem Fahrrad fahren könne, und mit dem Schlittschuhlaufen sei es ähnlich, Zum Glück kam bislang keiner in unserer Familie auf die Idee, ihr ein paar Schlittschuhe zu schenken.

Ob ein Mönch nach Jahren des Nicht-Trainierens noch Kendo beherrscht, ich wagte das in diesem Fall nicht zu bezweifeln. An Hirano hatte ich gesehen, dass es stimmen konnte.

»Solltest du einmal im Haupttempel sein, könnten wir gegeneinander antreten.« Mir stand gerade der Sinn danach, Joshin ein wenig herauszufordern.

»Ja, wir sehen das dann«, erwiderte er ausweichend. »Aber ich habe noch eine harte Zeit vor mir, wahrscheinlich die härteste.«

»Ich dachte, du wärst Mönch, seit du sieben Jahre alt bist?«

»Damals wurde ich geweiht, die eigentliche Mönchsausbildung beginnt erst jetzt, nach meinem Studium. Es kann also gut sein, dass ich keine Zeit habe, mit dir Kendō zu trainieren. Aber wenn ich sie finde, dann will ich mich nicht drücken, okay?«

Als ich ein paar Tage später wieder im Hauptkloster war, vermisste ich den Austausch mit Joshin. Es hatte viel Spaß gemacht, gemeinsam mit offenen Augen die Stadt zu betrachten oder sich gegenseitig Geschichten zu erzählen. Ich war davon überzeugt, dass auch Joshin die Rolle des Touristenführers gefallen hatte. Es bedeutete Abwechslung, eine junge Frau aus dem Westen herumzuführen, die so dankbar A und O machte.

Eines Morgens, auf dem Weg zum Büro, sah ich Joshin wieder. Er stand im Garten und harkte die Kieselsteine in lange, gerade Linien. Anne befand sich an meiner Seite und zeigte sich erstaunt, als ich diesem gut aussehenden jungen Mönch ein »Hallo« zurief und er darauf sagte, wobei er kurz in seiner Arbeit innehielt und mir zulächelte: »Hallo, Michaela, ich bin wieder da.« In diesem Moment wusste meine Freundin, um wen es sich handelte. Natürlich hatte ich ihr alles von meiner Reise nach Kyōto erzählt, die eines der Hauptereignisse war, bevor sie ins Kloster kam.

Inzwischen hatte ich von den verheirateten Mönchen in Erfahrung gebracht, dass ihre Ehen meist »arrangiert« waren, wie auch die vieler anderer Klostermitglieder. Sie erzählten mir: »Als wir uns eine Frau wünschten, haben unsere Eltern sich mit der Bomorisan beraten. Sie überlegte daraufhin, wer zu uns passen könnte. War eine Frau ausgesucht, stellte man uns gegenseitig vor. Das passierte so lange, bis beide Parteien das Gefühl hatten, dies müsste der richtige Partner sein. Man kann natürlich auch vorher jemanden treffen, dann bitten wir darum, diese Frau der Bomorisan vorstellen zu dürfen. Sie weiß besser Bescheid und sieht den Menschen ins Herz. Hier im Kloster glaubt man nicht daran, dass der erste Funke einer Liebe ein ganzes Leben glühen wird. Romantische Liebe, das ist eine westliche Vorstellung. Wir sind davon überzeugt, dass an der Liebe gearbeitet, dass sie immer wieder geschürt werden muss. Wir gehen davon aus, dass sich Paare erst über die Zeit richtig kennenlernen und dass Respekt mindestens genauso wichtig ist wie Liebe. Der Goingesama hat das einmal so erklärt: ›Paare gehen auf parallelen Wegstrecken durch ihr Leben.‹ Hier im Kloster haben Mann und Frau dasselbe Ziel – Buddha. Wenn wir zusammen unseren Weg gehen, können wir uns ansehen, da er parallel verläuft. Im Westen bewegen sich zwei Verliebte aufeinander zu, irgendwann kommt der Punkt, wo sich ihre beiden Wege kreuzen. Danach entfernen sie sich wieder voneinander. Das erachten wir als nicht wünschenswert.«

So hatte ich Liebe noch nie betrachtet. Arrangierte Hochzeiten waren für mich ein Relikt aus dem Mittelalter. Dass jemand in einer modernen Gesellschaft ernsthaft daran festhielt, konnte nur in einem Land funktionieren, in dem Tradition höher gestellt wurde als die persönliche Freiheit. Dennoch hatte ich das Gefühl, dass die verheirateten Mönche in ihren Ehen sehr glücklich waren. Vielleicht hatten sie tatsächlich eine höhere Halbwertszeit als Beziehungen, die allein auf Liebe basierten. Wie war das aber mit der körperlichen Liebe? Wo kam die ins Spiel? Konnte man das auch zusammen lernen? Ich wusste nur, dass es im Kloster viele Kinder gab.

Von nun an betrachtete ich die Paare um mich herum mit anderen Augen. Und immer wenn Anne und ich Joshin trafen, entbrannten zwischen uns heiße Diskussionen, welche Art von Frau wohl die Auserwählte für ihn sein würde.

Joshin hatte zu diesem Zeitpunkt aber andere Sorgen. Die leichte Unbekümmertheit von damals war einer tiefen Nachdenklichkeit gewichen. Den Grund dafür fand ich bald heraus, und zwar als wir knietief in dem Fluss der kleinen Stadt standen – er verlief direkt hinter dem Kloster – und mit einem Rechen das Flussbett von Abfall säuberten. Sorge bereitete ihm sein jüngerer Bruder Roshin, der auch bei dieser Reinigungsaktion half. Auch er hatte schon als Kind das Gelübde abgelegt, Mönch zu werden. Anders als Joshin tat er sich jetzt, als junger Mann, schwer mit seiner Entscheidung. Er zweifelte. Er war sich nicht mehr sicher, ob ein Leben als Mönch immer noch die Bestimmung für ihn sei, die er mit ganzem Herzen erfüllen könnte. Roshin hatte in Tokio Malerei studiert, und nun überlegte er, ob es nicht seine eigentliche Berufung sei, Künstler zu werden und auf diesem Weg mit den Menschen von Herz zu Herz zu kommunizieren. Joshins Bruder hatte beim Goingesama und den Ältesten des Klosters vorgesprochen und ihnen von seinem Hadern erzählt. Man hatte ihn ernst genommen und ihm angeboten, er solle erst einmal für ein Jahr die Mönchsausbildung antreten und sich danach endgültig entschließen.

Roshin hatte gerade mit seiner einjährigen Entscheidungsphase begonnen. Als ich zu ihm hinüberblickte, fiel mir ein, dass seine Stimme während des *otsutomes* immer am lautesten war, als ob er sich seinen Entschluss herbeisingen wollte. Ansonsten wusste ich nicht viel von ihm. Er hatte buschiges, schwarzes Haar, das störrisch nach allen Seiten abstand. Seine Stirn war meist gekräuselt, und der Blick seiner Augen war nach innen gerichtet. Die wenigen Sätze, die ich ihn hatte sagen hören, schienen gequält aus ihm zu kommen. Oft stand er im Fluss, um ihn zu reinigen, obwohl das Wasser ganz klar war. Einmal sprach ich ihn daraufhin an. Er überlegte einen Moment, nachdem ich meine Frage ausgesprochen hatte, dann sagte er: »Das Leben ist wie ein Fluss, es fließt und fließt. Wenn man den Fluss nicht reinigt, wird er dreckig. Durch mein Tun, allein um des Tuns willen, hoffe ich, auf klare Gedanken zu stoßen.«

Die meiste Zeit aber war Roshin so in sich gekehrt, dass er die Menschen um sich herum nicht bemerkte. Joshin hatte immer wieder versucht, Worte zu finden, um seinen Bruder davon zu überzeugen, dass der Weg als Mönch ein guter sei. Aber diese Einsicht musste in Roshin selbst weiterwachsen, das konnte ihm keiner abnehmen.

Manchmal hörte ich Joshin und Roshin nachts um elf Uhr mit den Kachi-Kachi-Stöcken um die Klosteranlage ziehen. Jeden Abend war ein anderer Mönch an der Reihe, zwei Stöcke aus trockenem Holz aneinanderzuklopfen, deren Ton alle Anwohner daran erinnern sollte, die Kerzen zu löschen. Kachi-Kachi wurde der Dienst genannt, nach dem Klang dieser beiden Holzstäbe. Joshin und Roshin konnte ich daran erkennen, wie sie mit den Stöcken umgingen – sie klopften öfter als die anderen, sorgfältiger. Sie bemühten sich sehr, alles richtig zu machen, egal, was sie taten. Aber bei Roshin reichte »richtig machen« nicht aus.

Weitere Wochen vergingen – und er sah immer unglücklicher aus. Ich redete mir ein, dass er, wenn er erst einmal seinen Weg erkannte, diesen auch mit Stärke und Kraft vertreten würde. Im Kloster versuchte man aber Roshin für sich zu gewinnen, und je mehr man dies tat, desto stärker kämpfte er dagegen an. Innerhalb dieser Mauern war man davon überzeugt, dass der Weg zu Amida Buddha der beste für einen Menschen sei. Joshins Bruder war aber ein freier Geist, und sein innerer Kampf ließ auch seine Familie nicht unberührt. Die Mutter, die zuvor fast ein wenig selbstgerecht in den Tempel gekommen war, ließ sich nun kaum noch blicken. Vielleicht war sie nicht einverstanden mit der Strenge, die das Kloster ihrem jüngsten Sohn aufbürdete. Zugleich existierte eine enge Bindung an diesem Ort. Wenn jemand aus der Familie von Joshin und Roshin starb, waren es die hiesigen Mönche, die die Trauerzeremonie abhielten. Wenn sich ihr Sohn gegen das Kloster entschied, was bedeutete dies wiederum für die Integrität der Familie? Würde sie Joshin ankreiden, den jüngeren Bruder nicht genügend unterstützt zu haben?

Mich bedrückte diese Situation. Aus diesem Grund ging ich zur Bomorisan, um sie zu fragen, was man damit erreichen wolle, wenn man so sehr an Roshin zerre. Eigentlich ging mich die Sache nichts an, aber ich konnte es nur schwer ertragen, Joshins Bruder leiden zu sehen.

Die Bomorisan war gerade dabei, in der Küche etwas in den Ofen zu schieben. Ruhig hörte sie sich an, was ich loswerden wollte. Nachdem ich fertig war, sagte sie in ernstem Ton: »Weißt du, Roshin soll sich entscheiden wie er will. Aber er muss sich entscheiden, denn nur wer hundertprozentig zu dem steht, was er tut, wird dies auch gut machen. Er hat in Tokio viel Neues erlebt und ist verwirrt. Jetzt soll er Klarheit in sein Leben bringen. Vielleicht können wir ihm dabei helfen.«

Das Gespräch überzeugte mich nicht völlig. Mir schien, es gab hier im Kloster zu viele Erziehungsberechtigte. Und überhaupt fand ich es anmaßend, dass man einem erwachsenen Menschen den Weg weisen wollte.

Roshin sah von Tag zu Tag müder aus. Joshin zu fragen,

ob er Zeit hätte, mit mir Kendō zu trainieren, erübrigte sich dadurch. So nahm ich manchmal abends mein Schwert und stellte mich in Gummistiefeln in den Fluss. Ich hatte eine Stelle gefunden, wo mich niemand beobachten konnte, und dort übte ich alleine. Immer wieder schnitt ich mit dem Bambusschwert durch die Luft, so wie ich es von Hiraoka-*sensei* gelernt hatte. Während die Sterne am Himmel funkelten, dachte ich an die beiden Brüder und wie sie gegeneinander, miteinander und füreinander kämpften.

Joshin entdeckte mich dennoch eines Abends. Er stieg die Böschung zu mir hinunter und setzte sich auf einen Stein. Verbotenerweise! Wir waren allein!

»Weißt du, was es bedeutet, in der Hölle zu sein?«

»Nein, nicht wirklich«, erwiderte ich wahrheitsgetreu.

»Himmel und Hölle, beides ist in uns. Wer die Hölle bevorzugt, will immer alles haben, und zwar sofort. Zum Beispiel köstliche Speisen. Doch leider sind die Essstäbchen viel zu lang. Es gelingt einfach nicht, mit ihnen Nahrung in den Mund zu führen. Im Paradies ist es auch nicht viel anders. Auch da gibt es köstliche Speisen und viel zu lange Stäbchen. Aber dort ist man nicht allein. Man kann seinen Nachbarn fragen, ob er einem nicht behilflich sein kann, Essen in den Mund zu stecken. Und schon sieht das Leben anders aus. *Tariki* nennen wir das, du kennst es, etwas durch die Kraft des anderen erreichen. Wer lernt, diese Kraft zu akzeptieren, dankbar anzunehmen, ist nicht in der Hölle.«

Joshin sprach mehr zu sich selbst. In mir hatte er nur einen Zuhörer gesucht, denn bevor ich etwas antworten konnte, war er in der Dunkelheit verschwunden.

Erst am fünften Mai, dem Geburtstag Buddhas, sollte ich die beiden Brüder wiedersehen. Sie gehörten einer Musikgruppe des Klosters an, die an diesem Tag einen Tanz mit musikalischer Begleitung aufführen sollte. Es handelte sich dabei nicht um gewöhnliche Musik, sondern um Gagaku, eine Musikstil, der nirgendwo mehr gespielt wurde, nur noch in Japan. Aber selbst in diesem Land war er nahezu ausgestorben. Gagaku ist eine langsam gespielte und seltsam anmutende Musik, die einst an den Höfen der Seidenstraße weit verbreitet war und so ihren Weg nach Japan gefunden hatte. Hier, am Ende der Seidenstraße, pflegte man noch diese Tradition, am Kaiserhof oder in meinem Kloster. Gagaku war sehr kostspielig; ein Paar aus Hirschleder gefertigte Schuhe für die Tänzer kosteten umgerechnet 10 000 Euro – falls man überhaupt jemanden fand, der noch wusste, wie solche Schuhe herzustellen waren.

Roshin spielte in dem Ensemble die *hōshō*, die Mundorgel, ein flötenartiges Instrument, das aus siebzehn Bambuspfeifen zusammengesetzt war, von denen jede einen anderen Ton hervorbrachte. Ein Zusammenspiel dieser ergab einen klagenden, dissonanten Klang, der dem Schrei des mystischen Vogels Phönix nachempfunden war. Aber schon das Instrument selbst war sehr speziell: Während der Spielpausen musste es immer wieder über einem aus Keramik gefertigten Feuertopf angewärmt werden. Die anderen Instrumente, die zum Einsatz kamen, waren unterschiedlich große Trommeln, lautenartige und zitherähnliche Saiteninstrumente, darunter das *gakuso*, dessen Saiten auf einen bearbeiteten Baumstamm gespannt waren.

Joshin tanzte, und zwar in opulenten Kostümen aus reiner Seide und mit vielen Stickereien. Dazu trug er eine mit Gold überzogene Maske und eben jene Schuhe aus Hirschleder. Die Musik war so langsam, dass der Tanz wie eine Choreografie anmutete, die außerhalb unserer Zeit stattfand. Man hatte das Gefühl, die Musik würde sich nicht fortbewegen. Gab es überhaupt ein Taktmaß?

Ich war neugierig, die beiden Brüder als Künstler zu sehen. Während der Generalprobe setzte ich mich deshalb an einen ungestörten Platz. Schon vom ersten Ton an war ich überwältigt. Nie zuvor hatte ich solch eine sphärisch aufgeladene Musik gehört. Die Töne schienen von einem Ort jenseits der Halle zu kommen. Und auf einmal betrat Joshin die Bühne. Joshin war nicht mehr Joshin. Mir kam er wie ein

Bote aus einer anderen Welt vor. Nach einer Weile erschien ein weiterer Tänzer in Kostüm. Er trug ebenfalls eine Maske, doch ich konnte an seiner Größe und einigen wenigen Bewegungen erkennen, dass es Roshin sein musste. Niemand hatte mir verraten, dass auch er tanzte. Ich schaute hinüber zu den Musikern, um mich zu vergewissern. Und tatsächlich, Roshins Platz war von einem anderen Spieler eingenommen worden. Ich bekam eine Gänsehaut, zugleich musste ich an die Songlines der Aborigines in Australien denken. Deren Gesänge konnten einen Menschen in einen anderen Bewusstseinszustand katapultieren, in dem Musik zur Sprache und vom gesamten Körper verstanden wird. Es war fast so, als ob diese Musik ihre Zuhörer Werte erkennen ließ, die tief aus dem Unterbewusstsein hervorgeholt worden waren.

Als ich am Abend in meinem Zimmer war, schrieb ich auf, was mir beim Betrachten und Zuhören des Gagaku-Stücks in den Sinn gekommen war. Erst später stellte ich fest, dass es um Joshin und Roshin ging:

Und aus dem Lande Wu kamen zwei Männer. Als sie einander erblickten, erkannten sie, dass sie aus demselben Fleisch und Blut waren, und sie schauten sich intensiv in die Augen.

Langsam fingen sie an, sich zu bewegen. Sie begannen einen Tanz aus der Vorzeit, der zu ihnen gehörte wie das Blut, das in ihren Adern floss, und wie die Luft, die sie als Kinder geatmet hatten. Was der eine tat, tat auch der andere. Sie tanzten eine Geschichte, deren Bedeutung schon lange verloren gegangen war, aber sie konnten sie fühlen, mit jedem Schritt, den sie sich in diesen Tanz hineinbewegten. Die Flüsse der Erinnerung strömten durch ihr Bewusstsein in absoluter Harmonie. Im Delirium des Tanzes konnten sie ihre Schritte zurückverfolgen, ihre gemeinsamen Erinnerungen zum Leben erwecken. Als ihr Tanz zu Ende war, wussten sie, dass sie nicht mehr allein waren. Sie hatten einen Teil von sich gefunden, von dem sie angenommen hatten, er sei längst verloren. Nichts stand in dem Tanz zwischen den beiden Brüdern, weder das Kloster noch Wünsche oder Erwartungen der Mutter.

Einen Monat nach der Aufführung zu Buddhas Geburtstag musste Roshin für ein paar Wochen nach Tokio. Es ergab sich, dass Anne und ich genau zur selben Zeit in der Stadt waren, um dort einem weiteren Ableger des Klosters einen Besuch abzustatten. Im Opernhaus von Tokio trat in dieser Woche das kaiserliche Gagaku-Ensemble auf, und man bat Roshin, uns zu diesem Ereignis zu begleiten. Es war das einzige Mal, dass wir mit ihm allein unterwegs waren, und natürlich brannte ich darauf, ihn nach seinem Seelenzustand zu fragen. Doch benahm ich mich wie eine japanische Frau und hielt mich zurück, als wir nach der Vorstellung durch das nächtliche Tokio schlenderten. Ich sprach nur über Belanglosigkeiten, während die Lichter der Großstadt uns einfingen. Plötzlich schien es, als wüsste Roshin nicht mehr, wo wir waren. Er fing an nach oben zu schauen und den Himmel abzusuchen. Dabei murmelte er vor sich hin: »Wo ist er nur, wo ist er nur? Gerade war er doch noch da!« – »Was suchst du denn?«, fragte ich ihn. – »Den Mond. Eben schien er noch zu unserer Rechten, jetzt ist er fort.« Für mich war das eine der Schlüsselszenen mit Roshin. Nie mehr sah ich jemanden in Tokio nach dem Mond suchen.

Ich verließ das Kloster, bevor Roshin seine Entscheidung traf. Aber immer dachte ich an ihn und war davon überzeugt, dass er seine Wahl getroffen hatte. Als ich viele Jahren später wieder auf dem Flughafen dieser kleinen Stadt im Süden landete, war es Joshin, der mich abholte. Während ich noch auf mein Gepäck wartete, entdeckte ich ihn hinter der Abtrennung. Er winkte mir zu. Kein bisschen hatte er sich verändert. Ich dagegen war nicht mehr allein, sondern hatte meine beiden Kinder dabei und den Mann, dem damals das *omikuji* in Kyōto gegolten hatte. Es hatte keinen Moment gegeben, in dem ich nicht froh war, das »kleine Glück« akzeptiert zu haben.

Joshin hatte inzwischen auch zwei Kinder, wie er mir freudestrahlend im Auto erzählte, zusammen mit einer Frau, die man für ihn ausgesucht hatte. Doch jetzt bemerkte ich, dass er sich verändert hatte. Er wirkte ernster, und zum ersten Mal erkannte ich an ihm die Ausstrahlung eines Mönchs. Er hatte es gelernt, von Herz zu Herz zu kommunizieren.

Nach dem Austausch über unsere Kinder fragte ich ihn nach seinem Bruder Roshin. »Ja, das war noch eine harte Zeit«, antwortete Joshin. »Er entschied sich gegen das Kloster, und viele konnten diesen Entschluss nicht akzeptieren. Lange Zeit wusste auch ich daraufhin nicht, ob ich den richtigen Weg eingeschlagen hatte. Roshin lebt jetzt auf einer Insel im Süden, er ist dort Professor für Kunst und ebenfalls Vater von zwei Kindern.«

Roshin, der Zweifler, hatte mehr für Joshin klargestellt, als ihm das wohl bewusst war. Aber das sagte ich nicht.

Im Kloster waren am nächsten Abend Gagaku-Proben angesagt, und ich bat, ihnen zusehen zu dürfen. Zu gern wollte ich wieder eintauchen in diesen Sphärenfluss. Ich nahm meinen Sohn mit, und gemeinsam schauten wir uns an, wie Joshin den *genjōraku* tanzte. Es war ein Tanz, bei dem der Tänzer eine hölzerne Schlange entfernen musste, die während des Stücks auf dem Boden der Bühne lag. Weil es nur übliche Proben waren, trug Joshin nicht die opulenten Kostüme, sondern einen Trainingsanzug. Eine Maske hatte er auch nicht aufgesetzt. Aber in dem Moment, als die erste Flöte erklang, verkörperte er nicht mehr den stolzen jungen Mann von damals. Er hatte die Rolle eines Königs angenommen, der für uns tanzte. Er war Geist geworden, ganz ohne Makel.

Als ich im Bett lag, musste ich noch einmal aufstehen und aufschreiben, was mir durch den Kopf ging, als ich Joshin tanzen sah:

Der König von Wu

Es muss ein außergewöhnlicher Mann sein, der mit Macht umgehen kann. Der König von Wu war ein solcher Mann. Seit seiner Geburt war er begabter und weiser als jeder andere seiner Zeit. Und als er vierzig Jahre alt wurde, dachte er, als er im Garten seines Palastes umherging, über all die Situationen in seinem Leben nach, in denen er seine Macht hatte unter Beweis stellen müssen. Es hatte Zeiten gegeben, in denen er nur durch seine Willenskraft seine Armeen dazu gebracht hatte, den Feind zu besiegen. Es hatte Zeiten gegeben, als eine minimale Geste seines Armes das Schicksal eines ganzen Landes besiegelte. Und er dachte an seine Konkubinen und wie lustvoll die Schlachten waren, die er mit ihnen austrug.

In diesem Moment betrat ein himmlischer Bote den Garten. Er kam auf leisen Sohlen. Götterboten hatten das so an sich. Dennoch wurde er vom König von Wu wahrgenommen. Doch erst als der Bote wieder verschwunden war, schaute der König zu der Stelle, an der dieser noch eben gestanden hatte. Er wurde einer Schlange gewahr, die da lag, in der Mitte seines Gartens. Der König wusste sofort, was sie bedeutete, Ärger und Aufruhr würden seinem Land bevorstehen. Und während der König langsam um die Schlange herumschlich, überlegte er, wie er sie erledigen könnte, bevor sie ihn biss. Er verspürte keine Angst, auch wenn er wusste, dass bei nur einer einzigen falschen Bewegung die Schlange ihn beißen und ihr Gift ihn töten konnte. So konzentrierte er sich auf seine Macht, die in ihm war, und mit ruhiger Hand näherte er sich der Schlange und hob sie hoch. Die Schlange, die in dem König ihren Meister erkannte, verbeugte sich vor ihm und ließ sich von ihm töten.

Mit der toten Schlange in der Hand verließ der König seinen Garten und vergrub sie, wie die Rituale es vorschrieben.

ume = »Pflaumenbaum«

10 Eine Witwe, ein Garten und viel Moos

»*Manchmal sind die Welten nur durch hauchdünne Wände voneinander getrennt.*«

Kyoko, die Witwe

Kyoko war meine Freundin, aber sie war noch mehr als das. Meine Erinnerungen an sie setzen sich aus vielen Begegnungen mit ihr zusammen, verschmelzen sich zu einem Gesamtbild, das weniger Bild als vielmehr ein Gefühl ist – ein Gefühl, durch das ich endlich Zugang zur japanischen Seele fand.

Bewusst traf ich Kyoko zum ersten Mal, als ich an einem regnerischen Nachmittag zur Stadtbibliothek fuhr, um mir japanische Fotobände anzusehen, über die Seidenstraße, Design oder die Ninjas. Immer wieder kam ich hierher, um in diesen Büchern zu blättern. Ich fand es interessant zu sehen, wie Japaner ihr Wissen aufbereiteten, generell visueller als in Deutschland. Ein guter Ausgleich zur schwierigen Sprache.

Einmal entdeckte ich einen Bildband über die Ainu, die japanischen Ureinwohner. Sie gehören zu den Völkern, die von den Japanern systematisch in den Norden verdrängt worden waren. Heute leben sie vor allem auf Hokkaido, der nördlichsten der japanischen Inseln, und zwar nicht unähnlich den nordamerikanischen Indianern: in Kommunen mit hoher Arbeitslosigkeit. Faszinierend fand ich, wie sich die Ainu die Entstehung der Menschen erklärten:

Kotan-kar-Kamuy, der höchste Gott, schuf nicht nur die Welt, er schuf auch den Menschen. Doch gerade als er diesen mit viel Wissen, Gaben und Vernunft ausstatten wollte, kurz, als er göttergleich ihn zu schaffen im Begriff war, da wurde er unglücklicherweise zu einer dringlichen Angelegenheit in den Himmel gerufen. Also gab er einem Fischotter, der ihm bis dahin zur Seite gestanden hatte, die Anweisung, einem anderen Gott, den er, der höchste Gott, aus dem Himmel herabsenden würde, alles Wissenswerte zu übermitteln. Dieser sollte dadurch fähig werden, das einmal angefangene Werk vollenden zu können. Jener tierische Gehilfe war jedoch wenig pflichtbewusst. Statt sich all die notwendigen Dinge zu merken, tollte er viel lieber im Wasser herum und vergaß darüber, was er dem Gott berichten sollte. Daher wurden die Menschen so viel schlechter als die Götter.

Als ich einmal wieder in der Bibliothek war und ein Buch aus dem Regal ziehen wollte, gab es auf der anderen Seite jemanden, der im selben Augenblick nach einem griff: Plötzlich war – durch das zeitgleiche Herausziehen zweier Bücher auf genau gegenüberliegenden Fächern – ein Spalt entstanden, gerade groß genug, dass ein Auge erkennbar wurde. Für mich ein asiatisches, für mein Gegenüber ein europäisches. Was mich bei diesem Blickkontakt am meisten irritierte: Da war offensichtlich jemand genauso neugierig wie ich.

Instinktiv trat ich einen Schritt zurück. Das Auge auf der anderen Seite entfernte sich ebenfalls. Jetzt musste ich wissen, wie diese Person aussah – und ging um das Regal herum. Ich konnte noch beobachten, wie sie ein zweites Mal durch den Spalt schaute. Die Frau war dazu mit ihrem Kopf regelrecht in die Bücher hineingekrochen. Aus diesem Grund fasste ich mir ein Herz und sprach sie an. Da mir nichts Besseres einfiel, sagte ich: »*Konnichiwa*, guten Tag.« Die Angesprochene drehte sich um, leicht irritiert. Als sie mich ent-

deckte, entspannten sich ihre Gesichtszüge augenblicklich.
»Ah, Michaela-san.«

Jetzt war ich an der Reihe, verblüfft zu schauen. Wie konnte diese Frau meinen Namen wissen? Ich schaute sie mir genau an. Sie hatte lange Haare, die im Nacken zu einem Pferdeschwanz zusammengebunden waren. Für eine Japanerin besaß sie geradezu große, runde Augen, ähnlich wie die Frauen aus den Manga-Heften. Sie war nicht auffallend hübsch, je länger ich sie aber ansah, desto schöner erschien sie mir. Besonders faszinierte mich ihre ruhige Ausstrahlung – so kitschig es vielleicht klingen mag, sie wirkte wie ein zahmes Reh, das ich einmal auf einem Tempelgelände gesehen hatte.

Wie so oft bei Japanern konnte ich auch das Alter dieser Person schwer einschätzen, aber ich tippte auf Mitte vierzig. Wäre ich nicht schon eine Weile in diesem Land, ich hätte sie vielleicht auf Ende zwanzig eingestuft. Doch durch meine vielen Begegnungen mit Japanerinnen konnte ich den Zustand ihrer Haut immer besser beurteilen. Ein beliebtes Spiel ist es, das Alter erraten zu lassen. Natürlich liegt man als Ausländerin ständig daneben, zur Freude der Frauen: »Haha, knapp zehn Jahre drunter, und dann bist du nah dran!« Gern ließ ich ihnen den Spaß, denn Möglichkeiten, sich so charmant zum Narren zu machen, gab es wenige.

Die Frau war zudem klein, zierlich, schlank, hatte eine aufrechte Haltung – und kam mir bekannt vor. Mir fiel aber partout nicht ein, wo wir uns begegnet sein konnten. »Ich bin Kyoko«, sagte sie, um mir auf die Sprünge zu helfen, »vom Kloster.«

Jetzt war mir auf einmal klar: Sie war erst vor Kurzem ins Kloster gezogen, und eines Morgens hatte man sie während der Morgenandacht vorgestellt. Sofort erinnerte ich mich daran, wie sie sich mit geradem Rücken traurig verbeugte und sich bei allen bedankte, eine Weile im Kloster wohnen zu dürfen. Den Grund für diesen Rückzug hatte ich damals nicht verstanden, und später vergaß ich, danach zu fragen. Vielleicht war sie hier zum *chōmon,* zum Schweigen. Hin und wieder kamen Menschen ins Kloster, um an diesem Ort eine Schweigezeit zu verbringen. Bis zu vierzehn Tage konnte ein *chōmon* dauern. In dieser Zeit wohnten die Menschen abgeschieden in einem Zimmer; sie wurden nur von einem Mönch besucht. Zu den Andachten gingen sie zwar, redeten aber sonst mit niemandem. Für diese Leute war es eine Möglichkeit, über ihr Leben nachzudenken. Der betreuende Mönch brachte immer wieder ausgewählte und weise Worte aus einer Sutra mit, um Anregungen zu geben, in das Innere vorzudringen. Einmal bekam ich mit, wie ein siebzigjähriges Ehepaar unabhängig voneinander, in verschiedenen Teilen des Klosters, eine Schweigezeit durchführte. Nach vierzehn Tagen verließen beide ihre Stille und teilten den anderen mit, zu welchen Einsichten sie gelangt waren. Sowohl der Mann wie auch die Frau weinten fürchterlich, während sie erzählten. Sie meinten, sie hätten jeweils nur an sich gedacht, hatten nie versucht, den anderen wirklich zu verstehen. Doch es gab den Wunsch, alles wiedergutzumachen. Die beiden hatten sämtliche negativen Gefühle, die sich ihr Leben lang angesammelt hatten, ausgekehrt. Der ganze Tempel weinte mit ihnen. Ich dachte, welch ein Luxus, einen Ort zu haben, an dem man die Ruhe und Aufmerksamkeit erhält, sein Innerstes betrachten zu können. Ich fragte den Goingesama, ob ich auch einmal eine solche Auszeit machen dürfe, doch er lachte nur und sagte: »Dein Jahr hier ist *chōmon* genug für dich. Wir wollen es nicht übertreiben.«

Kyoko hieß die Frau also.

»Ah, Kyoko-san«, sagte ich. »*Mochiron,* aber natürlich.«

Wie sie jetzt so vor mir stand und redete, wirkte sie gar nicht traurig. Im Gegenteil, sie war lebhaft und gesprächig, und etwas funkelte in ihren Augen, das mich stutzig machte. Im selben Moment, als hätte sie gemerkt, dass ich dieses Glitzern entdeckt hatte, verwandelte sich ihr Gesicht in die typische japanische Maske, durch die man nicht hindurchsehen konnte. Gerade wollte sie sich von mir abwenden, mit der Bemerkung, mich nicht weiter stören zu wollen, da fragte ich Kyoko: »Bist du öfter hier?« Als höfliche Frau war sie gezwungen, mir eine Antwort zu geben.

»Ich liebe Bücher, sie sind voller Ideen.« Dabei lächelte sie, wobei sie gerade an einem Ort zu sein schien, der weit weg von dieser städtischen Bücherei war.

»Ach, das ist interessant. Und welche Bücher magst du?« So schnell wollte ich als konversationsfreudige Europäerin nicht aufgeben.

»Das ist bestimmt nicht interessant. Kunst- und Designbücher sind mir am liebsten. Ikebana ebenso.«

Man musste Japanern aber auch alles aus der Nase ziehen. »Ikebana«, wiederholte ich und nickte dabei mit dem Kopf. »Ich lerne es seit einiger Zeit. Aber ich verstehe es noch nicht perfekt. Es ist allerdings wunderschön, wenn jemand es kann. Du besitzt darin bestimmt große Fähigkeiten?«

»Ja«, erwiderte sie schlicht. »Und in den Büchern finde ich neue Inspirationen.« Jetzt schien es ihr sichtbar unangenehm zu sein, in einer öffentlichen Bibliothek über – nach japanischen Maßstäben – so private Angelegenheiten zu sprechen.

»Bist du auch mit dem Fahrrad hier?« Ich wechselte das Thema. »Denn dann können wir zusammen zurück zum Kloster radeln.«

Mein Gegenüber war sichtlich dankbar, dass ich dem Gespräch diese Wendung gab. »Ja, das ist eine gute Idee.« Danach entschuldigte sie sich, mit der Begründung, dass sie noch in einem anderen Regal etwas suchen wolle.

Ich griff zu einem Bildband über japanische Insekten, in dem ich herumblätterte, merkte aber bald, dass ich nicht bei der Sache war. Immer wieder schweifte ich in meinen Gedanken zu Kyoko ab. Ich hatte in ihr eine große Sehnsucht gespürt, alles an ihr war von dieser durchdrungen. Es war, als sei sie nur zum Teil in dieser Welt, als befinde sie sich ebenso in einer anderen, einzig getrennt durch eine dünne Wand. Doch woher stammte diese Sehnsucht, wonach strebte sie? Gleichzeitig fühlte ich eine Nähe, ein Verständnis für sie und das unausgesprochene Geheimnis, das sie mit sich herumtrug. Kurz gesagt: Ich hatte das starke Bedürfnis, ihre Freundin zu werden, sie näher kennenzulernen.

Als es langsam Zeit wurde, ins Kloster zurückzukehren – Abendessen! –, erhob ich mich von meinem Leseplatz und machte mich auf die Suche nach Kyoko. Ich fand sie bei den Zeitschriften. Als sie mich sah, legte sie sofort ihr Heft aus der Hand. Ich konnte gerade noch einen Blick auf den Umschlag werfen – es war ein Ikebana-Magazin. Danach nahm sie ihre Tasche und begab sich mit mir zum Ausgang. Unsere Fahrräder standen, wie wir schnell feststellten, nebeneinander. Wir mussten darüber lachen. Wir freuten uns einfach, eine kleine Gemeinsamkeit entdeckt zu haben.

Während wir ein gemächliches Tempo einschlugen, sprachen wir nicht viel miteinander. Doch das zarte Band, das sich zwischen uns entwickelt hatte, wurde dennoch fester. Das empfand ich jedenfalls. Als wir im Kloster ankamen, verschwand sie mit einem Winken in Richtung Tempelbereich, während ich mein Gefährt hinter dem Toyotaya abschloss. Kyoko hatte mir nicht verraten, wo sie wohnte.

Beim Abendessen konnte ich sie nirgends entdecken. Hätte ich es gewagt sie zu fragen, ob sie sich zu Anne und mir setzen würde? Ich weiß es nicht. Aber Anne hätte sie gern kennengelernt, das war klar, so wie ich ihr in den wenigen Minuten vor der Mahlzeit von Kyoko vorgeschwärmt hatte.

Später, als ich zum Abendgebet ging, verließ Kyoko gerade das Bürogebäude, um vor dem letzten Gongschlag in den Tempel zu schlüpfen. Wir lächelten uns kurz zu, als ob wir ein Geheimnis teilen würden – wobei das bis zu diesem Zeitpunkt aus nicht viel mehr bestand, als dass wir zusammen von der Bibliothek nach Hause geradelt waren.

Während der Abendandacht schaute ich manchmal zu ihr hinüber. Sie kniete mit kerzengeradem Rücken auf den Tatami-Matten, und mit keiner Miene verriet sie, woran sie beim Beten dachte. Was war in ihrem Leben geschehen, dass sie ins Kloster gezogen war?

Nach der Andacht traf ich sie bei den Schuhen. Sie sagte: »Bis morgen.« – »Ja, bis morgen«, antwortete ich.

An diesem nächsten Morgen half Kyoko in der Küche mit. Sie füllte den Reis für die älteren Klosterbewohner in kleine Schälchen und servierte sie ihnen zusammen mit der obligatorischen Misosuppe. Nach dem Frühstück fegte ich den Saal durch und wischte die Tische ab. Danach entdeckte ich Kyoko in der Küche, wo sie am Spülbecken Spinat wusch. Sorgsam nahm sie jedes Blatt in die Hand und säuberte es unter laufendem Wasser. Sie tat dies mit so viel Umsicht, als würde sie gerade an einer kostbaren Seidenstickerei arbeiten und nicht bei der Zubereitung einer Klostermahlzeit mitwirken.

»In welchem Gebäude des Tempelgeländes wohnst du eigentlich?«, fragte ich.

Sie blickte kurz von ihrer Arbeit auf, und ich merkte an einer kleinen Geste, dass es wiederum nicht der Moment war, »intime« Gespräche zu führen. Es waren noch andere Frauen in der Küche, die laut durcheinandersprachen, und irgendwie hatte ich das Gefühl, als wolle Kyoko nicht, dass sie wussten, dass wir beide uns kannten. Folglich sagte sie nur: »Drüben in einem Zimmer im Bürogebäude.« Anschließend konzentrierte sie sich wieder auf das Waschen des Spinats.

In den nächsten Tagen ergab sich ebenfalls keine Gelegenheit, ein Gespräch mit ihr zu führen. Wenn ich sie in der Küche beobachtete, konnte ich feststellen, dass sie anscheinend noch keine engere Freundin unter den Frauen gefunden hatte. Sie war zu allen freundlich, aber niemand schien sich intensiver mit ihr zu beschäftigen. Mein Interesse für sie war jedenfalls erwacht. Auf eine noch nicht von mir zu benennende Weise unterschied sie sich von den anderen Frauen im Kloster – Anne ausgenommen. Da gab es so viel an Kyoko, das ich nicht verstand, jedenfalls nicht rational, mich aber dennoch anzog. Sie war scheu, aber gleichzeitig neugierig. Sie hielt sich versteckt, aber wenn sie die Möglichkeit dazu hatte, traute sie sich aus ihrem Schneckenhaus heraus.

Einmal fiel mir in ihrem Zusammenhang die *Geschichte vom Prinzen Genji* ein, jener schon erwähnte japanische Roman aus dem 11. Jahrhundert, in dem die amourösen Abenteuer dieses Prinzen erzählt werden. Genji ist ein unehelicher Sohn des Kaisers, ein japanischer Casanova. Immer wieder treten Hofdamen in Erscheinung, die nur darauf warteten, dass er das Verlangen in ihrem Leben stillen möge. Prinz Genji belohnte jede so, wie sie es sich am meisten gewünscht hatte. Er war das einzige Glück dieser Frauen, deren Alltag letztlich darin bestand, mit ihren langen Haaren und in ihren zwölflagigen Kimonos, bei denen jede einzelne Farbe des Unterkleids mit denen der anderen abgestimmt war, einfach nur still dazusitzen und zu warten. Wenn Kyoko nicht im Kloster aufgenommen worden wäre, was hätte sie dann den ganzen Tag gemacht? Worauf hätte sie gewartet? Was stillte oder entfachte ihre Sehnsucht?

Nichts änderte sich jedoch an unserer derart zart begonnenen Freundschaft. Sie steckte fest. Ich bekam keinen Zugang zu ihrer Welt. Sie kam mir vor wie jene japanischen Gemälde, auf denen viel Nebel zu sehen war. Je mehr gleichförmige Antworten ich von Kyoko erhielt, desto geheimnisvoller malte ich mir ihr wahres Leben aus. War sie hierher geflohen? Was hatte sich in ihrem Leben zugetragen?

Entsprechend war ich erstaunt, als sie eines Abends nach dem Abendessen wie beiläufig neben mir im Speisesaal auftauchte und mich fragte, ob ich nicht ein wenig mit ihr spazieren gehen wolle. Heute wäre bestimmt ein schöner Sonnenuntergang, fügte sie hinzu.

»Aber natürlich, gern«, antwortete ich.

»Dann treffen wir uns in zehn Minuten am Tempeltor, ja?«

Ich nickte. Mir wurde plötzlich bewusst, dass dies keine zufällige Einladung war, sondern dass sie bestimmt schon seit Längerem überlegt hatte, mich zu treffen.

Zehn Minuten später stand ich am verabredeten Ort. Da ich mich beeilt hatte, war ich vor ihr da. So konnte ich beobachten, wie sie aus dem Bürogebäude trat, sich sorgsam ihre Schuhe anzog und die Strickjacke zurechtzupfte, bevor sie sich gerade aufrichtete und mir entgegenkam. Sie sah fröhlich aus.

»Schön, dass es endlich geklappt hat. Ich habe ja immer so viel zu tun«, sagte sie, als wir uns gegenüberstanden.

Sie schlug einen Weg ein, der am Fluss entlangführte, vorbei an Pflaumenbäumen.

»Sind sie nicht wunderschön, diese Bäume? Sie blühen als Erstes im Jahr, du hast es sicher bemerkt?«

»Ja«, erwiderte ich, »die weißen Blüten im Januar habe ich gesehen. Aber wo kommst du her?« Typisch europäisch – ich wollte mich nicht darauf einlassen, über oder durch Blumen zu sprechen. Ich wollte Klarheit, wollte diese Frau verstehen, wollte Vertrautheit, so wie ich langsam auch Wado wie einen Bruder begriffen hatte.

»Aus einem Stadtteil von Tokio, in dem auch Yoko Ono aufgewachsen ist. Kennst du Yoko Ono?«

»Natürlich kenne ich Yoko Ono.« Wieder fing meine Phantasie an, wilde Bilder zu malen. Kyoko war in einem ähnlichen Alter wie die Künstlerin und Menschenrechtlerin. Vielleicht waren sie Schulfreundinnen gewesen, hatten zusammen Platten gehört, bis Yoko Ono auswanderte und nicht mehr zurück nach Japan kam. Yoko Ono war einfach abgehauen, hatte sich John Lennon geschnappt und ihre alte Freundin vergessen. Darum war Kyoko so traurig – ja, so musste es gewesen sein.

»Kanntest du Yoko Ono?«

»Nein, ich habe sie nie kennengelernt.« Schade, dachte ich, aber das Bild in meinem Kopf von Kyoko und Yoko Ono, die als Schulmädchen gemeinsam Platten hörten, verblasste nicht. In meiner Vorstellung wollte ich, dass diese beiden Frauen einst Freundinnen waren.

Nun fing Kyoko an, mir Fragen zu stellen. Ob ich klassische Musik möge, ob es meiner Familie gut gehe, was man in Deutschland gern esse. Ich konnte mir auf diese Fragen keinen Reim machen. Wahrscheinlich waren ihr meine genauso wirr vorgekommen. So verbrachten wir die Zeit damit, uns gegenseitig viel und gleichzeitig auch gar nichts voneinander zu erzählen. Ich hatte das Gefühl, je mehr Fakten wir austauschten, desto weiter entfernten wir uns voneinander. Gut, immerhin wusste ich, woher sie kam. Aber darauf baute man keine Freundschaften auf.

Dennoch war auf diesem Spaziergang etwas geschehen. Vielleicht durch die Pausen, die zwischen unseren Fragen lagen. Ja, es stimmte: Die Pausen hatten uns einander nähergebracht. Das Abwiegeln des Gesagten, das Treibenlassen des Vernommenen, sich gegenseitig Zeit zu geben. Es war ein Herantasten über diese Momente des Schweigens. Als wir wieder vor dem Tempel standen, hatte ich das Gefühl, dass ich die Frau neben mir gefunden hatte. Mir schien es, als wäre ich ihr schon einmal begegnet, vor unendlich vielen Jahren.

Plötzlich erinnerte ich mich an eine Geschichte, die eine Weile zurücklag. Ich wollte damals für ein halbes Jahr durch Indien reisen, und als ich in Bombay am Flughafen ankam, setzte sich im Bus, der mich in die Stadt fuhr, eine Deutsche zu mir. Sie schaute mich lange an, schließlich sagte sie mit wehmütiger Stimme: »Du könntest meine Tochter sein. Vor vielen Jahren habe ich mein Kind abgetrieben. Ich hatte gespürt, dass es ein Mädchen war.«

Diese Frau wich zwei Tage nicht mehr von meiner Seite. Mir war das damals gar nicht richtig bewusst gewesen, da für mich alles in diesem üppigen Land völlig neu war. Nur diese Verunsicherung in ihrem Blick, wenn sie mich ansah, konnte ich nicht vergessen. Nach diesen zwei Tagen setzte ich mich in einen Zug und fuhr weiter, ohne mich von ihr zu verabschieden.

Jetzt überlegte ich, ob man durch das Schicksal stärker mit anderen Menschen verbunden war, stärker, als man selbst es vermuten würde.

Seit dem Spaziergang intensivierte sich die Beziehung zwischen mir und Kyoko. Sie war zwar noch immer sehr schüchtern, sobald andere Frauen in der Nähe waren – doch immerhin drückte sie mir seitdem Kassetten in die Hand, die sie mit Musik überspielt hatte. Nie lud sie mich in ihr Zimmer ein, aber sie brachte mir so oft Künstlerpostkarten oder jene Kassetten mit; es war, als würde sie stückchenweise ihr Zimmer in mein Bewusstsein tragen.

Wenn sie für die Abendschicht im Speisesaal eingeteilt war, musste sie bis 22 Uhr im Eingangsbereich des Toyotaya sitzen und aufpassen, wer den Turm betrat. Sie hatte dann die Funktion einer Concierge inne. An diesen Tagen saß sie meist an einem der vorderen Tische im Speisesaal und strickte an einem Pulli. Oft setzte ich mich dazu, und je öfter ich dies tat, desto unbeschwerter wurde unser Umgang. Nach einigen Abenden mit ihrer lilafarbenen Wolle traute ich mich endlich, sie zu fragen, warum sie im Kloster wohne. Eine Antwort, wie ich sie mir gewünscht hätte, mit einem eindeutigen Grund, bekam ich nicht. Stattdessen erzählte sie etwas von »alleine nicht zurechtkommen können«, von »schwach sein«.

Dabei empfand ich sie alles andere als schwach. Je länger ich sie kannte, desto mehr hatte ich das Gefühl, als ob es in ihr brenne. In ihr steckte eine Neugierde, die sie im Alltag zu unterdrücken versuchte, weil diese so unjapanisch war. Eine japanische Frau zeigte nach außen keine leidenschaftlichen Gefühle. Also war sie nach außen verhalten. Die Musik, die Kyoko mir überspielte – Mozart-Kompositionen, Gesänge von bulgarischen Frauenchören, irische Folkmusik – wies aber auf etwas anderes hin: Oft waren es traurige Weisen, die Kyoko halfen – jedenfalls interpretierte ich es so –, ihr Herz weit zu öffnen und in Gedanken davonzufliegen. Doch wohin?

Unsere Gespräche handelten oft von Blumen. Immer wieder erzählte sie mir von dieser oder jener Blüte, als seien sie ihre engsten Vertrauten. In Kyokos Welt nahmen Pflanzen einen ähnlichen Stellenwert ein wie für andere die Charaktere einer Fernsehserie. Es hatte nicht nur jede Gattung ihren eigenen Charakter, sondern jedes einzelne Gewächs selbst. Nie wurde sie müde, mir die eine oder andere Blüte zu zeigen und darauf hinzuweisen, wie perfekt sie sei. Ich dachte, sie sei selbst wie eine Blume, die man aus ihrem Garten herausgerissen hatte.

Einmal fragte sie mich – sie hatte wieder die Spätschicht übernommen –, ob ich etwas essen wolle, sie habe noch ein paar getrocknete Fischlein. Ich kannte sie schon, diese kleinen silbernen Minifische, die ganz hart sind und deren Augen stumm durch die Plastikbeutel starren, die süßlich schmecken und als Snack angeboten werden.

»Ja«, sagte ich, »gern.« Kyoko stand auf und ging in den hinteren Teil der Küche, um eine Tüte mit Fischen zu holen. Als sie wieder auftauchte, seufzte sie nur und meinte: »So viele Geister, die hier wohnen.«

Ich blickte sie überrascht an, wusste ich doch nicht, wie ich das zu verstehen hatte. Sie war doch nicht etwas wirr im Kopf? Sofort verbot ich mir den Gedanken.

»Was meinst du damit?«, fragte ich nach. Es konnte ja sein, dass Geister ein Synonym für bestimmte Gefühle war.

»Ach, wenn ich abends hier sitze, erscheinen sie. Manchmal rascheln sie hinten am Kühlschrank, manchmal blicken sie mich nur durch die Scheibe an. Aber es wundert mich, dass es so viele sind. Ich frage mich, was sie bloß alle wollen.«

Seitdem ich zu Beginn meiner Zeit im Kloster eigene Erfahrungen mit Geistern gemacht hatte, war meine Akzeptanz solchen Aussagen gegenüber größer geworden. Dennoch war ich es in diesem Fall nicht gewohnt, dass man so offen und natürlich über dieses Phänomen sprach – und dass jemand Geister wirklich »sah«, hatte ich auch noch nicht erlebt. Ich hatte meine Geister nur »gespürt«, dies zwar klar und deutlich, aber es gab dennoch keinen Beweis für ihre Existenz. Dass hier jemand aber Geister bemerkte, physisch, war doch etwas anderes. Aber da Kyoko mit großem Ernst davon sprach, beschloss ich, ihr »Sehen« nicht infrage zu stellen.

»Hast du Angst vor ihnen?«

»Nein, sie machen ja nichts. Aber sie tun mir leid. Was sie wohl suchen?«

Darauf wusste ich nicht die geringste Antwort, deshalb antwortete ich mit einer Gegenfrage: »Doch woher kommen sie?«

»Das weiß ich nicht. Aber hier war früher ein Friedhof, man hat Knochen gefunden, als das Gebäude gebaut wurde. Vielleicht hat das damit was zu tun. Die Geister halten sich jedoch nur im hinteren Teil des Hauses auf, hier vorne ist ihnen zu viel los. Manchmal erschrecke ich mich dennoch, weil sie so unerwartet vor mir stehen.«

In Japan war es normal, Geister zu sehen. In Deutschland gehörten sie zum Personal von Gruselgeschichten. Doch wenn Kyoko Geister wahrnahm, dann konnte es nur heißen, dass sie etwas für real hielt, was mir verborgen blieb. Das bedeutete aber noch längst nicht, dass es nicht existent war. Und da ich ein großes Vertrauen in Kyoko hatte und zudem ein großes Verlangen danach, ihre Welt zu begreifen, versuchte ich weiterhin ihrer Wirklichkeit zu folgen. Kyoko dachte nicht, dass sie ein besonderer Mensch sei, bloß weil sie Geister sehen konnte. Sie hatte sie auch eher nebensächlich erwähnt und war fast erstaunt, dass ich so interessiert das Thema aufgriff.

Den anderen Klosterbewohnern war es nicht verborgen geblieben, dass Kyoko und ich uns besonders gut verstanden. Die meisten von ihnen mussten sich darüber gewundert haben, denn niemand konnte sagen, was dieser Beziehung eigentlich zugrunde lag. Eines Tages kam die Bomorisan zu mir und meinte, dass es schön sei, zu sehen, wie das Pflänzlein der Freundschaft zwischen Kyoko und mir zu einem Baum wachsen würde.

Wenn ich Anne fragte, ob sie nicht mitkommen wolle, um mir und Kyoko Gesellschaft zu leisten, gab sie zur Antwort: »Das ist deine Freundin.« Sie sagte das ohne Neid. Sie wusste, wie wichtig es für Kyoko und mich war, Zeit miteinander zu verbringen. Deshalb drängte sie sich nicht dazwischen.

An einem Spätfrühlingsabend, die Luft war noch warm vom Tag, traf ich Kyoko, als sie gerade von einem Spaziergang zurückkehrte.

»Wo bist du denn heute gewesen?«, fragte ich.

»Ich war im Koke Dera, im Moostempel. Es war herrlich.«

»Diesen Tempel kenne ich gar nicht, davon hat mir noch nie jemand erzählt.«

»Dann nehme ich dich einmal dorthin mit. Hast du am Samstagnachmittag Zeit?«

Ich nickte.

Und so fuhren wir am nächsten Samstag mit dem Fahrrad zum Moostempel. Es war keine weite Strecke, vielleicht eine Entfernung von zwanzig Minuten. Er stand in einer ruhigen Seitenstraße, von außen war er unscheinbar, nie hätte ich ihn allein gefunden. Ich wäre wahrscheinlich daran vorbeigeradelt, aber Kyoko wusste ja Bescheid. Wir mussten, nachdem wir das Tor durchschritten hatten, ein paar Stufen hinaufsteigen, danach standen wir vor einer Stelle, an der wir uns die Schuhe abstreiften. Mit dem nächsten Schritt befand man sich in einem großen Zimmer, das lange, alte Holzdielen hatte und in der Mitte einen Schrein. Dahinter waren Türen weit zur Seite geschoben, sodass man in einen Garten hineinschauen konnte. Rechts ging es zu einem Teezimmer, davor war eine kleine quadratische Plattform, auf der Kyoko und ich niederknieten. Schweigend saßen wir nebeneinander und schauten in Pinienbäume; es war, als ob ich ins Zeitlose blickte. Überall wuchs Moos auf den Bäumen, aber auch auf den Felsen, die verstreut herumlagen. Hinter den Pinien entdeckte ich Pflaumenbäume, deren Äste sich aber erst weiter oben ausbreiteten. Es entstand der Eindruck, als formten die Bäume ein Dach über dem Garten. Noch weiter hinten wurde die Anlage von einem Berg abgeschlossen. Auch er war von Moos bewachsen und wirkte wie eine grüne Wand, die dem Auge Ruhe schenkte. Moostempel – der Name passte gut.

Kyoko und ich saßen lange nebeneinander. Irgendwann seufzte ich, und danach begann Kyoko zu sprechen: »An manchen Tagen verbringe ich Stunden hier. Ich schaue auf die Pflaumenbäume und lasse meine Gedanken schweifen. Manchmal besucht mich in solchen Momenten mein Mann. Er kommt als Wind und singt mir Lieder, dort, zwischen den Ästen der Bäume.«

Kyoko klang nicht traurig. Sie klang ruhig und glücklich, als sie mir das erzählte. Ich fragte nicht weiter, denn ich verstand: Ein Ort wie dieser konnte Sehnsüchte erfüllen, da war ich mir auf einmal sicher.

Erst auf dem Nachhauseweg fragte ich sie, wollte mehr über ihren Mann wissen. Sie erzählte mir, dass er ein sehr lieber Mensch gewesen sei, ein Apotheker. Er hätte viel gearbeitet, aber abends hätten sie immer beisammengesessen und Musik gehört. Kinder hätte sie keine, aber vielleicht sei darum ihre Liebe so stark gewesen, da sie sich aufeinander konzentrieren konnten. Das Leben hätte so weitergehen können, doch er bekam Krebs. Ein Tumor im Gesicht. Es waren schreckliche Monate, immer wieder musste er ins Krankenhaus. Am Ende starb er. Da merkte sie, dass sie es allein nicht schaffen würde, ihrer Trauer zu entkommen. Sie saß in ihr wie in einem Kerker. Als einige aus dem Kloster an sie herantraten mit dem Angebot, zu ihnen zu ziehen, nahm sie es dankbar an. Es sei ein Lichtblick gewesen. Hier könne sie sich nützlich machen und habe die Empfindung, Teil eines Ganzen zu sein.

Viele schöne Momente verbrachten wir noch miteinander. Mit Kyoko konnte ich ein Stück weit hineinsehen in diese andere Welt, konnte manchmal spüren, wie sich der Vorhang leise bewegte und den einen oder anderen Spalt zuließ.

Als ich das Kloster verließ, war sie die Einzige, die mir regelmäßig Postkarten schrieb. Einmal erhielt ich eine mit einem farbenfrohen Gemälde von Oskar Kokoschka, dann wieder eine, auf dem eine Statue des Maitreya Buddha abgebildet war, die in Kyōto steht. Sie wusste, dass ich diese Schnitzerei sehr mochte, weil ich ihr davon erzählt hatte.

Diese Figur hatte einen großen Eindruck in mir hinterlassen, weil sie Klarheit und Ruhe und gleichzeitig eine vertraute Nähe ausstrahlte. Immer schickte sie mir Motive, die Bezug nahmen auf etwas, worüber wir uns unterhalten hatten.

Vor einiger Zeit aber erhielt ich ein Paket von ihr. Darin lag ein handgeschriebener Brief, getrocknete Blumen waren auf den Umschlag geklebt. Auf drei Seiten schrieb Kyoko über den Sommerwind, der jetzt immer kälter würde, sodass sie sicher sei, dass der Herbst bald beginnen würde. Sie schrieb von den Vögeln, die in wenigen Wochen ein anderes Lied anstimmen würden, und von den Blumen, die noch einmal aufblühten. Von sich erzählte sie nichts.

Aber sie hatte ein Geschenk in das Päckchen hineingelegt. Eine Windglocke aus feinem Porzellan. Diese hängt jetzt auf meinem Balkon an einem Feigenbaum, und wenn ich sie höre, denke ich an Kyoko und wie weit weg sie ist, aber auch, dass sie ganz nah ist. Nämlich dort, wo die Glocke leise ertönt.

Ein Kreis, wie Oshō-san ihn in den Sand geschrieben hat

11 Zen, Whisky und ein langer Weg

»Was auch immer du tust, tue es mit deinem vollen Bewusstsein.«

Oshō-san, der Zen-Meister

Ich weiß nicht, ob unser protestantischer Dorfpfarrer zu Hause in Deutschland mir den Kontakt zu seinem katholischen Kollegen hergestellt hätte, wenn ich ihn darum gebeten hätte. Hier in Japan war eine solche Bitte jedenfalls kein Problem. Und ich muss es den Mönchen in meinem Kloster hoch anrechnen, dass sie mir die Begegnung mit Oshō-san, dem Zen-Meister, ermöglichten, nachdem ich den Wunsch geäußert hatte, einen solchen kennenzulernen. Zwar sind sowohl Zen als auch Jōdo-Shinshū buddhistische Religionen, doch ihre jeweiligen Ansätze sind so grundverschieden wie der zwischen bestimmten christlichen Kirchen. Im Zen muss der Anhänger selbst zur Erleuchtung kommen, während es im Jodo-Shinshu immer Amida Buddha gibt, der den Gläubigen einfach mitnimmt in sein Paradies. Auch die Sprache beider Glaubensrichtungen weicht stark voneinander ab: Im Zen ist alles klar und reduziert, im Jōdo-Shinshū kann es auch mal verspielt und detailverliebt zugehen. Menschen aus dem Westen fühlen sich vor allem von der strengen Disziplin des Zen angezogen.

Auch ich wollte mehr über Zen wissen. So ergab es sich, dass ich schließlich dienstags und freitags Oshō-san in seinem Zen-Tempel besuchte, und zwar immer morgens. An diesen Tagen fielen die »göttlichen Worte« mit Sato aus. Ja, die Lesestunde musste mit nur mehr drei Wochenstunden auskommen.

Wie die Mönche aus meinem Kloster es angestellt hatten, diesen Zen-Mönch zu überreden, sich meiner anzunehmen, weiß ich nicht. Tatsache ist, dass Wado eines Morgens zu mir kam und mir zu verstehen gab: »Wir gehen Oshō-san besuchen.« Er trug eine dieser ordentlich gefalteten Papiertüten im Arm, in denen immer »teure« Geschenke steckten.

Wir setzten uns in den schwarzen Toyota des Klosters und kamen nach nur fünf Minuten Fahrt zu einem Tempel, der meiner Vorstellung eines japanischen Tempels so sehr ähnelte, als hätte jemand meine Gedanken gelesen und entsprechend an diesem Ort aufgebaut. Eine alte Mauer umschloss das Gelände. Stand man am Tor, das die Mauer unterbrach, so blickte man auf ein Holzgebäude. Gleich einer Pagode wurde es von zwei Dächern beschützt, einem kleineren sowie einem ausladenden, wobei das große Dach unter dem kleinen war. Trat man in den inneren Bereich ein, so führte ein mit alten Steinen gepflasterter Weg über das Gelände direkt zum Tempel. Rechts und links des Pfades waren kleine, weiße Kieselsteine ausgelegt. Auf der rechten Seite befand sich weiterhin ein hoher, hölzerner Glockenturm, ansonsten wuchsen überall alte Bäume, und hier und da standen Steine mit eingemeißelten Inschriften herum. Meine Begeisterung für diesen Ort ließ auch nicht nach, als er schon längst zu meinem Alltag gehörte.

Der Zen-Tempel war in der Nara-Zeit (710–794) erbaut worden. Er gehört zu den ältesten religiösen Stätten im Süden Japans. Er galt einst als einer der drei Ordinationstempel des Buddhismus. Wer sich im westlichen Teil Japans dazu entschloss, die Priesterweihe entgegenzunehmen, empfing sie hier.

Als Wado und ich ankamen, gingen wir über den Vorplatz, anschließend rechts am Tempel vorbei. Wir erreichten ein kleineres Gebäude, in dem, so versicherte mir mein »Bruder«, der Zen-Mönch wohne. Ein weiterer Weg führte zum Hintereingang des Tempels, doch lag dort auf dem Boden ein Stein, um den ein Band gewickelt war.

»Was bedeutet das?«, fragte ich.

»Das ist ein *sekimori*«, erklärte mir Wado. »Das heißt, dass wir diesen Pfad nicht betreten dürfen.«

Der *sekimori* gehört zu jenen Symbole im Zen, die sehr einfach erscheinen, dennoch eine große Bedeutung haben. Man hätte auch ein »Stopp! Betreten verboten«-Schild aufstellen können, doch so ein kleiner Stein sagte dasselbe aus – und wirkte viel stärker über die Sinne.

Das Haus, vor dem wir uns jetzt befanden und in dem der Mönch wohnte, war zwar modern, aber in einem alten traditionellen Stil gebaut worden. Die Schiebetür am Eingang war verschlossen. Wado und ich standen etwas unschlüssig davor. Wir wussten nicht, was wir tun sollten. Eine Klingel war nirgends zu sehen. Mein Begleiter räusperte sich laut, danach warteten wir erneut eine Weile. Doch nichts passierte. Wado zog schon seine Schultern hoch und meinte: »Vielleicht hatte er noch einen dringenden Termin ...« Hieß das, wir sollten umkehren? Kurz darauf hörten wir aber von innen das Geräusch von schnell tippelnden Füßen, die in ein paar Schuhe schlüpften. Zwei Sekunden später wurde uns die Tür von einer älteren Dame geöffnet. Wado verbeugte sich, die Dame verbeugte sich, und natürlich verbeugte ich mich auch. Mein Begleiter stellte mich vor, sagte, ich sei die Deutsche aus dem Kloster. Darauf folgte ein Austausch von Höflichkeiten, und zwar in einer Länge und Ausführlichkeit, als stünden wir vor der Pforte des himmlischen Palastes des Kaisers von China. Nachdem auch die Papiertüte ihren Besitzer gewechselt hatte und daraufhin weitere Höflichkeiten ausgesprochen wurden, gab uns die Dame zu verstehen, wir dürften nun eintreten. Im Vorraum streiften wir unsere

Schuhe ab, anschließend wurden wir in ein japanisches Zimmer geführt, in dem wir uns auf zwei Kissen an einen kleinen Tisch knieten. Wado und ich blickten uns um, während wir warteten, aber es gab nicht viel zu sehen. Alles war penibel sauber, die Wände schmucklos bis auf einen Kalender mit Tempeln und Gärten aus Kyōto, von einer Sake-Brauerei gesponsert.

Nach einer Weile kam die Dame wieder herein. Sie trug ein Tablett, auf dem zwei Tassen mit grünem Tee standen, daneben lagen ein paar in buntes Papier eingewickelte Kekse. Wado und ich griffen beherzt zu, und nachdem wir beide schon zwei Kekse verspeist hatten, betrat auch Oshō-san das Zimmer. Sofort standen wir auf, während ich noch schnell die letzten Krümel hinunterschluckte. Aus den Augenwinkeln konnte ich sehen, dass auch Wado seinen Keks hinunterwürgte.

Oshō-san war eine skurrile Erscheinung. Er war in eine schwarze Mönchsrobe gehüllt, sein Alter war – wieder einmal – schwer zu schätzen. Oder besser gesagt: Es war gar nicht zu schätzen. Es konnte irgendwo zwischen sechsunddreißig und dreiundachtzig Jahren liegen. Sein Kopf war kahl geschoren, eine Brille mit dicken Gläsern saß auf der Nase. Er schien an einer ausgeprägten Kurzsichtigkeit zu leiden. Wie er sich auf uns zubewegte, hatte ich das Gefühl, er würde Hindernisse nicht erkennen, denn erst im letzten Moment wich er ihnen aus. Erst viel später las ich in einem Buch, dass der Gang eines Zen-Mönches seinen erreichten Bewusstseinszustand verrät. Novizen gehen meist zu schell und abrupt, bei einem Meister sind die Bewegungsabläufe fließend und schnell. Oshō-san musste sich wohl – seiner Gangart nach zu schließen – im siebten *Satori*-Zen-Himmel befunden haben, denn so etwas war mir seitdem nicht mehr begegnet.

Der Mönch machte eine Geste, die besagte, dass wir uns setzen sollten. Mit viel Geraschel folgte er unserem Tun. Dabei musste er seine vielen »Unterkleider« zurechtrücken und gekonnt unter sich klemmen, bis er hoheitsvoll und mit kerzengeradem Rücken vor uns auf seinem Kissen kniete. Die Dame, seine Haushälterin, trat wieder ein und brachte nun eine Tasse Tee für Oshō-san.

Die nächsten zehn Minuten verstrichen mit Höflichkeiten, die Wado vortrug, wobei Oshō-san etwas gelangweilt in den Raum blickte und die Worte mehr oder weniger über sich ergehen ließ. Eine der Floskeln, die ich von meinem Begleiter aufschnappte, lautete: »Sie sind immer da, unermessliche Weisheit, seit Menschengedenken.« Danach war Oshō-san an der Reihe. Er dankte kurz und knapp, danach begrüßte er mich. Er schien mich fokussieren zu wollen, was ihm aber nicht so recht gelang. Aber er lächelte dabei und sagte etwas, das so klang wie »Baseball«. Fragend schaute ich Wado an, und er wiederholte, was Oshō-san geäußert hatte. Aber wieder verstand ich nur »Baseball«. Scheinbar wollte Oshō-san wissen, ob ich Baseball spiele.

Okay.

Nein, erwiderte ich, ich komme aus Deutschland, da spiele man nicht so viel Baseball, eher Fußball. Ich würde das aber nicht tun, weil ich es nicht so spannend fände. Oshō-san hörte zu und verzog keine Miene. Anschließend winkte er kurz, wohl das Zeichen dafür, dass die Audienz zu Ende war. Wado und ich standen auf und verbeugten uns tief. Im nächsten Augenblick kam die ältere Dame hereingehuscht und begleitete uns zur Tür.

»Was war das jetzt?«, fragte ich Wado, als wir draußen vor dem Haus standen.

»Nächste Woche beginnt dein Training in Zen-Meditation. Oshō-san ist einverstanden.«

Gut, ich hatte zwar nichts dergleichen vernommen, aber wenn Wado das sagte, dann würde es schon seine Richtigkeit haben. Es war alles ein wenig absurd, aber das war beim Zen nichts Neues. Da gab es etwa die Koans, die Fragen oder Rätsel, die der Meister dem Schüler stellt und die in unserem Sinne von Frage–Antwort nicht zu lösen sind. Und wenn man sie schließlich doch weiß, soll dies zur unmittelbaren Erfahrung der Erleuchtung führen. Ein Beispiel für ein Koan: Was ist das Geräusch, das entsteht, wenn eine Hand klatscht?

Warum sollte Oshō-san mich also nicht über Baseball ausfragen, um herauszufinden, ob ich würdig sei, bei ihm zu lernen. Das war nicht Gaga, das war Dada. Und so freute ich mich auf das nächste Treffen mit ihm. Zugleich machte ich mir etwas Sorgen, weil ich beim nächsten Mal allein zu diesem Meister gehen musste. Beim Sprechen nuschelte er. Würde ich auch all seine Anweisungen verstehen? Aber da ich mich bislang überall durchgebissen hatte, würde ich auch diese Hürde zu nehmen wissen.

Glücklicherweise begleitete mich Wado doch zu meiner ersten Zen-Stunde. Als Grund gab er an, es würde nicht schaden, wenn er auch ein wenig Zen-Meditation lerne. Der Goingesama hätte ihm schon seit Längerem aufgetragen, sich im Stillsitzen zu üben. Wahrscheinlich war das ein Vorwand, möglicherweise sollte er ein Auge auf mich haben. Aber so ganz falsch war Wados Argument auch nicht. Er konnte kaum über einen längeren Zeitraum ruhig sitzen bleiben. Der Goingesama schlug damit zwei Fliegen mit einer Klappe.

Wie könnte man den Ausdruck im Gesicht von Oshō-san beschreiben, als Wado erklärte, er würde die ersten Stunden mitmachen wollen? Ja, er schaute fast ein bisschen böse, wenn das bei seinen gutmütigen Gesichtszügen überhaupt möglich war. Es passte ihm ganz offensichtlich nicht, einen Mönch von einer anderen buddhistischen Glaubensrichtung zu unterrichten, und mir gefiel, dass er das so offen zeigte. Sonst konnte man in japanischen Gesichtern kaum eine Regung ablesen, in diesem Fall war es aber keineswegs so. Oshosan wollte mich allein unterrichten. Er wollte sich darauf konzentrieren, es sollte eine ganze Sache werden, keine halbe. So wunderte es mich nicht besonders, als ich das nächste Mal allein zu ihm radeln musste.

Dazu schwang ich mich auf mein kleines japanisches Fahrrad, bei dem ich immer achtgeben musste, mit den Knien nicht an die Lenkstange zu stoßen. In fünfzehn Minuten war ich beim Tempel. Der Weg führte durch viele kleine Gässchen, vorbei an einem Nachbarschaftsschrein mit Spielplatz, es ging über einen Bach, danach noch über eine große Straße, vorbei an einem Lovehotel. Jedes Mal versuchte ich beim Vorbeifahren ein Liebespaar zu entdecken – aber das Ganze wurde so diskret gehalten, dass sogar die Nummernschilder der davor parkenden Autos verdeckt waren. Kurz vor dem Zen-Tempel musste ich noch über ein Reisfeld fahren, dann war ich an der Mauer angelangt, die das heilige Gelände umfasste.

Meine Stunde bei Oshō-san sah meistens so aus: Ich ging zu seinem Haus, räusperte mich vor der Schiebetür, hinter der die Haushälterin schon zu warten schien, denn sie wurde sogleich geöffnet. Kurz darauf trat Oshō-san heraus und winkte mir, ihm in den Tempel zu folgen. An solchen Morgen war der *sekimori* bereits beiseitegeräumt. Wenn wir den *hondo*, die Haupthalle, betraten, mussten sich die Augen zuerst an das fahle Licht gewöhnen. Es war dort drinnen immer viel kühler als draußen, und richtig windgeschützt war es auch nicht, denn die Fenster hatten keine Glasscheiben, sondern nur ein einfaches Holzgitter. Dafür war aber die Atmosphäre in diesem Raum so aufgeladen, dass das Gefühl für Kälte weit in den Hintergrund rückte. Zudem duftete es hier nach bestem Räucherwerk – es war ein Geruch, der einen geistig mitnahm und doch im Hier und Jetzt verankerte.

Ich ging hinter Oshō-san her, bis wir vor der Statue des Vairocana Buddhas, des kosmischen Buddhas standen, der die Weisheit in sich vereint und das Weltall durchstrahlt. Sie befand sich auf einer erhöhten Plattform im Zentrum der Halle. Es war eine hölzerne Statue, die aus der Heian-Zeit (794–1192) stammte, rund eintausend Jahre war sie alt. Das geschnitzte Gesicht strahlte eine himmlische Ruhe aus. Überall blätterte das Gold ab, was ihr ein noch ehrwürdigeres Aussehen verlieh. Die Hände befanden sich vor dem Körper in einer Mudra-Handgeste, es schien, als ob sie einen heißen

Ball halten müssten. Neben dieser Figur entdeckte ich zwei kleinere Statuen in aufrechter Position.

Direkt vor dem Vairocana Buddha lag ein Sitzkissen für den Mönch, der die Andacht halten würde, daneben eine hölzerne Trommel *(mokugyo)*, die, wenn man darauf klopfte, einen dumpfen Ton von sich gab. Auf der anderen Seite des Sitzkissens befand sich eine große metallene Schale, auf die man ebenfalls klopfen oder an ihrem Rand entlangstreichen konnte, um Töne zu erzeugen. Ich saß bei jedem Besuch im Lotussitz auf einer Bank, die gegenüber dem Buddha war.

Kein einziges Mal erklärte mir Oshō-san im Detail, wie ich bei der Meditation zu sitzen habe. Ein einziges Zeigen, und von diesem Zeitpunkt ab korrigierte er mich nur noch ab und zu. Lotussitz, das hieß Schneidersitz, nur dass die Beine hierbei verschränkter waren und der Rücken kerzengerade. Die Zunge musste am Gaumen liegen, und die Haltung meines Kopfes sollte vergleichbar mit einer Perle auf einer Schnur sein. Meinen Blick sollte ich auf einen Punkt ungefähr drei Meter von mir entfernt konzentrieren. Die Hände waren ineinandergelegt, sodass sich die Daumen berührten. In dieser Körperhaltung übte ich mich in Meditation, darin, still zu sitzen, an nichts zu denken und nichts zu sein.

Wir begannen traditionsgemäß immer mit der *Hannya Shin Gyo*, dem Rezitieren der Herz-Sutra (Sutra der höchsten Weisheit). Ähnlich wie beim Sutrensingen in meinem Kloster, handelte es sich dabei um eine Aneinanderreihung von japanischen Silben, die trotz eintöniger Melodie einen unglaublichen Rhythmus ergaben. Beim Bergwandern passiert es mir noch heute, dass ich in diesem einen Fuß vor den anderen setze.

Lange Zeit hatte ich keine Ahnung, worin der Inhalt der Herz-Sutra bestand, bis mir Oshō-san vom Institut für Zen-Studien in Kyōto eine Übersetzung schenkte. Als ich auf Englisch las, was ich die ganze Zeit rezitiert hatte, bekam ich eine Gänsehaut – so schön waren die Worte. Sie handelte von *mu*, vom Nichts, das weder schmutzig noch rein, weder mit Gewinn noch Verlust verbunden war, mit keinem Gefühl, keinem Gedanken, keiner Vorstellung sowie keiner Diskriminierung. *Mu* war die absolute Essenz von Zen. Es galt, alles zu löschen, um einfach nur zu sein. Dazu war es gar nicht so wichtig, die einzelnen Silben und Worte genau zu kennen, denn sie waren ohnehin vorhanden. Ich konnte sie spüren, ohne zu wissen. Je öfter ich sie sang, desto mehr wurden sie zu einem Teil von mir.

Nach der Sutra wurde meditiert. Das hieß: fünfundzwanzig Minuten still sitzen. Danach lief ich mehrmals in der Tempelhalle hinter Oshō-san und seinen wehenden Gewändern her; Runde um Runde umkreisten wir dabei die Statue. Die Hände hielt ich vor der Brust in Faustform, der Blick war gesenkt. Diese Übung, die dazu diente, den Geist zu erfrischen, war für Oshō-san von genauso großer Wichtigkeit wie die Herz-Sutra. Er zog in einem Tempo los, dass ich ihm kaum folgen konnte. Seine in weißen Strümpfen steckenden Füße schienen den Boden fast nicht zu berühren, eine solche Geschwindigkeit hatte ich ihm nicht zugetraut. Später, als Anne sich entschloss, ebenfalls bei der Meditation mitzumachen, rannten wir beide hinter ihm her.

Nach dem *kinhin*, jenen Laufrunden, wurde wieder meditiert. Diese Session war etwas kürzer als die erste. Bei ihr bestand – wie bei der vorherigen – die Aufgabe darin, an nichts zu denken. Aber genau das war das Schwierige. Die Lotusposition mit dem aufrechten Oberkörper hatte es nämlich in sich. Fast jedes Mal hatte ich das Gefühl, als Dreieck durchs Weltall zu driften, vorbei an schillernden Sternenbildern. Oshō-san musste das bemerkt haben, denn immer wenn ich gedanklich durchs All wirbelte, tauchte er in meinem Blickfeld auf, um den *keisaku*, den »Ermutigungsschlag«, auszuüben. Er trug dabei wie ein Bauarbeiter einen langen Holzstab auf den Schultern, und wenn ich nicht die nötige Konzentration aufbrachte, so stand er mit der Holzlatte vor mir und verbeugte sich. Ich musste mich dann auch verbeugen, in meiner Lotus-Position, danach schlug er zu, und zwar auf die Schulter. Abschließend verbeugte ich mich wieder – und musste zurück zur Meditation finden. Als Dreieck durchs Weltall zu driften, das war eine schöne Sache, im Zen aber vollkommen unangebracht.

Dennoch: Es war unglaublich, wie sehr sich meine Wahrnehmung durch das regelmäßige Meditieren schärfte. War es draußen kalt, konnte ich die kühle Luft an verschiedenen Stellen meines Körpers spüren, selbst den kleinsten Luftzug, der mein Kinn streifte. Ich hörte im Vorhof des Tempels die Vögel auf dem Boden hüpfen, das Rascheln der Blätter, wenn ein Windstoß vorbeifegte, oder eine Zikade, die ihr Lied sang. Manchmal kam auch der Yakiimo-Mann, der Süßkartoffelverkäufer, vorbeigefahren und plärrte durchs Mikrofon: »Yakiiiii-iiiihimooooo!« Na ja, das konnte man sowieso nicht überhören.

Es war jedes Mal aufs Neue eine Herausforderung, die aufkommenden Gedanken wegzufegen und einfach zu sein, ein leeres Gefäß. Ich genoss diese Stunden in dem kühlen Tempel. Er stand an diesem Ort schon seit so langer Zeit, war Teil der ihn umgebenden Landschaft geworden, fast selbst ein alter, stattlicher Baum. Vielleicht wuchs ich in den Stunden, die ich dort verbrachte, ein Stück mit ihm zusammen oder schlug mentale Wurzeln. Vielleicht war es aber auch so, dass ich bei diesem In-sich-Gehen den Kosmos in mir fand. Unterschiede und Grenzen, sie hoben sich jedenfalls in ihm auf. Manchmal hatte ich das Gefühl, dass für einen Moment die Zeit stillhielt, dann, wenn ich etwas sah, das mir stimmig erschien. Etwa ein Sonnenfleck auf einem Berg von Blättern, aus dem ein Käfer herauskroch. Wenn ich danach wieder mit den Augen blinzelte, war alles wie vorher, laut und umtriebig.

Ich entdeckte zu dieser Zeit bei Meister Eckhart eine Predigt, die Predigt 39, die mich sehr in Erstaunen versetzte. In ihr fand ich eine Auslegung des Glaubens, der Zen aus europäischer Sicht widerspiegelte: »Wisset nun, alle unsere Vollkommenheit und alle unsere Seligkeit hängt daran, dass der

Mensch durchschreite und hinausschreite über alle Geschaffenheit und alle Zeitlichkeit und alles Sein und eingehe in den Grund, der grundlos ist. Wir bitten Gott, unseren lieben Herrn, dass wir *eins* und *innen* wohnend werden. Dazu helfe uns Gott. Amen.« Zen ist also kein strikt fernöstliches Erlebnis, sondern eine Wahrheit, die auch im Westen eine Tradition hat.

Nach der Meditation rief Oshō-san mich – und später auch Anne – öfter in sein Zimmer, um mit uns zu reden, im Zen-Jargon *nisshitsu* genannt. *Nisshitsu* könnte man auch umschreiben mit »Schlachtfeld der Dharma-Wahrheit«, und normalerweise findet ein derartiges »Schlachtfeld der Dharma-Wahrheit« an einem bestimmten Tag statt, an dem der Novize dem Meister von seinem Fortschritt berichten muss. Er darf sich dabei der Sprache, der Gestik und dem Ausdrucksmedium Tanz bedienen. Der Meister kann daran erkennen, auf welchem Level der Schüler sich gerade befindet.

Beim ersten Mal war ich sehr aufgeregt. Während ich in dem japanischen Zimmer Tee serviert bekam, schaute mich Oshō-san durch seine dicken Brillengläser hindurch an, rückte sich zurecht und begann damit, mich auszufragen.

»Die Kleidung beim Baseball ist ziemlich schick, nicht wahr?«

Vorsichtshalber fragte ich noch einmal nach: »Sie meinten wirklich Baseball?«

»Ja, ja, Baseball, das spielen Amerikaner doch immer.«

Das Problem kannte ich, und ich war nicht aus Amerika. Wie konnte ich die Situation retten, ohne dass der Meister als unwissend oder vergesslich dastand? Lebte Oshō-san etwa in diesem Tempel, weil es an diesem Ort nicht auffiel, dass er verrückt war? Ich überlegte fieberhaft weiter. Oder hatte er in seiner Jugend, als er noch nicht Zen-Mönch war, Baseball kennengelernt und richtig cool gefunden? Seit dem Zweiten Weltkrieg war es zur beliebtesten Sportart in Japan aufgestiegen. Da die meisten seiner Schüler wahrscheinlich Männer waren, begann er die ersten »Schlachtfelder« mit seinen Novizen wahrscheinlich über Alltagsthemen – eine Frau, dazu noch aus einem anderen Kontinent, überforderte offensichtlich sein Gesprächsrepertoire.

»Ich kenne mich in diesem Sport leider nicht so gut aus«, antwortete ich. »In Deutschland spielen die Männer lieber Fußball, und ich selbst habe viel Ballett getanzt.«

»Aber die Amerikaner waren doch auch in Deutschland? Haben sie da nicht Baseball mitgebracht?«

»Deutschland wurde insgesamt von vier Mächten besetzt. Die Amerikaner brachten gute Musik mit.«

Daraufhin hüllte sich Oshō-san in Schweigen. Er musste sich wohl genauso an mich gewöhnen wie ich an ihn. Und noch immer war mir nicht klar, worauf er eigentlich hinauswollte.

Beim nächsten und übernächsten Mal verlief es ähnlich. Wir betrieben Konversation, was aber ihr Sinn war, blieb mir verborgen. Wenn es ein »Schlachtfeld der Dharma-Weisheit« war, so wurde zwar zum Kampf geblasen, dann aber brach man diesen vorzeitig ab.

Als Anne an den Meditationen teilnahm, überraschte er uns einmal nach Beendigung der Session. Er ging nicht mit uns in sein Haus, sondern führte uns in den Garten und drückte uns beiden einen Reisigbesen in die Hand. Dieser sah aus wie ein etwas zu dünn gebundener Hexenbesen mit einem langen Stiel. Oshō-san griff ebenfalls zu einem solchen und begann damit, die auf den weißen Kieselsteinen herumliegenden Blätter wegzufegen. Er hatte dabei einen Schwung drauf, der an einen Spitzensportler denken ließ. Anne und ich starrten ihn nur an.

»Es ist sehr wichtig, wie ihr fegt. Man muss es schnell und sauber tun, denn es ist nicht gut, wenn der Garten voller Blätter ist«, sagte Oshō-san.

Jetzt waren wir an der Reihe. Wir versuchten seine Technik zu übernehmen. Doch wir wirbelten dabei so viel Staub auf, dass wir zu husten begannen. Irgendwie hatte Oshō-san es geschafft, ohne diese Begleiterscheinung zu fegen. Das gelang, weil er mit vollem Einsatz des Oberkörpers den Besen geschwungen hatte. Wieder so ein alter Zen-Trick.

»So, jetzt ihr«, sagte Oshō-san, nachdem er uns noch einmal seine Methode vorgeführt hatte. Danach zeigte er uns noch das Areal, das wir bearbeiten sollten. Er selbst verschwand durch die Schiebetür ins Innere seines Hauses.

Anne und ich teilten die Fläche auf, eine jede von uns sollte ihren eigenen Teil säubern. Dann ging's los. Ich steckte so viel Energie ins Fegen, dass ich nach nur wenigen Minuten komplett außer Puste war. Anne war noch mit Energie dabei, wie ich feststellte. Es sah etwas verkrampft aus, wie sie den Hexenbesen schwang, bei Oshō-san hatte alles so natürlich, so einfach ausgesehen. Meine Pause erklärte ich für beendet, und mit beiden Händen packte ich wieder meinen Besen. Dieses Mal versuchte ich eine neue Technik. Mit dieser wirbelte ich zwar weniger Staub auf, aber ich verkrampfte mich dabei in der Hüfte. Jetzt schaute Anne zu mir hinüber, und als sie mich sah, wie ich mich eifrig bemühte, begann sie laut zu lachen. Sie meinte, ich hätte den dümmsten Gesichtsausdruck, den sie sich vorstellen könne. Da mochte sie recht haben, ans Gesicht hatte ich gar nicht gedacht. Auch das hatte bei Oshō-san entspannt gewirkt.

Wir taten, was uns aufgetragen worden war; am Ende war alles frei von Laub. Mir fiel eine Geschichte ein, die ich einmal gelesen hatte. Der Zen-Meister Kyogen, so hieß es, habe durchs Fegen seine Erleuchtung gefunden. Das geschah so: Ein kleiner Stein wurde aufgewirbelt, als er fegte, und knallte gegen einen Bambusstamm. Kyogen, der in Gedanken versunken war, schreckte durch diesen Ton auf. Im selben Moment begriff er, worum es ging. Er war erleuchtet.

Ich hatte allerdings das Gefühl, dass ich, da ich diese Erzählung schon kannte, nicht dieses Blitzerlebnis haben würde. Die Erleuchtung kam nur, wenn man am wenigsten damit rechnete. Der Aha-Effekt war mir durch das Wissen versperrt. Also buchte ich Fegen in meinem Kopf ab unter »unwahrscheinliche Möglichkeit zur Erleuchtung«.

Als wir fertig waren, kam Oshō-san heraus und bedankte sich bei uns, sagte aber auch: »Das müssen wir noch üben.«

An diesem Tag gab es keinen Tee.

Beim nächsten Mal, einem Freitag, winkte er uns nach der Meditation wieder in den Garten. Es sah zwar alles noch ganz sauber aus vom letzen Mal – es waren in der Zwischenzeit gerade mal drei Tage verstrichen –, aber darum ging es nicht. Wieder gab er uns die Besen in die Hand und ermunterte uns zum Fegen. Wie zwei Putzteufelchen schwangen wir unser Werkzeug und richteten schweres Chaos im Garten an. Wir waren wie besessen, den richtigen Schwung zu lernen, und fegten, was das Zeug hielt. Die Kieselsteine flogen nur so durch die Luft. Ein Steinchen wurde von Annes Besen derart hoch geschleudert, dass es mich am Kopf traf. Erleuchtet wurde ich davon aber nicht. Oshō-san war beeindruckt ob unseres Elans. Wir waren zwar noch meilenweit davon entfernt, in die himmlische Putztruppe aufgenommen zu werden, aber wir bemühten uns, das konnte er sehen.

Am darauffolgenden Dienstag ging Oshō-san erneut mit uns in den Garten. Sein Gesicht war ernst. Da ich noch Schwielen vom letzten Fegen an den Händen hatte, befürchtete ich, dass ich an diesem Tag mit nicht so viel Feuereifer fegen konnte. Aber meine Ängste waren unbegründet, diesmal wollte er uns nur etwas erklären.

»Euer Tempel, der Tempel, in dem ihr wohnt, die machen das dort ganz schön umständlich. Immer beten sie, immer hoffen sie auf die Erlösung durch Amida Buddha. Ein bisschen bescheuert, wenn ihr wisst, was ich meine. Beim Zen ist das anders. Ihr seid frei. Und dann – peng –, dann versteht ihr.« Bei diesen Worten schlug er mit der rechten Handkante auf die linke Handfläche. »Ihr müsst euch das so vorstellen ...«, sagte er weiter und ging dabei in die Hocke, um mit dem Finger einen Kreis auf den Kieselboden zu malen. Anschließend fuhr er mit dem Finger am Kreisrand entlang. »Also, das hier ist der Weg, den die Anhänger von Jōdo-Shinshū, also der Glaubensrichtung eures Klosters, einschlagen. Es ist ein langer Weg, er geht bis hier oben.« Oben war da, wo der Anfang des Kreises in sein Ende überging.

»Bei Zen habt ihr nicht diesen langen Weg. Bei Zen geht es so ...« Wieder bewegte er seinen Finger am Rand des Kreises entlang, ließ ihn aber mit einer flinken Bewegung abrutschen und führte ihn direkt zum Start- und Endpunkt des Kreises. »Ja, so geht das. In eurem Tempel, das sind fleißige Menschen. Es ist gut gemeint. Aber Zen ...« Er tippte sich an den Kopf, um zu sagen, was er nicht aussprechen wollte. Diese Geste hieß nichts anderes als: »funktioniert mit Grips«.

Anne und ich konnten ein Grinsen nicht verbergen. Oshō-san sprach in seiner Art und Weise genau das aus, was wir dachten. Andererseits waren wir unserem Kloster sehr dankbar für die Fürsorglichkeit. Immerhin hatten sie es uns ermöglicht, ihn und den Zen kennenzulernen.

Was uns auch erstaunte, war die Ehrlichkeit, mit der er uns seine Meinung oder sein Wissen mitteilte. Bislang hatte niemand so offen mit uns geredet – oder etwas anderes schlecht gemacht oder zumindest negativ beleuchtet. Normalerweise hätte man gesagt: »Bei euch im Tempel ist es *omoshiroi*, so interessant. Er hatte aber stärkere Worte gewählt. Ich war beeindruckt.

Wieder in »meinem« Tempel, suchte ich am Nachmittag Wado im Büro auf. Ich berichtete ihm von dem, was Oshō-san uns heute erzählt hatte, und fragte ihn, was er davon halte.

»Weißt du«, sagte er, »jeder Mensch hat seinen eigenen Zugang zur Religion. Manche brauchen die Sicherheit, dass es einen Buddha gibt, der sie erlösen wird, andere nicht. Darum gibt es auch verschiedene Schulen im Buddhismus – für jeden ist da das Richtige dabei.«

Für mich klang das ein wenig nach Klischee, aber es leuchtete dennoch ein. Diese Ansicht erklärte immerhin, warum der Buddhismus als eine friedliche Religion wahrgenommen wird: Jede religiöse Ausrichtung setzt da an, wo sie bestimmte Bedürfnisse erfüllen kann. Nachträglich fand ich es etwas respektlos von Oshō-san, so über die Religion in meinem Kloster herzuziehen. Trotzdem rechnete ich ihm weiterhin hoch an, dass er mir seine Wahrheit mitgeteilt hatte. Und an Wado gefiel mir, dass er vollstes Verständnis für die Aussage von Oshō-san zeigte, sogar darin mit ihm übereinstimmte, dass der Jōdo-Shinshū ein langer Weg sei. Man müsse sein ganzes Leben lang in Harmonie, Dankbarkeit und Mitgefühl denken, doch davon abgesehen, sei er ziemlich idiotensicher. Ich fand es von Wado ziemlich charmant, diese Einsicht zu haben, dass viele Wege ans Ziel führen können.

Letztlich ging es doch um dieselbe Sache, darum, einen Weg zu finden, um eins zu werden mit dem, was ist. Der französische Trappistenmönch Thomas Merton schrieb 1961 in seinem Buch *Mystics and Zen Masters*: »Während die großen kontemplativen Traditionen in Ost und West mitunter grundsätzlich verschiedene Auffassungen ihrer Methoden und ihrer gesteckten Ziele haben, so stimmen sie doch alle darin überein, dass durch spirituelle Disziplin ein Mensch sein Leben radikal ändern kann und Zugang zu einer höheren Bedeutung, einer perfekteren Integration, einer ganzheitlichen Erfüllung bekommen, eine Freiheit des Geistes erlangen kann. Und zwar so viel tiefer, als er es je durch die rein existenzielle Frage des Geldverdienens erhalten würde. Sie alle stimmen darin überein, dass es im Leben um etwas mehr geht, als nur irgendwohin zu kommen, sei es durch Kriege, Politik, Geschäfte – oder einfach nur durch ›die Kirche‹ ...«

Der Weg ist egal, der Wille ist wichtig.

Zen kristallisierte sich in Japan als Religion der Krieger-Kaste heraus. Samurai, die im Schlachtfeld ständig mit Fragen über Leben und Tod konfrontiert wurden, entschieden sich für diese Auslegung des Buddhismus. Zen war etwas für kühle Köpfe, es gab keine Schnörkel. Zen war wie die Kriegerkaste asketisch und spartanisch. Bei Zen musste der Weg zur Erleuchtung im Alleingang bewältigt werden. Es gab niemanden, der einen bei der Hand nahm und zum Licht führte.

Jōdo-Shinshū dagegen war immer eine Religion für das arbeitende Volk. Es reichte aus, den Namen von Amida Buddha aus vollem Herzen auszurufen. Den Rest würde dieser erledigen. So wie man sich seinem Lehnsherren anvertraute, vertraute man sich auch dem Göttlichen an. Amida würde da sein, spätestens am Ende des Lebens. Garantiert.

Als ich dem Goingesama von dem Gespräch mit Oshō-san erzählte, hörte er mir erst ruhig zu, schließlich stand er auf und sagte, ich solle ihm folgen. Er führte mich in den Tempel und öffnete die weiten Flügeltüren, hinter denen die goldene Statue von Amida Buddha stand. Wir knieten beide nieder in dem großen, sonst leeren Raum. Danach sagte er: »Wahrer Glaube ist Wandel in dem einen Augenblick, in dem dein tiefer Wunsch, mehr wissen zu wollen, sich ändert und du in deinem tiefsten Innern ein Danke fühlst für das, was ist. Dies kann von einem Moment zum nächsten geschehen.«

Das Thema beschäftigte mich noch einige Tage. Ich schrieb eine E-Mail an einen Freund, einen Tibetologen, von Oshō-sans Ausführungen. Seine Antwort kam prompt: »Das Problem der schrittweisen, allmählichen Erleuchtung gegenüber der plötzlichen ist wirklich keines der einfachen. Ich glaube, dass es eine plötzliche Erleuchtung gibt, ich hatte schon ein paar davon (aber nur ganz kleine …). Im tibetischen Buddhismus ist dieses Problem auch heftig diskutiert worden. Die Vertreter der plötzlichen Erleuchtung standen in der Tradition der chinesischen Meister. Da wäre zum Beispiel der berühmte Mo-ho-yen aus der Ch'an-Schule (später in Japan Zen), der in den Neunzigerjahren des 8. Jahrhunderts in der berühmten Debatte von bSam-yas, einem Ort in Tibet, dem indischen Meister Kamalashila in der Disputation unterlag. Hätte er gewonnen, wäre der tibetische Buddhismus heute von chinesischer Prägung – ist er aber nicht, sondern indischer. Aber mir ist das mit der Erleuchtung viel zu kompliziert …«

Es faszinierte mich, dass scheinbar in vielen Teilen der Welt die Sache mit der Erleuchtung eine so große Rolle spielte. Selbst in Tibet gab es also Diskussionen um das »Wie«.

Unabhängig davon ging mein Zen-Alltag weiter. Es wurde draußen immer wärmer – und damit auch im Tempel. Manchmal fühlte ich mich von der warmen Luft in ihm umhüllt. Anne und ich saßen jetzt auch wieder öfter bei Oshō-san im Zimmer. Er erzählte Zen-Legenden, etwa von einem indischen Mönch Daruma, der so lange in einer Höhle im Himalaya meditierte, bis ihm Arme und Beine abfroren. Danach hatte er die Erleuchtung gefunden. Diese etwas morbide Geschichte wurde in Japan wie so vieles verniedlicht. Das hieß: Beeindruckt von ihr, schenkte man sich gegenseitig kleine Daruma-Puppen, kegelförmige Figuren ohne Arme und Beine. Diese Figuren haben auch keine Augen, denn die werden aufgemalt. Erst ein Auge, und zwar verbunden mit einem Wunsch. Geht dieser in Erfüllung, wird auch das andere aufgepinselt. Viel später fand ich alte Farbdrucke aus der Edo-Zeit (1603–1868), in der sogar Frauen als Daruma dargestellt wurden. Die Erzählung, die sich darum entspann, war wieder Zen, aber auch beste Folklore. Es hieß, eine Kurtisane hätte die Geschichte von Daruma gehört, wie er neun Jahre lang eine Wand anstarrte. Sie lachte daraufhin nur und erwiderte: »Ich starre jede Nacht aus dem Fenster, um nach Kunden Ausschau zu halten. Nach zehn Jahren in dieser Welt des Elends habe ich Daruma ein Jahr voraus.«

Zen machte eben vor nichts halt.

Ein anderes Mal überreichte Oshō-san Anne und mir zwei Putzlappen.

»Vielen Dank«, sagten wir, selig, eine neue Reinigungslektion zu lernen.

Er selbst behielt einen Putzlappen in der Hand, denn er wollte uns zeigen, was wir zu tun hatten. Sein Haus war bis auf eine Seite von einem Flur umgeben; im Sommer konnte man die Papierwände einfach aufschieben und hatte dadurch eine Veranda, die das Haus mit dem Garten verwachsen ließ. Jetzt, im Frühling, war Großputz angesagt, und dieser Flur mit seinen Holzdielen musste gesäubert werden. Oshō-san beugte sich hinunter, bis seine Hände mit dem Putzlappen den Boden berührten. Danach rutschte er, mit den Händen auf den Lappen gestützt, nach vorne, sodass sein Körper gleichsam in einer Art Vorwärtsbrücke gebeugt war. Nicht lange arbeitete er in einem andächtigen Tempo, auf einmal war es nämlich so, als würde er Gas geben, das Reinigungstuch glitt nur so über den Boden, die Füße powerten im Schnellschritt hinterher. Das Ganze passierte so unerwartet, dass Anne und ich gar nicht recht verstanden, was unser Zen-Meister uns da wieder demonstrierte.

Was Oshō-san vorführte, sah kinderleicht aus, doch als wir uns selbst bemühten, es ihm nachzumachen, merkten wir erst, welche Kraft hinter diesem Säuberungssystem steckte. Zum einen war es wirklich schwierig, in dieser gebeugten Stellung loszurennen. Wenn das gelang, bestand die nächste Herausforderung darin, gerade Bahnen mit dem Putzlappen-Express zu ziehen. Anne und ich fingen nebeneinander an, wie zwei Leistungssportlerinnen beim Startschuss. Doch schon nach kurzer Strecke rammte ich sie, sodass wir zur Seite auf den Boden fielen. Oshō-san hatte bei seiner Wischaktion immer nach vorne geschaut – wir beide hatten uns jedoch so auf den Lappen konzentriert, dass wir nach unten auf die Dielen blickten – und aus diesem Grund miteinander kollidierten.

Wir begannen noch einmal, mit weniger Tempo. Diesmal klappte es schon besser. Als wir das Ende der Bahn erreicht hatten, sagte Oshō-san: »*Motto hayai*, schneller.«

Den Rest des Vormittags rasten Anne und ich durch seinen Flur und – das musste man uns zugestehen – wir wurden immer besser. Dass ich am nächsten Morgen einen grässlichen Muskelkater in den Armen hatte, war nicht weiter verwunderlich. Ich musste an den Spruch denken, den unsere Mitbewohnerin Shu-chan einmal mir gegenüber geäußert hatte: »Meine Mutter sagt immer, durch den Haushalt bekomme eine japanische Frau erst ihren schönen Körper. Er wird genau an den richtigen Stellen trainiert. Beim Spülen werden die Unterarme gefordert, beim Halten eines Kindes die Oberarme, beim Schälen von Gemüse die Finger.« Wenn alle japanischen Frauen den Boden wie Oshō-san putzen würden, wäre das Schönheitsideal vielleicht das einer durchtrainierten Kalifornierin.

Oft mussten wir uns vor ihm das Lachen verkneifen, obwohl er unser Meister war. Wir hatten großen Respekt vor ihm, der immer in seine vielen Gewänder gekleidet war. Dennoch brachte er uns oft in bizarre Situationen. Oshō-san kam uns einerseits völlig weltfremd vor, überraschte uns aber doch immer wieder mit einer Klarheit, die bewies, dass er mitten im Leben stand.

Einmal fuhr ich abends mit dem Rad zu einem nahe gelegenen See, um dort wieder den Sonnenuntergang zu sehen. Dazu musste ich die große Straße überqueren, die auf dem Weg zum Zen-Tempel lag. Als ich an einer Ampel zusammen mit Fußgängern wartete, stand Oshō-san auf der anderen Straßenseite. Ich wusste nicht, wie ich reagieren sollte. Ich winkte ihm zu, nickte mit dem Kopf und bewegte dabei die Lippen, so, als würde ich ein »Hallo« aussprechen. Ich wurde ganz aufgeregt. Was würde ich ihm mitteilen, wenn wir uns mitten auf der Straße treffen würden? Was sagte man zu seinem Zen-Meister, den man unerwartet außerhalb der Tempelmauern traf? Hatte man da überhaupt etwas zu sagen? Er stand steif und kerzengerade da, als würde er mich nicht sehen. Die Ampel wollte und wollte nicht auf Grün umschalten. Sollte ich ihm noch einmal zuwinken? Er war ja so kurzsichtig, da konnte es leicht sein, dass er mich nicht wahrgenommen hatte. Ich fühlte mich immer unwohler. Vielleicht hätte ich ihn von vornherein nicht begrüßen sollen, so über die Distanz der Straße hinweg? Es waren nur wenige Meter, die uns trennten, und nur wenige Minuten, die ich in dieser Unruhe ausharren musste, aber sie kamen mir vor wie eine Ewigkeit. Ich merkte, wie unsicher ich immer noch war, was die japanische Etikette betraf, obwohl ich schon fast ein Jahr in diesem Land lebte. Oder wie war zu erklären, dass mich eine so einfache Übung wie eine Begegnung an der Ampel derart aus der Fassung bringen konnte.

Als wir endlich die Straße überqueren durften, hielt ich die Augen gesenkt. Erst in der Mitte hob ich sie wieder. Da begegnete ich seinem Blick – er lächelte mir freundlich zu.

Das war's. Ganz einfach, ganz normal.

Es blieb uns weiterhin ein Mysterium, was er von Anne und mir dachte. Es schien ihm Freude zu bereiten, Zeit mit uns zu verbringen, wobei er das nie ausdrücklich zeigte. Aber er gab sich große Mühe, uns immer neue Erfahrungen zu bieten.

Einmal lud er uns zu einem Fest ein, das in seinem Zen-Tempel gefeiert wurde. Zu diesem Ereignis kamen Zen-Mönche von weit her angereist. Die Tempelräume wurden weit geöffnet, und bunte Fahnen in den Farben des Buddhismus, also in Lila, Grün, Weiß, Gelb und Rot, hingen an den Wänden. Vor der heiligen Stätte standen vier Mönche, die Körbe über den Kopf gestülpt hatten und Flöte spielten. Herr Sato hatte mich begleitet – Anne hatte etwas anderes vor –, und als ich ihn fragte, welchen Sinn diese Körbe hätten, kratzte er sich nur am Kinn und murmelte: »Körbe, Körbe«, als sei ihm jetzt erst diese ungewöhnliche Kopftracht aufgefallen. Eine weitere Antwort erhielt ich nicht.

Im Innern des Tempels saßen die höhergestellten Ordensbrüder in ihren Festgewändern, die an diesem Tag in bunten Farben, durchwirkt von Goldfäden, leuchteten. Vor dem Vairocana Buddha saßen vier Mönche mit hohen Stapeln von Sutrenbüchern. Oshō-san hatte uns vorher erklärt, dass heute alle Bücher, die der Zen-Tempel besaß, gelesen werden würden. Ich dachte in dem Augenblick, dass wir uns aller Wahrscheinlichkeit nach auf eine etwas längere Zeremonie einzustellen hatten. Doch als ich die Stapel sah, konnte ich mir nicht vorstellen, dass man damit innerhalb eines Tages fertig werden würde, nicht einmal innerhalb von drei Tagen.

Aber meine Sorge war umsonst gewesen. Als große Praktiker hatten sich die Zen-Mönche etwas einfallen lassen. Die Vorleser schnappten sich ein Buch und schlugen in Windeseile die Seiten um, dabei murmelten sie etwas Unverständliches. Das Ganze dauerte nicht länger als vielleicht dreißig Sekunden. Das »durchgelesene« Buch wurde auf den Stapel der schon »abgearbeiteten« Werke gelegt, und schon kam das nächste an die Reihe. Das Besondere an traditionellen japanischen Büchern ist, dass sie wie eine Ziehharmonika gebunden sind, also gefaltete Seiten haben, die vorne und hinten an einem Deckel kleben. Wenn die Mönche also das Buch »durchblätterten«, schmissen sie es vom vorderen Buchdeckel zum hinteren – dabei öffneten sich wie bei einer Ziehharmonika alle Seiten und fielen genauso wieder aufeinander. Die Zeremonie diente also dazu, einmal im Jahr das wertvolle Papier zu lüften, damit sich keine Buchwürmer oder sonstige Ungetiere darin verkröchen. Natürlich war das auch eine Art Bestandsaufnahme, und natürlich wurden die Texte nicht aufgesagt – oder wenn, nur in minimalsten Ansätzen.

Zum ersten Mal sah ich meinen Zen-Meister zusammen mit anderen Mönchen, denn sonst »schmiss« er den Tempel alleine. Ich konnte mich vergewissern, dass ihm höchster Respekt gezollt wurde, und ich war erstaunt, mit eigenen Augen zu sehen, dass er einer der ranghöchsten Zen-Mönche war.

Kurz nach dem Fest machte er einige kryptische Andeutungen. Ob wir schon einmal in Kyōto gewesen wären, wollte er wissen. Anne verneinte, und ich erzählte, dass mich mein Kloster einmal für eine Woche in die alte Kaiserresidenz geschickt hätte. Oshō-san fragte nicht weiter nach, das Thema schien damit beendet zu sein.

Eine Zeit später wurde er aber konkreter, sagte, er würde Anne und mich gern auf eine Reise nach Kyōto einladen. Wir hatten nicht den geringsten Einwand. Dieser wäre auch zwecklos gewesen, denn er hatte schon alles geplant – selbst in unserem Kloster hatte er zuvor um Erlaubnis gebeten. Noch heute ist mir seine Motivation für diese Unternehmung nicht ganz klar, möglicherweise war es ihm ein wirkliches Anliegen, uns seine Kultur näherzubringen.

Zen-Meister hin oder her – er war ein Mann, und darum sollten Anne und ich vorsichtshalber in der kleinen Zweigstelle unseres Klosters in Kyōto übernachten, während Oshō-san in einer Zen-Herberge unterkommen würde. Jeden Morgen der auf drei Tage angelegten Reise würden wir uns aber mit ihm treffen. Es war mir auch nicht klar, woher er das Geld nahm, um uns diesen Ausflug zu finanzieren. Aber das waren Angelegenheiten, die niemand mit uns besprach. Zu keiner Zeit.

Die Reise begann um 22 Uhr. Oshō-san wartete auf uns am Terminal für die Nachtbusse. Er war schrecklich aufgewühlt, das sah man, aber wir konnten wenig tun, um ihn zu beruhigen – wir waren der Grund seiner Aufregung. Wir lächelten einfach unentwegt, als sei es die normalste Situation der Welt, dass ein Zen-Meister mit zwei Europäerinnen unterwegs war.

Jeder von uns bekam im Bus einen eigenen Doppelsitzplatz zugewiesen, und mithilfe eines Vorhangs konnte man sich eine kleine Privatsphäre schaffen. Der Motor startete, sofort fiel ich mit seinem Summen in eine Art Wachschlaf. Einmal blickte ich in diesem auf die nächtliche Autobahn. Schattenhafte Hügelketten zogen vorbei, dann wieder spärlich beleuchtete Ortschaften; an einigen Stellen konnte man auch das schwarze Meer erahnen. Nach einer Weile nickte ich wieder ein. Erst nach ein paar Stunden erwachte ich, bei Anbruch der Morgendämmerung. Um acht Uhr wurde im Bus ein Frühstück serviert, Sandwiches mit grünem Tee. Wenige Stunden später trafen wir in Kyōto ein. Diese Stadt war einfach etwas Besonderes, wie sie so eingebettet zwischen den Bergen lag und sich der Ebene öffnete

Ich war jetzt endgültig wach, fühlte mich aber wie in einem Traum. Anne und ich befanden uns mit unserem Zen-Meister in der japanischsten aller Städte und sollten von ihm geführt werden. Wie großartig das war!

Er wirkte jetzt ruhiger. Er rief ein Taxi, nachdem wir am Busbahnhof angekommen waren. Zuerst fuhren wir zu unserer Unterkunft, um unser Gepäck abzuladen. Oshō-san selbst hatte nur eine schwarze Tasche dabei, die aussah wie ein Arztkoffer. Gern hätte ich gewusst, was er darin herumtrug. Bücher? Räucherstäbchen? Rasierzeug? Frische Unterwäsche?

Nachdem wir alles abgegeben hatten, brachte uns das Taxi zum Tenryuji, eine Kloster- und Tempelanlage des Rinzai-Zen, neben Sōtō und Ōbaku eine der drei großen Zen-Schulen Japans, zu der auch Oshō-san gehörte. Er selbst hatte einst in diesem Tempel gelebt, und ich hatte das Gefühl, als schwinge etwas Nostalgie in seinen Ausführungen mit. Er zeigte uns die verschiedenen Gebäudekomplexe sowie den Garten. Letzterer gehörte zwar nicht zu den schönsten Kyotos, aber für mich war er wie ein Fenster in eine Dimension außerhalb von Raum und Zeit. Diese Ruhe, die er ausstrahlte, und diese Perfektion, die nicht durch Symmetrie erreicht wurde, sondern entstanden war, als hätte hier jemand die Natur nachgeträumt –, all das bewirkte, dass ich von einem Gefühl durchströmt wurde, ein Gefühl, als ob ich dem Göttlichen ganz nahe sei. Ich kannte es, es stellte sich bei mir auch immer dann ein, wenn ich eine romanische Kirche betrat.

Oshō-san führte uns weiter. Eine bestimmte Halle sollten wir nicht betreten, weil darin gerade eine wichtige Liturgie abgehalten wurde. Er ließ sich aber nicht von dem Verbot einschüchtern und betrat dennoch mit uns den Raum. Keiner jagte uns davon. Wir saßen ganz hinten in der Tempelhalle, vor uns ein Meer aus Mönchen. Ihr Gemurmel wurde mal stärker, mal leiser und hörte nicht auf, bis ein heller Ton erklang. In diesem Moment bedeutete uns Osho-san, mit ihm den Raum zu verlassen.

Weiter gingen wir über den Vorplatz, wo uns eine Prozession von Mönchen entgegen kam. Ganz vorne lief ein Mönch, der wohl das Klosteroberhaupt zu sein schien, zumindest bekleidete er eine ranghohe Position. Denn ein Mönch hielt einen rot lackierten Sonnenschirm über das Haupt dieses Mannes, um es vor der Sonne zu schützen. Als der Beschirmte unseren Meister sah, hielt er an und verbeugte sich.

Auch Oshō-san verbeugte sich, und die beiden fingen an, miteinander zu reden. Höflichkeitsfloskeln konnte ich nicht heraushören, es war, als ob sich zwei Freunde nach langer Zeit wiedertrafen. Oshō-san machte schließlich eine Bewegung mit der Hand zu Anne und mir, und der andere Mönch schaute uns an, lächelte und wünschte uns gute Tage. Danach wurde die Prozession wieder fortgesetzt – ähnlich ging auch mein Traum weiter, war ich doch Teil einer für Europäer verborgenen Welt geworden.

Ein Zittern schlich sich in Oshō-sans Stimme, als er uns die Dharma-Halle des Tenryūjis zeigte. Die Decke war von einem riesigen, sehr lebendig wirkenden Drachen ausgefüllt. Mit einfachen Pinselstrichen war er auf das Holz aufgemalt worden, mit nur wenigen Farben; um ihn herum waren Wolken angedeutet.

Ob Oshō-san unter diesem Drachen seinen ersten Schritt auf dem Weg zur Erleuchtung gefunden hatte? Er war jedenfalls so hingerissen von diesem Gemälde, dass sein zur Decke hin ausgestreckter Finger noch mehr zitterte als seine Stimme.

Tenryūji bedeutet: »Tempel des himmlischen Drachens«. In der Ikonografie des Fernen Ostens spielen Drachen eine wichtige Rolle. Sie kamen aus dem alten China, wo sie den Wandel symbolisierten. Drachen, so sagte man, könnten sich zusammenziehen und so klein werden wie Seidenraupen; im nächsten Moment aber so groß, dass sie den Raum zwischen Erde und Himmel ausfüllten. Drachen gehören zu den Elementen, sie sind Wasser und Luft, Feuer und Erde. Ihr Lebensraum ist der Kosmos, in ihnen steckt schöpferische Kraft. Wie eine Seidenraupe zu einem Drachen werden kann, so kann auch ein einfacher Mensch zu einem Erleuchteten werden.

Nach dem Besuch der Halle hatte sich etwas verändert – Oshō-san, Anne und ich hatten plötzlich ein viel tieferes Verständnis füreinander. Vielleicht war Oshō-sans Anspannung gewichen, vielleicht aber begriffen wir nun endlich, warum er uns auf diese Reise hatte mitnehmen wollen. Er wollte uns etwas über sich erzählen.

Nach diesem Drachenerlebnis setzten wir uns in eine Straßenbahn und fuhren zu einem Nonnenkloster. Hier wollte uns Oshō-san meisterhafte Zen-Speisen kosten lassen. In dem Kloster kannte man ihn gut, und man führte uns in einen kleinen Raum, in dem wir uns auf Tatami-Matten an einen Tisch knieten. In vielen kleinen Schälchen wurde uns ein puristisches Mahl serviert. Tofu, Reis, Misosuppe sowie Gemüse, zu dem eine Sesampaste gereicht wurde. Dazu gab es eingelegten Rettich. Oshō-san erklärte, dass bei einem traditionellen Zen-Essen gern Speisen von Dingen aufgetischt werden, die die Bauern oft wegwerfen, wie zum Beispiel die Blätter des Rettichs. Hier würde man sie aber so zubereiten, dass ihr Eigengeschmack auf beste Weise hervortrat und die Vitamine nicht verloren gingen. Der Reis, den wir nicht aufaßen, wurde draußen an die Vögel verfüttert.

Unser »Mittagessen« war sehr lang ausgefallen; aus diesem Grund begleitete Oshō-san uns danach zu unserer Unterkunft. Am nächsten Vormittag wollte er uns den Ryoanji zeigen, den berühmten Steingarten; danach, so sagte er, müsse er an einer Zen-Konferenz teilnehmen.

Die Zeit in Kyōto mit ihm war für uns wie ein Rausch. Es war so angenehm, dieser schwarz gewandeten Gestalt hinterherzueilen, ja, eilen, denn einen schnellen Schritt hatte er. Und es war ein Abenteuer, da er sich im Straßenverkehr völlig unkonventionell verhielt. Er überquerte nicht Straßen, er rannte regelrecht auf sie hinaus, ohne nach links oder rechts zu schauen. Manchmal wirkte es so, als wollte er sein Schicksal herausfordern. Oft dachten wir, er würde jeden Moment von einem Auto erfasst werden, doch schien er eine ganz andere Wahrnehmungsebene zu haben als wir – nie passierte etwas.

Natürlich fragten wir uns, wie es bei einem Zen-Mönch wie ihm mit der Liebe beziehungsweise dem Sex aussah. Nachdem ich so viel Zeit mit ihm verbracht hatte, schätzte ich sein Alter realistisch auf Mitte bis Ende fünfzig. So alt war das nun auch wieder nicht. Hatte er kein Bedürfnis nach Frauen? Dachte er manchmal an sie? Hatte er seine Sehnsüchte unter Kontrolle? Es gab Zen-Mönche, die Frauen und Kinder hatten, auch bei ihnen war das offiziell möglich. Oshō-san aber wohnte allein, einzig jene ältere Dame kam jeden Tag vorbei, um bei ihm die Hausarbeit zu erledigen.

Anne und ich nahmen schließlich an, dass er auf einer Stufe angelangt war, bei der Leidenschaften nur als Ballast empfunden wurden, den normale Menschen noch mit sich herumschleppen, den er aber längst abgeworfen hatte. Er hatte das Drachentor durchschritten, sein Geist nahm alles wahr, er nahm auch an allem teil, aber nichts brachte ihn mehr aus der Fassung. Manchmal war ich mir nicht sicher, ob dies ein erstrebenswerter Zustand war. Aber ich dachte mir, es verhält sich damit wie mit allem, das man nicht kennt: Man kann es sich einfach nicht vorstellen.

Nach unserer Rückkehr aus Kyōto kehrte wieder der Alltag in unsere Zen-Ausbildung ein. Anne und ich genossen die Stunden im schönen Tempel von Oshō-san und freuten uns über jeden Luftzug, der durch die Fenster hereinwehte und uns während der Meditation am Körper kitzelte. Es war Hochsommer; wir beendeten mit einer Verbeugung unsere letzte Meditationssession im Zen-Tempel. Nun hieß es bald, Abschied zu nehmen. In wenigen Tagen würden wir alles verlassen. Wir würden unsere Koffer packen und wieder nach England zurückkehren: Jede morgendliche Misosuppe wurde mit einer gewissen Wehmut gekostet, denn wann würde diese wieder zu unserem Alltag gehören? Wir zeichneten jeden Pinselstrich bei Frau Uchida mit einer nie gekannten Sorgfalt – viel Zeit blieb nicht mehr, von ihr zu lernen. Emyos Handbewegungen bei der Teezubereitung wirkten noch mehr wie ein Mysterium, dessen Tiefe ich noch nicht einmal erahnen konnte. Die Autofahrten mit Hirano zum Kendō waren plötzlich viel zu kurz, um dem gerecht zu werden, was ich ihm sagen wollte, auch wenn wir dabei kein Wort wechselten. Herrn Satos Eifer beim Zeitunglesen würde ich vermissen, und jede zufällige Begegnung mit Wado kostete mich eine Träne. War ich in diesem Jahr auch zur megamäßig *megane* Megumi mutiert? Wenn der Goingesama etwas sprach, hörte ich mit einer Intensität zu, die mich fast daran hinderte, zu verstehen, was er sagen wollte. Ich klebte regelrecht an seinen Worten, um das letzte bisschen Weisheit von ihm aufzusaugen. Und wenn ich Kokan begegnete, vermisste ich jetzt schon sein schelmisches Lächeln und seine befehlsartigen Ansagen. Und Joshin und Roshin? Würde ich die beiden wiedersehen? Dann aber wieder fühlte ich mich ruhig und glücklich, und ich war dankbar für all das, was mir hier widerfahren war. Gelassenheit durchströmte mich. Hier war Jetzt.

Ein letztes Mal tranken wir Tee mit dem Zen-Meister in seinem japanischen Zimmer, danach begleitete er uns nach draußen. An der Tür sagte er: »Ich möchte euch beide übermorgen treffen. Nicht im Tempel, sondern in der Stadt. Bitte seid um acht Uhr abends bei folgender Adresse.« Mit diesen Worten übergab er uns einen Zettel mit einem Straßennamen und einer Hausnummer.

Er wollte uns anscheinend noch eine letzte Sache zeigen.

Wir waren aufgeregt. Im Kloster erhielten wir Erlaubnis, an diesem Abend ausgehen zu dürfen. Oshō-san oder seine Haushälterin hatten wahrscheinlich schon angerufen. So machte man das in Japan, wenn man noch nicht verheiratet war: Alles musste vorher abgesegnet werden.

Anne und ich fuhren mit der Bahn zu der angegebenen Adresse, die letzten Meter gingen wir zu Fuß. Als wir die aufgekritzelte Hausnummer erreicht hatten, standen wir vor einem japanischen Apartmenthaus, modern und schick. Wir glichen noch einmal die Daten ab, aber sie stimmten. Hierher hatte Oshō-san uns also geschickt. Er hatte uns gesagt, wir sollten bei Nakano klingeln. Wir hatten uns alles Mögliche vorgestellt, was uns hier erwarten würde – vielleicht ein Kunsthandwerker, der filigrane Dinge herstellte, oder ein

Zen-Philosoph –, womit wir aber schließlich konfrontiert wurden, dazu hätte unsere Phantasie nicht gereicht.

Als wir bei Nakano klingelten, erklang aus der Gegensprechanlage eine Frauenstimme, die uns freundlich hereinbat. »Bitte, nehmt den Lift und fahrt in den dritten Stock.«

Es kam uns alles etwas seltsam vor. Wir stiegen in den Fahrstuhl und glitten hinauf in den dritten Stock. Nach seinem Verlassen befanden wir uns auf einem langen Korridor. An seinem Ende war eine geöffnete Tür, und in dieser stand eine Frau, eine sehr attraktive Frau. Dahinter erblickten wir unseren Zen-Meister. Die Frau winkte uns zu.

Es war eine geräumige, stilvoll eingerichtete Wohnung, in der Frau Nakano lebte, mit einem Kinderzimmer. Anscheinend war der Nachwuchs gerade woanders.

»Sie ist meine Lebensgefährtin«, erklärte Osho-san. »Sie ist geschieden und Juristin.«

Wir wussten nicht, wie wir darauf reagieren sollten. »*Ah sō desu ka*, ach, so ist das …«, stammelten wir nur. Wir gaben sogar ein kleines gekünsteltes »Haha« von uns – und kamen uns dabei richtig blöd vor. Frau Nakano unterschied sich äußerlich kaum von anderen japanischen Frauen, nur dass sie mir sehr viel mutiger erschien – sie war geschieden, hatte Kinder und einen – meinen – Zen-Meister als Lebensgefährten.

Nachdem wir Zitronentee aus Porzellantassen mit einem englischen Landschaftsmotiv getrunken hatten und ich mich gerade fragte, wie dieser Abend sich weiterentwickeln würde, sagte Oshō-san: »So, und jetzt sollten wir ein wenig Spaß haben.«

Frau Nakano holte daraufhin ihr Auto aus der Garage. Ziel war das Ausgehviertel der kleinen Stadt. Oshō-san führte uns in eine Bar und bestellte Whisky. Wir prostete uns alle zu: »*Kampai*, hoch die Tassen.« Danach schaltete er eine Karaoke-Anlage ein, wählte ein Lied, stellte sich vor den Fernseher und nahm das Mikrofon in die Hand. So stand also mein Zen-Meister in seinen schwarzen, heiligen Gewändern in dieser Spelunke, und ich wusste nicht mehr, was ich denken sollte. Er begann zu singen:

Erika heißt die Blume
Sie blüht fern in meiner Heimat
Eeeeeerikaaaa.
Ich will zurück in meine Heimat
Auf eine Reise will ich mich begeben
Dorthin, wo die Eeeeeerika-Blume blüht.
Ich weiß nicht, wie viele Berge ich überquerte
Wie viele Wolken ich vorbeifliegen sah
Und wie viele Wellen im Meer vorbeispülten.
Mein Herz ist so traurig, voller Sehnsucht
Nach der Blume Eeeerika
Die da blüht in der Ferne, wo meine Heimat liegt.

Oshō-san sang voller Innbrunst. Manchmal wurde seine Stimme etwas schwach, doch hielt er durch. Auch die Pause setzte er richtig, in denen die Karaoke-Maschine ein Trompetensolo von sich gab. Es war ein Enka, ein Lied aus den Fünfziger- und Sechzigerjahren, ein japanisches Lied voller Schmerz und Sehnsucht. Enka bedeutete »Schicksalslied«.

Nach zwei Gläsern Whisky hatte ich das Gefühl, betrunken zu sein. Ich wollte zurück ins Kloster. Eine Müdigkeit bemächtigte sich plötzlich meiner, ich konnte kaum noch die Augen offen halten. Oshō-san dagegen wirkte wach – hellwach.

Er führte Anne und mich aus der Bar und rief ein Taxi. Als wir schon im Auto saßen, sagte er zu uns: »Auch das ist Leben, vergesst das nicht. Es ist egal, was ihr macht, macht es nur mit vollem Bewusstsein.«

Das Taxi fuhr los, aus dem Rückfenster sah ich ihn in einem Lichtkegel der Straßenlaterne stehen. Um ihn herum war das Vergnügungsviertel. Er winkte uns zum Abschied.

Ich sah ihn nie wieder. Er hatte uns tatsächlich eine letzte Lektion mit auf den Weg gegeben. Plötzlich machte alles

Sinn. Das Jahr im Kloster, die Monate mit dem Zen-Meister: Sie hatten zwar nicht zur Erleuchtung geführt, aber Funken geschlagen. Es gab kein gutes oder schlechtes Leben, keine gute oder schlechte Umgebung. Es kam darauf an, wie man selbst darin stand. Das war Oshō-sans Lektion gewesen.

Mishara, der schöne Kamelienbaum: das Siegel mit meinem japanischen Namen, das Hirano mir zur bestandenen Kendo-Prüfung schenkte.

12 Abschied, Neustart und ein Beatnik

»Raus in die Welt, denn es ist einfach, ein guter Mensch zu sein, wo alle gut sind.«

Michaela

Und auf einmal war mein Jahr im Kloster vorbei. Einfach so. Während sich die ersten Monate wie Jahre hingezogen hatten, war am Ende alles ganz schnell gegangen.

Jeden Morgen war ich aufgewacht und zum Tempel gelaufen. Auf das Verbeugen vor dem Tempel musste mich keiner mehr hinweisen. Ich tat es einfach selbstverständlich. Und die Sutren, da hatte Soshin recht gehabt, konnte ich alle mitsingen. Durch das regelmäßige Zuhören waren sie ein Teil von mir geworden. Manchmal saß ich während des *otsutomes* neben Japanern, und ich sang fehlerloser als sie.

Jeden Morgen war ich eingesunken in die Welt der Sutren, in dem Ritual, und der Tempel war ein Ort für mich geworden, den ich auf mentaler Ebene immer wieder abrufen konnte. Vielleicht war ich in ihm so etwas wie auf den gesunden Menschenverstand gestoßen. Jedenfalls war er ein Ort, tief in meinem Innern, der frei von Vorurteilen war und der mir jedes Mal, wenn ich mich darauf konzentrierte, wie ein richtiger Weg erschien. Richtiger als Entscheidungen, die man trifft, wenn man sich den Kopf zermürbt.

Ich dachte auch darüber nach, nicht mehr in meine alte Welt zurückzugehen. Hatte ich mich doch dabei erwischt, wie ich selbst beim Telefonieren angefangen hatte, mich vor meinem unsichtbaren Gesprächspartner zu verbeugen. Aber war das nicht ein wenig lächerlich für jemanden wie mich, eine Europäerin? Nein, ich konnte nicht immer in diesem Kloster bleiben: In dieser Umgebung ein guter Mensch zu sein, das war nicht schwierig. Eine weitaus größere Herausforderung war es, draußen in der Welt sich selbst gegenüber wahr und ehrlich zu bleiben. In einer Umgebung, in der das Leben mich mit immer neuen Situationen, Emotionen, Chancen konfrontierte. Im Kloster plätscherten die Tage so vor sich hin, es war hier einfach, sich auf das Wesentliche zu konzentrieren. Aber ich war noch jung und voller Tatendrang und meilenweit davon entfernt, mich an diesem Ort zur Ruhe zu setzen. Mein Weg führte mich fort von ihm, vielleicht auch, um mich zu testen, was ich gelernt hatte. Und ich hatte auch nicht das Gefühl, dass einer der Klostermitglieder von mir erwartete, dass ich hierbleiben sollte – obwohl man mich bestimmt willkommen geheißen hätte.

Jedes Gesicht im Kloster war mir in den vergangenen Monaten vertraut geworden. Nicht nur meine Lehrer, auch die anderen Bewohner gehörten zu meinem Leben. Die alte Frau, die mir bei meiner Ankunft in die Haare gefahren war und diese mit dem Fell eines Hundes verglichen hatte –, sie war oft zu mir gekommen, wenn sie mich im Garten arbeiten sah, und hatte mir ein Reisküchlein zugesteckt. Frau Yoshida, deren Tochter mit Anne und mir das Apartment geteilt hatte – wie oft hatte sie morgens an der Tür geklopft, wenn sie merkte, dass ich eventuell verschlafen könnte. Frau Sato, der ich noch immer bei jeder Begegnung um den Hals fallen könnte, wenn man das hier täte.

Als ich ein letztes Mal mit dem Goingesama zusammensaß, um ihm von meiner Verbundenheit mit dem Kloster zu erzählen, aber auch, warum ich dennoch wieder gehen würde, meinte er, nachdem ich meine Ausführungen beenddet hatte: »Buddha sagte, man muss sich im Leben oft von Freunden trennen, dafür trifft man woanders neue.«

Ich fragte ihn, wie ich denn das, was ich im Kloster gelernt hätte, in mir behalten könne, ich wolle es nicht verlieren. Daraufhin antwortete er: »Suche dir Menschen, die dasselbe Ziel im Leben haben wie du, dann kann dir nichts passieren. Ach ja, und bleibe ehrlich zu dir selbst.«

Taira, der Mönch aus London, dem ich dieses Jahr im Kloster zu verdanken hatte, kam an einem meiner letzten Tage zu Besuch. Als er mich sah, rief er aus: »Wie schön du geworden bist.« Er glaubte, an meinem Äußeren meine innere Entwicklung sehen zu können. Keine Ahnung. Viele um mich herum sagten damals Ähnliches.

Als der Abschied sich näherte, kam jeden Tag jemand nach dem *otsutome* zu mir, nahm meine Hände und bedankten sich bei mir. Wofür? Ich hatte mich zu bedanken! Ayumi schenkte mir sogar eine Schürze, die, die ich immer verweigert hatte. Sie sah etwas traurig aus und presste ihre Worte regelrecht heraus: »Die kannst du vielleicht zu Hause gebrauchen und an mich denken.«

Die Schürze trage ich, etwa wenn ich Weihnachtskekse backe. Ich denke dann an Ayumi und daran, wie schade es ist, dass sie mich nicht als Mutter erlebt. Das hätte ihr gefallen. Denn wer hätte geglaubt, dass Aufräumen und Ordnung durch meine Rolle als Mutter einen so wichtigen Stellenwert in meinem Dasein einnehmen würden?!

Zum Abschluss meines Aufenthalts im Kloster gab es noch eine Aufführung mit den Kindern, denen ich am Sonntagmorgen Englischunterricht gegeben hatte. Das Stück hieß *Die Rübe* und war ein russisches Volksmärchen, das ich noch aus meiner Kindergartenzeit kannte. Ich fand es ziemlich buddhistisch, deshalb hatte ich es ausgewählt. In diesem Stück zogen alle gemeinsam an der Rübe, und erst als der Kleinste mithalf, konnte sie aus dem Boden herausgezogen werden. Ich verfasste eine englische Version, mit ganz wenigen Worten, und die Proben waren für alle ein Heidenspaß.

Die Mütter der Kinder halfen mit, die Kostüme zu entwerfen, Hiranos Enkelinnen spielten mit, ebenso die Kinder von Wado. Das ganze Kloster kam zusammen und sah sich die Aufführung an. Danach gab es einen Riesenapplaus, und ich hielt eine Rede. Auch das konnte ich mittlerweile: Reden halten, ohne zu stottern.

Nachdem ich das Kloster verließ, blieb ich noch ein paar Wochen im Land. Ich reiste zusammen mit Anne nach Tokio. Hier erst trennten sich unsere Wege: Sie wollte die Tokioter Musikszene erleben und fand einen Job bei einem Label. Ich folgte der Einladung eines Japaners, der in den Bergen in einem alten, umgebauten Tempel wohnte und dort ein alternatives Leben führte. Er hatte Gary Snyder in den Siebzigerjahren in einer Kommune auf einer Vulkaninsel im Süden Japans kennengelernt und erwartete Besuch von ihm. Ausgerechnet mir übergab er die Aufgabe, ihn vom Flughafen abzuholen. Es kam dann doch alles anders, denn Snyder sagte im letzten Moment ab. Fast hätte ich den Mann getroffen, der den Wunsch in mir weckte, eine Zeit lang in einem japanischen Kloster zu leben.

Bleibt allein noch dieser Mann, an den ich gedacht hatte, als ich das *omikuji*-Schicksalslos in Kyōto gezogen hatte. Es ist jeden Tag harte Arbeit mit ihm, mittlerweile aber ein großes Glück.

Glossar

Ainu Ur-Einwohner Nordjapans. Seit 2008 vom japanischen Parlament als eigenständiges indigenes Volk anerkannt.
Apsara Halbgöttliche, feenähnliche Geschöpfe aus der Mythologie des Hinduismus und des Buddhismus. Besonders schöne Abbildungen von ihnen finden sich in den Felsentempeln von Dunhuang an der Seidenstraße im Westen Chinas (oder im Museum für Asiatische Kunst in Berlin-Dahlem).
Asa no otsutome / yoru no otsutome Morgen- beziehungsweise Abendandacht im Kloster. *Tsutomeru* bedeutet auf Japanisch »arbeiten«; mit dem Präfix o wird der Arbeit etwas Ehrenhaftes verliehen. Die Morgenandacht begann um 5.30 Uhr und dauerte meist zwei Stunden, die Abendandacht war um sieben Uhr und dauerte nur dreißig Minuten.
Chōmon Schweigezeit. Im Kloster gibt es die Gelegenheit, betreut durch Mönche, eine Schweigezeit einzulegen. Während dieser schloss man sich in einen Raum ein, den man nur für die Andachten verließ. Bis zu zwei Wochen kann ein *chōmon* andauern, in dieser Zeit taucht der Schweigende tief in seine Welt ein, um Dinge zu erkennen, die ihm sonst verborgen bleiben würden.
Danna Kann ungefähr mit »Gönner« übersetzt werden. Das *danna*-System ist vor allem bekannt im Kontext von Geishas, bei denen sich ein wohlhabender *danna-sama* verpflichtet, für das Wohl der Geisha zu sorgen. Im buddhistischen Sinn kann *danna* aber auch »Schenker« bedeuten, also jemand, der einem Kloster Geld spendet. Interessant ist, dass das Wort seine Wurzeln im Sanskrit hat und von dort nach Osten und Westen gleichsam wanderte. Der im Englischen verwendete Begriff *donor* (Spender) hat dieselben Wurzeln wie *danna*.
Dharma Die Lehre Buddhas
Dōjō Übungshalle beim →Kendō, auch Meditationsort. Im Kloster war es die Bezeichnung für eine der beiden Unterkünfte, in dem die Mitglieder wohnten.
Furoshiki Schön gefärbtes Tuch, das zum Einwickeln von Gegenständen verwendet wird.
Gagaku Altjapanische Hofmusik
Gakuso Dreizehnsaitiges zitherähnliches Instrument, das beim →Gagaku verwendet wird.
Geta Japanische Holzsandalen, die durch die Zehen gehalten werden und hinten geöffnet sind.
Giri Japanisches Wort für »Pflicht«; speziell: Erfüllung und Ausübung der Pflicht einer anderen Person gegenüber.
Hihan Die »Sonneneklipse«: Ein buddhistisches Fest, das an den zwei Tagen im Jahr gefeiert wird, wenn Tag und Nacht genau gleich lang sind: zum Frühlings- und zum Herbstanfang.
Hondo Die Haupt-Tempelhalle in einem Tempelkomplex.
Hōshō Bambusblasinstrument, das beim →Gagaku verwendet wird.
Ikebana Die japanische Tradition, Blumen kunstvoll zu arrangieren.

Jōdo-Shinshū Wahre Schule des Reinen Landes, eine der verbreitetsten buddhistischen Schulen Japans; das Kloster, in dem ich lebte, gehörte diesem Glauben an.
Kata Das Schwert im →Kendō
Kami Gottheiten im →Shintō. Können sowohl die Seelen der verstorbenen Verwandten sein als auch Naturmanifestationen wie Bäume, Wasserfälle oder Steine.
Kendō Der Weg des Schwertes; damit wird die Kunst des japanischen Schwertkampfes umschrieben.
Kenzan Metallene Platte mit vielen nadelähnlichen Spitzen, die als Blumenhalter beim Ikebana verwendet wird.
Manga Japanische Comicform; die Figuren zeichnen sich durch besonders große Augen aus.
Megane Japanisch für »Brille«
Miso Japanische Suppe aus gleichnamiger Paste, basierend auf Sojabohnen. Darf beim traditionellen japanischen Frühstück nicht fehlen.
Mokugyo Japanischer Begriff für »Holzfisch«: ein hölzernes Schlaginstrument, das bei Rezitationen im Zen verwendet wird.
Mu Das Nichts; nichts
Mugicha Getreidetee, der zu japanischen Mahlzeiten angeboten wird, nicht unähnlich dem deutschen Nachkriegs-Muckefuck.
Nanban Ōrai »Das Kommen und Gehen der Südlichen Barbaren«: Name einer Süßigkeit, die von den Portugiesen während der Nanban-Periode (1543–1650) eingeführt wurde und heute noch in Japan angeboten wird.
Ningen kokuhō Ein »Lebender Nationalschatz« ist ein Künstler oder Handwerker, der seine Arbeit meisterhaft erledigt. Wird vom Kaiserhof nur wenigen Japanern zugesprochen.
Obento Traditionelle japanische »Lunchbox«: ein Essen, das in einer Kiste, ähnlich der deutschen Brotbüchse, verpackt wird, nur dass viel Sorgfalt auf die Gestaltung der Speisen verwendet wird.
Ojuzu Eine Art Rosenkranz, der im Buddhismus verwendet wird.
Omikuji Ein Papierorakel, das in Schreinen angeboten wird. Wird es angenommen, steckt man das Papier ein und nimmt es mit. Will man aber nicht, dass das Vorhergesagte in Erfüllung geht, bindet man das *omikuji* an einen Zweig.
Onigiri Das »Wurstbrot« der Japaner: meist dreieckig geformte Reisbällchen, die mit verschiedenen Überraschungen wie gebratenem Thunfisch oder sauren Pflaumen gefüllt werden.
Renkon Lotuswurzel, japanisches Alltagsgemüse
Sadō Der Weg des Tees; Begriff für die japanische Teezeremonie
Salariman Japanischer Angestellter
Sangha Die Gemeinschaft der buddhistisch Praktizierenden
Satori Erleuchtung
Sekimori Mit einer Schnur umbundener Stein auf dem Gelände eines Zen-Tempels, der ein »Betreten verboten«-Schild ersetzt.
Shakuhachi Traditionelle japanische Bambusflöte
Shintō Weg der Götter; ur-japanische polytheistische und animistische Religion
Shōdō Der Weg des Schreibens; die Kunst der Kalligrafie

Shugendō Der Weg des Trainings: japanische Religion, in der es darum geht, Erleuchtung durch Grenzerfahrungen zu machen.
Soba Buchweizennudeln
Sumi Japanische Tusche
Tariki Die Kraft des anderen. Zentraler Begriff beim →Jodō-Shinshū: Nicht durch die eigene Kraft gerettet werden, sondern durch die eines anderen.
Tengu Mythische Wesen aus dem →Shugendō, die in den Bergen leben: halb Vogel, halb Mensch, manchmal auch mit langer Nase abgebildet. Verkörpern gescheiterte →Yamabushi
Tsuchigumo Spinnenmenschen, der Legende nach sollen sie in den Bergen leben. Man geht aber dabei auch von Menschen aus, die sich dem Kaiserhof nicht unterwarfen und in primitiven Erdbehausungen wohnten.
Umi-bozu Wassergeist, der Leute erschrickt.
Wabi-sabi Ästhetisches Konzept, das die Einsamkeit des Seins widerspiegelt.
Wagashi Japanische Süßigkeiten, die bei der Teezeremonie angeboten werden.
Washi Japanisches Papier
Yamabushi Anhänger der →Shugendō-Religion

Literatur

Deutsch:
Barthes, Roland: *Das Reich der Zeichen.* Frankfurt am Main 2008
Chatwin, Bruce: *Traumpfade.* Frankfurt am Main 1998
Hamsun, Knut: *Mysterien.* München 1996
Herrigel, Eugen: *Zen in der Kunst des Bogenschießens.* München 1954
Jansson, Tove: *Mumin.* Berlin 2008
Kamo no Chōmei: *Aufzeichnungen aus meiner Hütte.* Frankfurt am Main 1997
Kerouac, Jack: *Gammler, Zen und hohe Berge.* Reinbek 1996
Meister Eckhardt: *Deutsche Predigten und Traktate.* Zürich 1993
Murakami, Haruki: *Wilde Schafsjagd.* Frankfurt am Main 1997
Salinger, J. D.: *Franny and Zooey.* Reinbek 2008
Shikibu, Murasaki: *Die Geschichte vom Prinzen Genji.* Frankfurt am Main 2006
Shonagon, Sei: *Das Kopfkissenbuch der Dame Sei Shonagon.* Frankfurt am Main 1975
Thoreau, Henry David: *Walden oder Leben in den Wäldern.* Zürich 2007
Watts, Alan: *Vom Geist des Zen.* Frankfurt am Main 2008
Yamamoto, Tsunemoto: *Hagakure.* München 2005
Yoshikawa, Eiji: *Musashi.* München 2000

Englisch:
Birnbaum, Alfred (Hg.): *Monkey Brain Sushi – New Tastes in Japanese Fiction.* Tokio 2002
Hearn, Lafcadio: *Glimpses of Unfamiliar Japan.* London 1976
Merton, Thomas: *Mystics and Zen Masters.* New York 1967
Nishimura, Eshin: *Unsui, A Diary of Zen Monastic Life.* Honolulu 1998
Philippi, Donald L. (Hg.): *Kojiki.* New Jersey 1969
The Pali Text Society (Hg.): *The Teaching of Vimalakīrti.* Oxford 1994
Varley, H. Paul: *Japanese Culture.* Honolulu 2000

Japanisch:
Nihon wo shiru 101 shō. Tokio 1995
Shūgendō no hon. Volume 8. Tokio 1993

Dank

Mein Dank gilt vor allen Dingen den Menschen im und um das Kloster, die Platz gemacht haben für mich.

Danke an meine Eltern, die mich in meinem Wunsch, Japanisch zu lernen und in Japans Kultur einzutauchen, immer unterstützt haben, auch wenn es für sie eines der paradoxesten Länder der Welt ist und sie nie verstanden haben, warum ich mich eigentlich ausgerechnet dafür interessierte.

Danke an Heike Wilhelmi, die von Anfang an das Buch betreute und es mit sicherem Gespür in die erfahrenen Hände von Doris Janhsen legte. Bei ihr und ihrem Team fühlte ich mich von Anfang an in der bestmöglichen Umgebung, um in Ruhe zu arbeiten. Ich erinnere mich gut an die ersten Zeilen, die Doris Janhsen mir schrieb und die viel Mut für dieses mir so wichtige Projekt machten. Großen Dank an Regina Carstensen, meine Lektorin, ohne die nur ich das Buch verstehen würde. Das wäre doch etwas schade. Sie fühlte immer wieder nach und gab nicht auf.

Auch dem Wandersmann sei Dank, der so unerwartet meinen Weg kreuzte und mir etwas zurief, was als Echo in dieses Buch fand.

Reto-Kuni lebe hoch!